여자들의 이야기를 주로 들었다. 이후 지속된 면접과 참여관찰의 과정 속에 물음을 구체화시킬 수 있었다. 돈이면 다 된다는 믿음과 환상 속에 경쟁과 생산성을 기반으로 공동체성을 파괴하며 성장하는 자본주의 시장, 그 너머를 상상하는 대안운동의 하나인 지역화폐 실천과정에서 성별의 문제는 어떻게 작동할까? 이 책은 이러한 물음을 토대로 구성되었다.

대안운동인 지역화폐가 특히 관심을 끄는 것은 활동을 시작할 때 여성주의를 내세우지 않았지만 실천과정 속에 시장에서 저평가된 여성의 일과 노동이 가치화되는 등 내용 면에서 여성주의 가치와 연결될 가능성이 있기 때문이다. 또한 처음부터 의도하지는 않았지만 활동과정에서 여성이 참여자 다수를 차지하게 되며, 현장에서 만나는 여성들은 공동체를 변화시키는 동력이 되고 있음은 분명했다. 하지만 대부분 가족 단위로 회원가입을 하고서도 활동은 주로 엄마인 여성의 몫이 되고 있었다. 이를 과연 어떻게 바라봐야 할 것인가가 고민의 지점이었다.

가부장제와 공모되어 있는 자본주의 시장은 여성의 일과 영역이 남성과 다르다고 세뇌시키며, 여성을 차별하는 방식으로 이윤을 추구하고, 지탱해 왔다. 갈수록 드러나 보이는 직접적인 성별분리와 차별은 줄어든 것처럼 보이지만 속내를 들여다보면 교묘한 방식으로 분리 구조가 작동하고 있다. 가부장제의 역사만큼이나 오래되고 견고한 성별분업은 사람들의 몸에 너무나 익숙해져 있어, 그것이 차별인지조차 모르고 살아가기도 한다. 그렇다면 대안운동의 현장인 지역화폐에서는 어떻게 작용하고 있을까?

이러한 문제인식의 흐름 속에 이 책에서는 대안운동 현장에서 활동하는 여성들의 긍정적인 힘과 성별분업 및 성별성이 어떻게 작동하며, 상호 연관이 되는지 알아보고자 했다. 또한 여성주의와 지역화폐운동 나아가 대안운동을 하는 사람들이 어떻게 만날 수 있는지를 검토하고, 여성주의적 대안을

책을 펴내며 익숙한 것과의 결별

상상하며, 모색하고자 했다.

2008년 8월부터 2011년 7월까지 3년이라는 시간 동안 지역화폐의 중요한 매개체인 거래의 계정자료를 수집하여 분석했다. 한밭레츠 회원으로서 활동하며, 일상의 관계 맺음 속에 참여자들의 활동내용과 거래상황을 들여다보고, 관계 속에서 이루어지는 실천 경험을 촘촘하게 살펴보고자 했다. 즉 자료 분석과 참여관찰 및 심층면접 등 방법론적으로 다양한 시도를 했다.

이 책은 성별에 집중함으로써 계층, 연령, 장애유무 등 한밭레츠 참여자들의 다양한 차이를 고려하지 못한 제한점이 있다. 또한 최근 한밭레츠의 다양한 변화 흐름을 분석에 포함시키지 못했다. 특히 2012년은 한밭레츠 여성들이 중심이 돼 중구 대흥동에 원도심레츠와 법동 등록소 인근에 마을카페를 만들어 활동하며 참여자들도 평가했듯이 한밭레츠 역사상 그 어느 때보다 역동적인 한 해를 보낸 바 있다. 아마도 2013년 역시 한밭레츠는 새로운 변화의 물결 속에 놓이게 될 것이다. 이러한 변화의 과정 속에 이 책에서 인용 분석된 한밭레츠의 자료와 통계치들은 상당 부분 2008년과 2009년에 집중돼 있어 큰 흐름에서는 비슷하지만 최근의 변화를 포함시키지 못한 측면이 있다. 다시 말해 공동체는 머물러 있는 것이 아니라 변화와 순환의 과정에 있기 때문에 이 책의 결과물은 보는 그 시점에 따라 제한적일 수 있다.

그럼에도 불구하고 망설임 속에 이 책을 내놓는 것은 한밭레츠의 활동을 보다 많은 사람들이 공유했으면 하는 바람에서이다. 1998년 IMF 이후 30여 곳 이상이던 국내 지역화폐 공동체가 대부분 문을 닫았으며, 현재까지 지속하고 있는 곳은 한밭레츠가 거의 유일하다. 한밭레츠는 그들의 표현처럼 망하지 않고 어떻게 지속되고 있는지, 지역화폐와 대안운동에 관심 있는 이들에게 시행착오를 줄일 수 있는 하나의 길잡이가 되었으면 한다. 요즘 여기

지역화폐와 여성주의—한밭레츠의 경험에서 길을 찾다

저기서 지역화폐와 마을 공동체 이야기가 들려오고 있다. 시도하는 것 자체도 필요하고, 중요하지만 무엇보다 중요한 것은 이를 어떻게 지속가능하게 할 것인가에 대한 고민과 실천일 것이다.

또한 공동체와 구성원들이 가진 조건을 면밀히 살펴볼 필요가 있다. 예컨대 도시 공동체 혹은 농촌이라는 조건, 보살핌이 준비돼 있거나 혹은 그러지 않은 사람들이 다수라는 조건, 경제적 소수자라는 조건 등 공동체의 상황에 따라 효과적인 접근과 자발성을 이끌어 내는 방법은 차이가 있을 수 있기 때문이다. 공동체와 구성원들이 어떠한 변화의 흐름에 놓여 있는가를 파악하는 것도 중요하다. 공동체의 변화과정 속에서 구성원들이 서 있는 위치와 조건 역시 바뀔 수 있으며, 그에 따른 해법도 달라질 수 있다. 따라서 대전을 근거지로 하는 한밭레츠의 활동과정을 참고함으로써 각자가 속해 있는 혹은 만들고자 하는 공동체와의 닮음과 차이는 무엇인지 비교해서 보는 것도 좋을 것이다. 아울러 지역화폐 나아가 대안운동에서 활동하는 참여자들의 성별뿐만 아니라 다양한 차이가 어떻게 작동하는지를 밝히는 작업들이 이루어지기를 기대해본다.

이 책이 나오기까지 수많은 사람들의 보살핌과 힘을 받았다. 먼저 면접과 참여관찰 그리고 지역주민으로서 일상의 관계 속에 만나 함께 한 한밭레츠 참여자들과 회원들. 그들이 있었기에 이 책은 가능했다. 이 결과물은 그들과 함께 만든 공동의 작업물이다. 책의 길목 굽이굽이 그들의 언어가 흐르고 있고, 가치와 실천이 스며 있으며, 연대와 보살핌이 숨 쉬고 있다. 익숙한 것과 결별하기 위해서는 성찰도 중요하지만 일상 속에서 지속적인 훈련과 실천이 뒤따라야 함을 새삼 실감하게 되었다. 열심히는 썼지만 편파적인 잣대로 해석한 한계는 전적으로 내가 감당해야 할 몫이다.

여성학을 하고 싶다고 마음먹은 순간부터 이 책이 나오기까지 존재 자체로 큰 힘이 되어주시고, 한결같은 믿음과 지지를 보내주신 조순경 선생님. 공부하는 동안 시민단체 활동가 장학금을 주신 환경재단, 여성학 언저리에서 배회하던 나와 동무가 되어준 여성학과 동기들. 새로운 것을 함께 꿈꾸며 활동과 삶을 나누고 있는 마실과 꽃밥의 친구들, 물적 심적으로 늘 버팀목이 되어주는 가족들.

　이 책 속에서 여성들이 지역화폐운동을 통해 관계적 주체가 되어가는 것처럼 나 역시 희로애락의 여정 속에 고마운 이들과 만나 기운과 힘을 받았으며, 서로 연결돼 있음을 실감했고, 비로소 관계적 주체가 돼가는 소중한 경험을 했다.

　그 모두에게 깊이 감사드린다.

2013년 3월
조 옥

제1장

시장 너머에 대한 여성주의적 상상

위기는 곧 기회다?

2008년 미국의 금융위기로 촉발된 글로벌 경제위기[1]는 자본주의의 비윤리성과 신자유주의 세계화의 위험성을 다시 한 번 증명했다. 시장 만능주의에 대한 반성과 방향선회를 요구하고 있다. 한편에서는 미국식 자본주의 모델이 실패했다는 평가와 함께 시장화폐경제의 파산론이 제기되고 있다. 하지만 신자유주의 세계화 속에 더욱 단단해진 자본주의 시장이 쉽게 변화되리라고 예측하는 사람은 많지 않을 것이다.[2] '태초에 자본주의 시장이 있었다'

---

1 미국의 대형 금융기관들이 파산하면서 초래된 금융시장의 위기는 서브프라임 모기지론(비우량 주택담보대출)의 부실화가 주요 원인으로 꼽히고 있다. 서브프라임 위기는 1980년대 이후 탈규제의 절정에서 만들어진 증권화와 금융세계화가 만나 이루어낸 사태이다. 좀 더 근본적인 요소들은 1980년대 이후 중산층의 몰락과 투기적인 거품을 발생시켰던 신자유주의적인 정책이다(김명록, 2008: 58). 이러한 흐름 속에 금융위기는 미국이 주도적으로 유포한 신자유주의 세계화의 바람을 타고 아시아, 유럽, 제3세계 등 글로벌 경제위기로 확산되었으며 세계경제의 장기불황을 초래했다.

2 전 세계에 몰아친 금융위기는 시장만능을 외치는 목소리가 잦아든 대신 규제강화 주장이 힘을 얻게 했다. 규제철폐를 주장하던 전문가들은 반성문을 제출했다. 하지만 신자유주의 시스템은 일부의 예상처럼 무너지지 않았다. 시장에 대한 반성과 질타가 쏟아져 나왔지만 구호에 불과했다. 추락했던 경제지표가 상승하면서 시장에 대한 맹신이 되살아나고 있다(경향신문 특별취재팀, 2010: 418).

라는 명제를 진실인 양 믿게 되는 본질적 시장 이데올로기가 견고해진 흐름 속에서 시장 너머 새로운 세계에 대한 상상이 그만큼 부재한 것도 사실이다.

자본주의가 숨 쉬고 활동하는 공간 시장에서 생존하기 위해서는 돈을 벌어야 한다. 돈을 많이 벌어서 많은 상품을 소비해야 행복에 이른다는 기본 패러다임 위에 사람들이 바쁘게 움직이고 있다. 대부분의 사람들이 돈을 벌려면 노동력을 팔아야 하고, 그러기 위해서는 좋은 성적을 내고 취업하기 쉬운 학교, 학과에 가야한다. 취업을 하지 못해 실업자가 되면 빈곤의 나락으로 떨어지는 것은 물론 인생의 실패자, 잉여인간으로 낙인찍힌다. 취업을 하더라도 해고당하지 않고 성공하기 위해서는 상사와 조직에 잘 보여서 인정을 받아야 승진하고, 그래야만 돈과 지위를 소유할 수 있다(강수돌, 2002). 다시 말해 사회 시스템과 개인의 삶이 경쟁력과 생산성을 갖고 시장에서 살아남기 위해 작동하고 있다. 시장을 벗어나 생존하는 것은 상상조차 힘든 게 현실이다. 자기계발, 시간관리, 돈 벌고 부자 되기, 성공전략 등 계발과 성공 관련 서적들이 이 시대 젊은 층은 물론 심지어 어린이들의 필독서가 되고 베스트셀러가 되는 것도 그러한 맥락에서 이해될 수 있다.[3]

그렇다면 시장 너머 새로운 세계는 어떻게 가능할까? 대안에 대한 상상력이 빈곤한 것은 사실이지만 자본주의 시장의 역사만큼이나 그에 대한 문제

---

3 국내 최대 서점인 교보문고의 인터넷 홈페이지 메인화면(2009년 7월)에 보면 자기계발이 주요 검색항목으로 돼 있으며, 추천 상품과 베스트셀러 목록 상위에 올라 있다. 인터넷 서점 알라딘에서 검색조건으로 '돈'이 들어가는 상품은 무려 4,508건(2009년 7월)이나 된다. 그중에서 어린이를 대상으로 한 것은 114건이다. 최우선 추천 상품으로 어린이 경제학 서적인 『레몬으로 돈 버는 법』(암스트롱, 2002)과 초등학생들 사이에서 '부자 되기 열풍'을 일으키며 국내에서만 100만 부가 넘게 팔렸다는 어린이 경제동화 『열두 살에 부자가 된 키라』(새퍼, 2002) 등도 포함돼 있다.

지역화폐와 여성주의–한밭레츠의 경험에서 길을 찾다

화의 대안으로 지역사회가 자신만의 교환수단을 추구하는 지역화폐는 있어 왔으며, 일반적으로 시장경제가 위축되었을 때 나타났다(김형용, 2000: 11).[11] 지역화폐 중에서 타임달러와 아워즈[12]를 제외한 대부분은 레츠(LETS:

의 개념을 다시 재구성해야 한다. 그런데 어디까지를 재구성된 대안경제로 봐야 하냐는 문제가 남는다. 예컨대 지역화폐의 대안성을 논할 때 사적 영역에서 이루어지는 보살핌 활동을 대안화폐로 교환하면 경제적 효과가 발생하는 동시에 거래하는 사람들끼리 관계가 좋아지거나, 삶의 활력을 얻는 경우도 생기는데, 이를 대안경제의 효과로 설명하는 경우가 있다(한밭레츠, 2009). 지역화폐를 통해 대안경제를 논할 때 기존 경제 개념을 넘어서야 하지만, 그렇다고 해서 모든 것을 대안경제의 효과로 설명해버리면 이 또한 경제환원론과 같은 맥락의 논의가 될 수 있다. 따라서 이 책에서는 지역화폐의 대안경제 가능성을 논할 때 기존의 경제 개념을 넘어서 새롭게 구성되는 것을 지향하지만 모든 것을 대안경제의 틀로 설명하는 것은 경계한다.

11 20세기 초 대공황시기에 오스트리아와 스위스, 미국의 몇몇 지역에서 지역 거래 장려를 위해 지역 수표를 발행했으며, 1972년 미국의 뉴 햄츠셔에서도 공동체 경제를 주창한 지역화폐가 발행되었다(김형용, 2000: 11).

12 타임달러는 1986년 워싱턴에서 시작한 시간예탁제도로서 일종의 자원봉사은행에 가까운 제도로 특히 노인들의 자원봉사 활동에 동기를 부여하고 그 자원봉사의 가치를 시간으로 환산하여 당사자들이 필요할 때에 이를 사용할 수 있도록 한 제도이다. 아워즈는 1991년 뉴욕 주에서 창설되었으며 화폐의 거래가 계좌상으로만 존재하는 것이 아니라 실제 통용되는 지폐를 발행하고 있다. 타임달러, 아워즈, 레츠를 간단하게 비교해보면 아래 표와 같다(천경희, 2006: 16).

〈표 1〉 지역화폐의 종류

	LETS	Time Dollar	Hours
도입시기	1983년	1986년	1991년
시발지역	캐나다 밴쿠버코트니	미국 워싱턴 DC	미국 이타카시
운영실태	전 세계적으로 1,500여 개	미국 38개주 67개 시스템	북미에서 39개의 시스템이 운영 중
특징	교환 거래의 일반적인 유형을 말함	시간당 서비스 가치를 동일하게 취급, 노동 시간을 저축해 줌 서비스 중심 거래	시간을 기준으로 하여 지역 내에서 자체적으로 화폐를 발행

Local Exchange and Trading System)로 이 책에서는 지역화폐를 레츠 중심으로 논의하기로 한다. 레츠가 처음 도입된 것은 지역경제 침체에 따른 지역 주민들의 실업이 주된 요인이었다.

1983년 캐나다 밴쿠버 코목스 벨리라는 소도시에 살고 있던 마이클 린턴(Michael Linton)은 경기침체로 주된 경제기반이었던 목재산업의 수요가 급감하고, 실업 등으로 시장 거래를 할 수 있는 현금이 감소돼 어려움을 당하자 자신의 기술을 가지고 물물교환을 시도하다가 새로운 유형의 화폐제도인 레츠를 생각해냈다(Dauncey, 1988). 처음에는 일대일 교환만을 시도하다 어려움에 부딪히자 물품, 서비스, 노동 등 지역주민들 간의 다자간 교환으로 그 한계를 극복할 수 있었다. 레츠 시스템 내에 있는 사람들과 거래를 시작할 수 있게 된 것이다. 이후 1985년에는 500명의 회원이 연간 30만 달러 가치의 거래를 했다. 거래품목은 식료품, 치과재료, 건축노동 및 집세에 이르기까지 그 내용이 다양했다(크롤, 2003: 21~22). 1987년에는 레츠가 캐나다 여러 지역에서 생겨났고, 이후 영국과 호주 등지로 급속히 확대되었다. 2000년 중반에 이르러 전 세계적으로 1,500여 개의 레츠가 운영되고 있다.

크롤(Croll, 2003)은 레츠 시스템을 도입한 사람들이 주로 내세운 것으로 가장 먼저 지역경제 활성화를 든다. 재화와 서비스에 대한 통제력 강화, 사장될지 모를 기술과 재능의 충분한 활용, 유급노동에서는 불가능한 자신감과 자긍심 독려 등도 함께 거론하고 있다. 이는 박용남(2005)의 경우도 마찬가지이다. 특히 그는 레츠를 통해 생산-유통-소비-폐기로 이어지는 지역 중심으로 분권화된 거래망을 형성함으로써 지속가능한 시스템을 유지할 수 있다고 말한다(박용남, 2001). 가라타니 고진(2000)을 비롯한 일본의 학자들은 레츠는 자본주의 내부에서 자본주의를 뛰어넘을 수 있는 새로

지역화폐와 여성주의-한밭레츠의 경험에서 길을 찾다

운 운동으로써 자본의 매개를 거치지 않고 노동력을 제공하고 재화 및 서비스를 획득할 수 있는 공간으로서 자리하게 된다고 본다(류동민 · 최한주, 2004). 강수돌(2002)은 레츠 내에서는 회원 전원의 흑자(+)계정과 적자(−)계정이 상쇄되어 0으로 되기 때문에 어떠한 착취나 이윤이 발생하지 않는다고 주장하며 실명성, 탈이윤, 자립성 등을 레츠의 원리와 특성으로 본다. 이러한 논의들을 볼 때 레츠는 기존 시장화폐와는 다른 대안적 방식을 추구함으로써 자본주의 시장을 대체하거나 넘어서는 경제적 효과를 얻을 것으로 기대되었다.

신자유주의 세계화를 비판한 이론가들 중에는 지역화폐를 직접적으로 연구하지는 않았지만 하나의 대안으로 소개하는 경우가 있다(고병권, 2005; 하비, 2007). 기존의 자본주의 시장과 남성 중심적인 화폐경제를 비판하는 여성주의자 일부도 대안경제 시스템의 하나로 지역화폐를 언급하고 있다(노승희, 2000; 헨더슨, 2008). 특히 노승희(2000)는 지역화폐 시스템의 대안화폐 개념을 수용하면서 동시에 세계의 모든 곳에 파고드는 시장경제에 대한 경계와 투쟁을 늦추지 않는 동시에 인권을 중심에 놓는 패러다임이 필요하다고 말한 바 있다.

지역화폐의 대안적 효과

그렇다면 실제로 지역화폐는 자본주의 시장을 넘어서는 대안적 효과를 얼마나 발휘하고 있을까? 크롤(2003)은 영국과 아일랜드의 레츠단체를 방문하고 인터뷰한 경험을 토대로 지역화폐를 통해 식료품, 주택 등의 분야에서 흥미로운 변화가 일어나고, 지방자치단체와 소규모 기업들의 참여도 증가하는 등의 변화가 보였다고 말한다. 히로타 야스유키(廣田裕之, 2009)는 독일 킴가우어의 경우 영세기업과 주민들이 함께 지역화폐를 사용함으로써 실업자 3%에 대한 지원이 가능했고, 브라질의 반코 발마는 지역화폐를 바탕으로 한 공동체 은행을 운영함으로써 1,200개의 일자리를 창출했다고 보고했다. 이처럼 지역화폐를 통한 지역경제 활성화 사례들이 소개되고 있다.

하지만 대체로 지금까지 알려진 지역화폐 사례들을 보면 자본주의 시장을 완전히 대체하는 새로운 메커니즘이기보다는 시장경제의 불완전성을 보완하는 수준에서 작동되고 있는 것으로 보인다. 이는 국내의 경우도 마찬가지이다(류동민·최한주, 2004: 116). 기대와 달리 경제적 혜택은 극히 한정적이라는 연구 분석도 있다(김형용, 2000: 137). 지역화폐운동이 근대 자본주의를 변혁하는 도구라던가 보편적으로 적용될 수 있는 대안경제체제로서가 아니라, 보완적인 의미에서 지역사회 기능강화에 기여한다고 평가하는 학자도 있다(Demeulennaere, 1998).[13] 다시 말해 지역화폐는 자본주의 시장을 대체하거나 변화시킬 수 있는 대안경제로서 기대를 갖게 하고, 그러한 가능성이 일부 보이지만 아직까지 자본주의 시장의 보완적 역할을 주로 하고 있는 것으로 보고되고 있다.

한편 엘슨(Elson, 1998)은 기존 시장경제에 대한 대안은 여성을 포함한 사회적 약자들의 욕구에 적합한 전략을 가져야 한다고 주장한다. 여기서 나아가 노승희(2000)는 여성통화 시스템을 만들어서 각자의 욕구에 필요한 물적 정서적 자원과 서비스를 상호 교환하고 보살핌노동을 또 다른 여성을 위해 할애한다면 경기변동에 상관없이 기혼이나 비혼 여성 모두 남성부양자 논리에 의해 더 이상 희생되지 않게 될 것이며, 이는 사적 공적 양성체제가 폐지되는 효과가 있을 것이라고 말한다. 물론 구체적 실천 현장 분석을 통해 논의한 것이 아니라 실효성이 떨어지고, 추상적인 측면이 있다. 하지만 이

---

13 김형용, 2000: 27에서 재인용.

러한 주장은 여성통화 시스템의 찬성 여부를 떠나 현재 시행되고 있는 지역화폐가 여성을 배제 분리하지 않고, 성평등하게 실천되고 있는지를 생각해보게 한다.

이와 같은 논의의 흐름 속에 현실 속 교환 거래의 과정에서 지역화폐의 대안경제 가능성은 여성주의적으로 어떻게 의미화되고, 해석될 수 있을지 검토가 필요하다. 특히 그동안 여성주의자들이 문제 제기해 왔듯이 화폐의 가치화과정에서 여성의 일과 가사노동, 그리고 여타의 활동들이 가치화되지 못하거나 낮게 가치매김되는 시장화폐의 성별성을 과연 지역화폐는 넘어서고 있는지 이에 대한 논의가 필요하다. 아울러 여성의 일과 활동이 상당 부분 시장화폐화되지 못하고 비시장영역에 머물러 있는 현실 속에서 지역화폐는 과연 시장과 비시장의 경계를 허물 수 있을지에 대한 여성주의적인 접근이 요구된다.

2) 공동체의 재구성

갈수록 부각되는 공동체

초기의 지역화폐 연구들은 대안경제 가능성에 초점이 맞춰져 있었으며, 갈수록 공동체가 부각되고 있는 추세이다. 사실 공동체라는 말은 워낙 포괄적이며, 공동체 안에서도 경제, 생산, 소비, 노동 등 다양하게 분류해서 논의할 수 있다. 이 책에서 공동체란 기본적으로 공통의 동기를 가진 사람들이 생활상의 필요를 집단적 협동적으로 해결하려고 만든 생활구성체의 의미로 사용한다.[14] 또한 그 속에서 만들어지는 새로운 사회관계(강수돌,

---

14 어원적으로 공동체(community)란 "com(함께)+munus(선물주기)"의 뜻으로 특정한 지역이나

2009b: 359)와 여성과 남성, 아이와 어른, 장애인과 비장애인 등 서로의 차이를 존중하며, 함께 나누려는 공동체성의 의미로도 논의될 때가 있다.

아베 요시히로(1999)는 글로벌 경제로 인해 붕괴되고 있는 지역 공동체를 구축하는 것이 지역화폐의 중요한 목적이며, 사람과 사람이 서로 믿고 살 수 있고, 서로 돕고 의지하며 살 수 있는 사회를 만드는 데 공헌할 수 있다고 주장한다(요시히로, 1999;50). 지역화폐 참여자들의 공동체의식을 연구한 김형용(2000)은 도입 목적부터 국내 사례들은 공동체를 강조했다고 말한다. 그는 현실 사회구조를 무시한 낭만적인 소규모 공동체운동과 지역주민이 배제된 채 행정 중심으로 추진된 지역 활성화 패러다임을 극복하는 지역 공동체를 건설함으로써 신뢰관계가 구축되고, 가치관 변화와 함께 적극적인 지역사회 참여 규범이 획득될 수 있다고 분석한다. 강수돌(2002)은 소유와 축적 중심의 생활방식을 관계와 나눔 중심의 생활방식으로 바꾸는 것으로써 지역화폐는 곧 공동체운동이라고 말한다. 천경희(2009) 역시 지역화폐는 신뢰를 바탕으로 하는데, 신뢰가 없으면 존재할 수 없고, 지역 공동체를 살리는 역할을 한다고 얘기한다.

지역화폐를 중심으로 한 논의는 아니지만 공동체의 맥락에서 지역화폐운동을 보고 있는 연구도 있다(이근행, 2005). 지역 활동가로서 이론을 접목시키고 있는 김성훈(2009)은 공동체관계를 형성하고 지역 공동체를 만들기 위해 지역화폐운동이 필요하지만 동시에 서로 나누고 함께하려는 공동체정신이 없다면 지역화폐운동은 지속될 수 없다고 말한다. 다시 말해 공동체성을

혈연적 소속감 보다는 사람들이 '서로 선물을 나누는 관계', 배려와 보살핌의 관계로 정의된다. 생활구성체 개념 안에는 소유관계뿐만 아니라 인간관계, 자연관계, 남녀관계, 세대관계 등 삶의 전반적 과정이 고려된다(강수돌, 2009b: 359).

바탕으로 한 지역 공동체를 만드는 게 지역화폐의 목표이자 그와 함께 공동체성은 지역화폐를 유지하고 확장하는 데 반드시 필요하다는 것이다. 공동체성은 지역화폐운동의 필요충분조건이 된다.

공동체의 회복에서 재구성으로

그런데 기존 논의와 현장사례를 살펴보면 공동체의 회복이라는 말이 종종 쓰인다(강수돌, 2009a). '회복'이라는 것은 본래의 상태로 되돌아가거나 상실된 것을 되찾는 것을 말한다(네이버 백과사전). 이러한 언어 사용 맥락에는 자본주의 시장 이전의 체제는 공동체에 가까웠고, 공동체성이 발휘된 사회였다는 것을 가정하고 있다. 예컨대 품앗이나 두레에 대한 향수가 그것이다. 물론 근대 자본주의 이전 체제는 지금보다 훨씬 공동체적이었으며, 품앗이나 두레[15]의 나눔과 협동정신은 계속 이어받고 확장하는 것이 좋을 것이다. 하지만 품앗이나 두레가 활성화되었던 조선시대는 유교의 영향 아래 여남이 철저히 분리되고, 성별분업이 강화된 남성 중심의 사회였다.[16] 품

---

15 한국의 공동노동 형태 중 가장 오래된 품앗이는 서로 노동력을 교환하여 돕는 공동노동으로 모내기, 물대기, 김매기, 추수 등 비교적 규모가 작은 작업에서 수시로 이루어졌다. 주로 상호 주고 받는 일대일 교환의 형태를 띠었다. 현재는 관혼상제 때 서로 돕는 일 등에서 그 흔적을 찾아볼 수 있다. 두레 역시 한국의 농촌에서 공동으로 작업하는 풍습으로 품앗이보다 큰 규모이다. 주로 모내기나 김매기 때와 같이 단기간 내에 노동력을 집약적으로 투입해야 할 때 이루어져 왔으며, 조선 후기 이앙법이 전개되면서 보편적인 농민생활풍습으로 정착되었다.

16 유교의 여성관은 남녀유별관으로 집약되며, 여성은 낮고[卑], 천(賤)한 것으로 규정된다. 여성은 정치·사회·문화 등 모든 공적 영역에서 배제되어야 마땅하며, 가정이라는 영역에서 출산과 양육을 포함하는 세대의 재생산과 일상적 재생산노동에 참여하는 것으로 그 역할이 제한되었다. 이러한 극단적인 형태의 내외 분리는 공사영역에서 여성과 남성 간의 성별분업을 구조화했다(조순경, 2001: 178~183).

앗이나 두레를 실천했던 마을이나 지역사회에서 서로 노동을 교환하고 공동 작업을 하였으나 여성과 남성의 역할이 뚜렷이 구분되고, 여성이 배제되거나 분리되는 경향이 있었다는 것은 충분히 짐작할 수 있는 일이다. 이는 품앗이 전통이 남아 있는 오늘날 농촌의 경우 물건과 노동의 교환이 가능하며, 사람들의 관계를 돈독하게 하는 것은 틀림없지만 여성과 남성을 다르게 대우하고, 여성의 일과 남성의 일을 철저히 구분하는 경우를 종종 보게 되는 것에서도 알 수 있다.[17]

근대 자본주의 이전 시대의 나눔과 공동체성은 확장할 필요가 있지만, 성차별 등의 관행까지 이어 받아서는 안 될 것이다. 다시 말해 이전 공동체로의 회복이 아니라 여성/남성 등 성별을 넘어서는 공동체로 재구성되어야 한다. 따라서 이 책에서는 공동체 혹은 공동체성의 회복이라는 말을 사용하지 않고, 공동체 혹은 공동체성의 재구성이라는 말을 사용하기로 한다.

이처럼 지역화폐운동의 필요충분조건이 되는 공동체가 재구성될 때 여성과 남성은 어떻게 영향을 받고, 개인과 공동체의 관계망 안에서 어떻게 변화되어 가는지를 면밀하게 들여다볼 필요가 있다. 또한 공동체 재구성과정에서 여성과 남성의 일을 나누며 사적 영역과 공적 영역을 분리하는 공사 이분법은 과연 극복될 수 있을지 이에 대한 여성주의적 검토가 필요하다. 이 책은 이러한 맥락에서 지역화폐 공동체의 재구성을 살펴볼 것이다.

---

17 필자가 귀농 여성을 면접하고 만나는 과정에서도 자주 목격되는 부분이었다.

통해 만나고 대화를 나눴으며, 이를 분석에 참고했다.

이러한 일련의 과정 속에 2000년부터 발행된 한밭레츠의 소식지, 총회, 심포지엄 자료집 등 관련 자료들을 수집하고, 참고했다. 특히 두루지기인 심은숙은 한두 부밖에 남지 않은 초창기 소식지들을 기꺼이 내주기도 했다. 홈페이지 "품앗이 사랑방"에 올라와 있는 5,000건이 넘는 글을 비롯해서 거래게시판, 자료실 등 웹사이트 게시글들을 살펴보았다. 또한 2000년부터 2008년까지 엑셀 파일로 정리된 거래계정, 일명 장부를 등록소의 도움을 받아 확보할 수 있었다. 이 중에서 주로 2007년과 2008년 거래 분석에 집중했고, 초창기 부분은 기존 연구를 참고했다. 2009년과 2010년의 거래자료는 비교용으로 참고하고 활용했다. 특히 필자가 거래목록을 올리는 자원 활동을 했기 때문에 두루지기의 도움 없이도 회원 개인별 거래상황을 알 수 있었다. 지역화폐는 모든 거래를 공개하는 것을 원칙으로 하기 때문에 거래계정을 본다고 해도 윤리적으로 문제가 되지 않는다. 그러한 레츠의 특성 때문에 기존 단체라면 외부 사람이 회계장부를 보는 것이 가능하지 않거나 힘든 일이지만 아무런 장애 없이 관련 자료를 확보할 수 있었다. 또한 진행기간이 길어짐에 따라 회원들의 성별, 나이, 사는 지역 등의 1차 분석자료를 폐기하고 재분석했다.

2. 레츠에서 만난 사람들

이 책에서 심층면접 참여자[6]라 함은 한밭레츠 활동을 함께 하는 것은 물

---

6 이 책에서 참여자를 따로 구분하는 것은 애매한 측면이 있다. 예컨대 등록소에서 일하는 두루지기인 B는 거래계정과 장부 파일, 회원리스트 등을 필요하다고 말하면 그 즉시 디스켓에

론이고 심층면접을 한 사례를 말한다. 심층면접 참여자는 한밭레츠 활동을 지속적으로 한 회원, 거래가 활발한 회원 위주로 두루지기의 추천을 받았다. 면접과정에서 알게 된 흥미로운 사례는 직접 연결하기도 했다. 심층면접 참여자는 대부분 여성이었고, 3명의 남성 회원과도 면접을 할 수 있었다. 적어도 2회 이상 심층면접을 했고, 많게는 7회를 진행한 경우도 있다. 10대 청소녀에서부터 70대 어르신에 이르기까지 연령층은 다양하지만 30, 40대에 주로 분포하고 있다. 이는 한밭레츠 회원들의 연령구조와도 비슷한 맥락이다.

면접 참여자는 1회 이상 면접하는 것을 기본으로 했으며, 초창기 거래분석을 실시한 경제학 전문가, 한밭레츠 외에 다른 지역화폐 공동체 실무자나 회원 등이 포함되었다. 영어 품앗이와 발효빵을 만들어 파는 등의 활동을 하는 외국인 여성도 있다. 일대일 심층면접은 하지 않았지만 두루소리 모임을 통해 자주 만나 의견을 나누며, 홍보 프로그램을 함께 준비하는 과정에서 충분히 집단 면접의 형태를 띠었던 한밭레츠 회원도 포함되었다. 송미란을 제외[7]하고는 면접 시 모두 녹음했으며, 녹취를 풀어서 분석자료로 활용했다.

담아주었다. 토스트기, 김치, 매실주 등을 현금 거래 없이 두루만 받고 주기도 했으며, 자주 만나는 일상의 대화 속에서 분석방향에 대해 힌트를 주기도 했지만 참여 사례로 포함시키지 않았다. 어떻게 보면 필자가 활동에서 만나고 거래했던 모든 회원들이 참여자가 될 수 있다. 분석을 할 때 그들과의 관계 속에서 느끼거나 성찰한 내용들을 담기도 하고, 참여자라 이름 붙이지는 않았지만 그들의 말을 인용하기도 했다.

7 송미란은 첫 만남에서 녹음을 안 했으면 좋겠다고 말하며, 불편해 하여 녹음하지 않고 면접을 진행했다.

지역화폐와 여성주의－한밭레츠의 경험에서 길을 찾다

함께 나눈 사람들

* 이 책에 실린 심층면접과 면접 참여자의 이름은 모두 가명이다.

심층면접 참여자(한밭레츠 회원)

윤선희 1999년 회원가입하여 의료생협, 두루소리, 원도심레츠 등에서 활동하고 있다. 디자인편집 일을 하며, 2008년 첫 면접 당시 40대인 여성이다.

오규성 1999년 회원가입하여 의료생협, 소비자 직거래 등의 활동을 하고 있다. 천연비누를 만드는 생산자로 노인일자리사업에 참여했으며, 2008년 첫 면접 당시 70대인 남성이다.

심은숙 2003년 회원가입하여 등록소, 다례, 마을카페 등에서 활동하고 있다. 레츠를 통해 사회 활동을 하는 품앗이 활동가로 2008년 첫 면접 당시 40대인 여성이다.

최자영 2002년 회원가입하여 두루밥상, 건강교실 등에서 활동하고 있다. 레츠 통해 사회 활동을 하고 있으며, 2008년 첫 면접 당시 40대인 여성이다.

손연주 2002년 회원가입하여 의료생협, 품앗이 강좌 등에서 활동하고 있다. 레츠와 마을어린이도서관 연계 활동을 하며, 2008년 첫 면접 당시 40대인 여성이다.

정민초 2002년 회원가입하여 의료생협, 레츠와 지역여성운동을 연결하는 등의 활동을 하고 있다. 여성단체 활동가로 2008년 첫 면접 당시 40대인 여성이다.

조미향 2004년 회원가입하여 두루베이커리, 두루잔치 등에서 활동했다. 레츠 통해 사회 활동하고 있는 품앗이 자원 활동가로 2008년 첫 면접 당시 30

대인 여성이다.

민연아 2004년 회원가입하여 두루숲, 생산자 소모임 등에서 활동했다. 레츠 통
해 사회 활동을 하는 생산자로 2008년 첫 면접 당시 30대인 여성이다.

김현성 2004년 회원가입하여 이동영화관, 건강 소모임 등에서 활동했다. 학원
강사로 2008년 첫 면접 당시 40대인 비혼 남성이다.

임서현 2008년 회원가입하여 농산물 직거래 등의 활동을 하고 있다. 가족과 함
께 귀농했으며, 2008년 첫 면접 당시 40대인 여성이다.

홍혜진 2007년 회원가입하여 의료생협 등에서 활동하고 있다. 생협 활동가로
일하며, 2008년 첫 면접 당시 20대인 비혼 여성이다.

강윤희 2003년 가족 회원으로 가입하여 동동, 꿈나무 프로그램 등에서 활동했
다. 2009년 첫 면접 당시 중학생인 10대 여성이다.

송미란 2007년 회원가입하여 활동을 하다가 2010년 탈퇴했다. 주부 일과 개인
활동을 병행하고 있으며, 2008년 첫 면접 당시 30대인 여성이다.

연주현 2003년 회원가입하여 의료생협, 두루소리, 원도심레츠 등에서 활동하
고 있다. 레츠를 통해 사회 활동하는 품앗이 활동가로 2009년 첫 면접
당시 40대인 여성이다.

박규식 2004년 회원가입하여 의료생협과 마음공부 등에서 활동하고 있다. 자
영업을 하고 있으며, 2008년 첫 면접 당시 40대인 남성이다.

문정훈 1999년 회원가입하여 의료생협, 호숫가 품앗이 등에서 활동하고 있다.
생협과 품앗이 활동가, 지역운동 조직가로 일하며, 2009년 첫 면접 당시
30대인 남성이다.

면접 참여자

권석민 한밭레츠에는 2001년 회원가입하여 활동한 전 운영위원으로 교수이며, 2009년 면접 당시 40대인 남성이다.

변주희 비회원으로서 한밭레츠 거래분석에 참여한 연구원이며, 2009년 면접 당시 30대인 여성이다.

마리아 한밭레츠에는 2009년 회원가입하여 영어 품앗이 등에서 활동했다. 2009년 면접 당시 20대인 외국인 여성이다.

한영석 한밭레츠에는 2005년 회원가입하여 농산물 직거래 활동 등을 하고 있다. 가족과 함께 귀농했으며, 2009년 면접 당시 40대인 남성이다.

배수진 A 지역화폐 공동체의 활동가로 2008년 면접 당시 활동 5년차, 30대인 여성이다.

성미라 B 지역화폐 공동체의 활동가로 2009년 면접 당시 활동 4년차, 40대인 여성이다.

현승미 C 지역화폐 공동체의 활동가로 2008년 면접 당시 활동 2년차, 20대인 여성이다.

이정현 D 지역화폐 공동체와 여성단체의 활동가로 2009년 면접 당시 지역화폐 활동 1년차였으며, 50대인 여성이다.

제2부

한발레츠의 역사와 특성

음식 나누며 만찬을 즐기고 있는 한밭레츠 회원들

초창기 한밭레츠가 성공할 수 있었던 것은 품앗이만찬을 잘했기 때문입니다. 거래는 그냥 이루어지는 게 아니죠. 자기가 먹을 것을 넉넉하게 싸가지고 와서, 함께 하다보면 별 이야기가 다 나옵니다. 바빠 죽겠는데 남편은 안 도와주고 그런 얘기도 하고, 그 사람에 대해 알게 되죠. 굉장히 재미있습니다.

제4장

한밭레츠는 어떻게 만들어졌나

1. 국내 지역화폐운동의 배경

1) 지역화폐운동의 흐름

한밭레츠의 역사적 과정을 구체적으로 알아보기에 앞서 그 탄생배경이 되는 국내 지역화폐운동의 흐름을 살펴볼 필요가 있다. 지역화폐 레츠는 앞서 살펴본 바대로 1983년 캐나다 밴쿠버 지역의 코목스 벨리라는 소도시에서 시작된 이래 1990년대에 들어서 전 세계적으로 급속히 보급되기 시작했다. 국내에서는 1996년 『녹색평론』을 통해 소개된 후 1998년 3월 신과학운동조직인 '미래를 내다보는 사람들의 모임'을 시작으로 지역화폐운동이 확산되었다.[1] 이러한 흐름은 1998년 IMF 체제를 맞아 기존 경제 시스템에 대한 위기의식이 크게 작용한 것으로 보는 견해가 지배적이다.[2] 또한 1990년

---

1 지역화폐운동의 초기 확산에 관한 내용은 김형용(2000)의 「한국지역통화운동의 성격과 참여자의 공동체의식에 관한 연구」 참조.

2 경제위기를 대처해나가기 위한 대안경제운동으로 지역화폐운동이 주목받으면서 당시 신문이나 방송, 그리고 시민단체들의 관심과 열기가 증폭되었으며, 주로 실업자 구제책의 일환으로 제시되었다. IMF 구제금융체제가 오지 않았다면 지역화폐제도로서의 LETS가 우리나라에서 그렇게 짧은 시간에 소개되고 확산되기는 어려웠을 것이라는 견해가 있다

대 들어서 서서히 일고 있던 대안운동에 대한 영향도 있었던 것으로 보인다. 이는 실업, 지역경제문제 해결 등 경제적 기대와 함께 기존의 삶의 양식에 대한 변화 요구가 맞물려 지역화폐가 확산된 세계적 흐름과 맥을 같이한다.

그런데 2000년 11월 30여 개[3]에 달하던 지역화폐 단위 중 현재 지속되고 있는 곳은 한밭레츠 등 한두 곳밖에 없다(〈표 2〉 참조). 이처럼 지역화폐운동이 지속되기 힘든 이유는 무엇일까? IMF 체제를 벗어나면서 일반 시민과 방송언론매체의 관심에서 점점 멀어져 자연스럽게 그 수가 줄어들었다고 보는 견해가 있다(이창우, 2002). 이에 대해 박용남(2009)은 지역화폐운동을 전업으로 하지 않고, 시민단체나 환경단체에서 간사 한 명을 형식적으로 배치하는 방식으로 운동을 시작했다가 업무과중으로 조직이 붕괴된 경우를 주요 원인의 하나로 들고 있다. 이는 기존의 현안 이슈 중심[4], 성과 중심 운동방식과 무관하지 않다. IMF라는 위기상황에서 이를 극복할 수 있는 경제적 대안이 사회적 화두로 떠오르면서 언론은 물론 일반 시민들도 지역화폐에 대해 관심이 급증했다. 이에 환경단체를 포함한 시민단체에서 특별한 준비나 고민의 과정 없이 운동의 이슈로 받아서 단시일 내에 성과를 내고자 했으나, 눈에 띄는 성과가 보이지 않자 차츰 열의가 식고 손을 떼게 된 것이다. 지역화폐는 이슈 파이팅 차원의 운동이 아니며 하루아침에 성과를

(천경희, 2005: 46).

3 미내사 · 불교환경연구원(2000), 워크숍 자료집 참조.

4 현안이슈 중심 자체가 문제가 아니라 현안이 바뀌면 운동의 이슈도 다른 곳으로 옮겨가기 때문에 일상생활 가운데서 관계를 맺고 거래하며, 실천해야 하는 지역화폐를 지속적으로 고민하고, 실천하기가 그만큼 힘들다는 것이다.

지역화폐와 여성주의−한밭레츠의 경험에서 길을 찾다

동을 해온 한계를 인정하고, 자신이 살고 있는 동네와 지역 공동체를 중심으로 활동의 영역을 확장하고 있다는 점에서 특히 관심을 끈다. 또한 비정규직 기층여성들과 다양한 지역여성들이 지역화폐운동의 주체로 확장될 가능성을 열어가고 있어 주목된다.

2) 대전의 지역운동과 특성

대전을 포함한 충청 지역하면 우리 사회에서 일반적으로 보수적이고, 느리다는 평가가 있다(허성우, 1994; 김선건, 2002). 관련해서 행동이나 언어들이 희화화되기도 한다. 1970~80년대 한국사회의 격렬했던 민주화투쟁과 노동운동의 과정 속에서 다른 지역에 비해 상대적으로 주목을 덜 받기도 했다. 이를 지역의 보수성과 연관시키는 시각도 있다. 다른 지역에서 노동운동에 몸담고 있다 이사 온 송미란은 대전의 보수적이고 느린 분위기가 적응이 안 된다고 여러 번 토로했다. 지역의 보수적인 분위기가 활동에 영향을 미치기도 하지만, 그렇다고 해서 지역운동의 모든 것을 설명해주는 것은 아니다. 노동운동이 상대적으로 활발하지 못한 이유 중에 하나는 대전의 산업구조가 제조업보다는 3차 산업 중심이라는 것도 작용했다고 볼 수 있다. 또한 상대적으로 주목을 덜 받았지만 학생운동을 비롯한 민주화운동의 과정 속에 1987년 6월 민주항쟁 이후 환경, 여성, 지역 등 시민운동을 전개해 나갈 다양한 주체들이 대전 지역에서 형성되고 있었다(대전참여연대, 2005).[7] 그리고

---

7 대전참여연대의 10주년 자료집(2005)에는 한국사회 전체에 크게 알려지지는 않았지만 대전 지역의 6월 항쟁이 그동안 이 지역사회가 보여준 침묵과 보수적인 성향에서 역동적이고 진취적일 수 있다는 가능성을 열어 놓는 계기로 작용했으며, 장차 시민운동의 주역으로 등장할 성숙된 민주의식 소유자들이 사회 전면에 떠오르는 분기점이 되었다고 적고 있다.

상대적으로 노동운동의 기반이 약한 것[8]이 대전 지역에서 환경운동 등이 빠르게 자리 잡게 된 요인의 하나가 된 것으로도 보여진다.

　1990년대 들어서 대전 지역은 환경운동의 텃밭이 마련되었다. 90년대 초반에 금강 제2휴게소 건설 반대운동을 벌인 환경보전대전시민연합(1991), 녹색연합의 전신인 배달환경연구소(1991)가 만들어져 활동했다. 대부분의 연합조직들이 서울과 수도권 중심으로 창립이 되거나 활동이 집중되는 경향을 보이는 것과는 달리 대전을 근거지로 한 배달환경연구소는 녹색연합 탄생의 중추적 역할을 담당했다.[9] 이러한 흐름 속에 대전·충남 녹색연합이 1997년 창립되어 재활용과 유해폐기물 적정처리운동, 녹색교통운동, 생태하천복원운동을 중심으로 활동하고 있으며, 안 쓰는 물건을 서로 바꿔 쓰도록 하는 아나바다 상설장터 녹색가게를 운영하고 있다.[10] 1993년 창립된 대전환경운동연합은 영동군 민주지산 물한계곡 반대운동, 남선공원 체육시설 확대를 반대하는 주민운동 등을 전개하며 지역환경을 지키고 대안을 만드는 활동을 해나가고 있다.[11] 주부아카데미 수료생 등이 주축이 돼 구성된 '살림의 집'을 모태로 한 한밭살림소비자협동조합이 설립(1990)돼 건강하고 안전한 먹을거리 운동과 지역 공동체성을 지향하며 활동하고 있다.

　대전의 지역운동을 논할 때 빠질 수 없는 곳이 바로 여성운동단체 대전여

8　그렇다고 해서 대전 지역에서 노동운동이 전혀 없었던 것은 아니다. 이와 관련해서는 허성우 (1994)의 「1980년대 후반 여성노동자 조직 활동가의 여성해방의식 연구—대전 지역을 중심으로」 참조.

9　대전 지역에서 주로 활동한 배달환경연구소와 서울을 중심으로 한 푸른한반도되찾기 시민모임이 함께하여 환경단체인 녹색연합을 창립(1993)했다.

10　대전충남녹색연합 홈페이지(http://www.greendaejeon.org).

11　대전환경운동연합 홈페이지(http://www.tjkfem.or.kr).

지역화폐와 여성주의—한밭레츠의 경험에서 길을 찾다

회운동에 관심 있던 대전 지역의 시민으로서 지역화폐가 가진 대안경제 가능성에 대해 기대를 갖고 있었다. 지역 공동체의 형성에도 관심이 있었다. 1999년 6월부터 대전의제 21에서 발행하는 소식지에 지역화폐운동과 관련된 글을 몇 차례 소개한 후 그해 10월 '한밭레츠를 시작합니다'라는 제목의 광고를 게재해 이 운동에 참여하려는 회원을 모집하기 시작했다(한밭레츠, 2005: 185). 지역의 신문방송기자와 PD들에게 보도자료를 배포하고 한밭레츠와 지역화폐 시스템에 대해서 알리는 작업도 병행했다.

> 대전 지역에서도 화폐교환경제의 폐단을 보완할 새로운 교환체계로 관심을 끌고 있는 지방통화운동이 시작됐다. 기존 화폐 없이도 가입 회원 간에 서비스나 상품을 품앗이 또는 두레의 방식으로 나눠가질 수 있는 이 운동이 민관협의체인 '대전의제 21 추진협의회'에 의해 닻을 올리게 된 것이다. 이 협의회는 '한국은행 발권 화폐나 은행권 수표가 아니면서도 지역 회원 간에 통용이 가능한 녹색화폐를 통해 재화와 서비스를 주고받을 수 있는 '한밭레츠'를 창립하고 회원모집에 들어갔다'고 20일 밝혔다.[19]

이 같은 언론보도를 통해서도 알 수 있듯이 한밭레츠의 첫 출발은 지역주민의 자치적 역량보다는 환경문제 중심의 민관협의체 형태로 설치된 대전의제 21이 중심이 되었다. 엄밀히 말하면 대전의제 21의 조직적인 결의보다 P와 K 등 몇몇의 역할이 크게 작용한 것이다. 당시 대전의제 21 간사였던 K는 의제 일보다는 한밭레츠 일을 거의 전담하고 있었다.[20] 따라서 2000년 2월 1일 '샘이 깊은 물'이라는 전통찻집에서 70여 명의 회원이 참여한 가운데 역

---

19 「품앗이 화폐, '한밭레츠' 첫 선」, 『대전일보』, 1999년 10월 21일.

20 2009년 9월 21일, 문정훈과의 심층면접 중에서.

사적인 창립행사가 열린 후 쟁점이 된 것은 바로 대전의제 21로부터의 독립 문제였다. 외부 지원 없이 자율적으로 운영해보자는 일부 회원들의 문제 제기 속에 독립적인 단체로 운영하기 시작했다. 2001년 5월에는 의제 사무실로부터 독립하여 독자적인 한밭레츠 등록소를 운영하게 되었다(한밭레츠, 2005). 비로소 지역 공동체로서의 외향을 갖추게 된 것이다.

초창기 회원들은 주도적 역할을 한 몇몇의 알음알음 지인들과 대전 지역 시민단체 회원, 그리고 신문이나 방송 등을 통해 지역화폐에 관심을 갖게 된 일반 시민들이었다. 특히 핵심 멤버들은 녹색연합 등 환경단체 출신이거나 이와 관련된 이들이 많았다. 물론 문정훈의 말처럼 의도성을 갖고 접근하거나 다른 분야 운동 참여자들을 배제한 것은 아니지만 자연스럽게 이 같은 흐름이 되었다. 이는 보수성향이 강한 것으로 알려진 대전에서 지역화폐운동이 터를 잡을 수 있었던 이유 중 하나가 되기도 한다. 특히 대전은 앞서 살펴본 대로 1990년 초부터 환경운동이 자리 잡은 지역이며, 한밭레츠의 산파 역할을 한 대전의제 21 역시 환경문제가 중심이 된 협의체이다. 지역화폐가 국내에 처음 소개된 것은 생태적 관점에서 지속가능한 대안을 모색한다는 취지로 발행되는 『녹색평론』이었다. 지역화폐를 바라보는 대표적인 관점 중에 하나가 바로 생태주의 경제론, 생태 공동체로서의 지역화폐(김형용, 2000)로 영국 등 외국의 경우 환경운동가들이 지역화폐운동에 다수 참여하고 있는 것과 비슷한 측면이 있다. 다시 말해 보수적으로 알려진 대전에서 지역화폐가 시작돼 자리 잡은 것을 다소 이례적으로 보는 견해[21]도 있지만 환경운동의 텃밭이 마련되고, 생태운동의 흐름이 형성된 대전은 지역화폐운동이 가능한 조건을 갖추고 있었던 셈이다.

---

21 이는 기존 논의(한밭레츠, 2005) 등에서 자주 언급되는 부분이기도 하다.

지역화폐와 여성주의 – 한밭레츠의 경험에서 길을 찾다

〈그림 1〉 한밭레츠와 민들레의료생협 인근 지역

특히 민들레의료생협이 주목하고 있는 계층은 인근 영구임대아파트 등에 거주하는 어르신들이다. 70~80대 어르신들과 함께 치매예방 놀이와 교육을 하는 어르신 건강교실(하얀민들레), 60~70대 어르신과 함께 하는 6070 건강모임 등 소모임을 운영하고 있다. 재가케어사업단을 꾸려 무료방문 요양, 간병, 간호 등을 하고 있다. 최자영은 어르신 건강교실에 자원 활동가로 참여했고, 사회적 일자리로 재가케어사업단에서 일한 바 있는데, 활동에 보람을 느꼈다고 소감을 말하기도 했다. 건강교실 교육장소로 한밭레츠 등록소를 이용하는 등의 연계를 하고 있다. 한편 의료생협의 어르신 참여자들 중에 한밭레츠 회원인 경우는 생각보다 많지는 않다. 뒤에서 살펴보겠지만 의료생협의 경우 60대 이상이 12.9%인데 반해 한밭레츠는 5.1%인 수치를 보면 짐작할 수 있는 부분이다. 반면 한밭레츠 어르신 회원들은 모두가 의료생협을 이용하고 있는 분들이다. 이들의 가입경로를 보면 의료생협에 가입했다가 한밭레츠 회원이 되는 경우가 대부분이다.

지역주민의 입장에서 의료생협 활동에 불만을 제기하는 사람들도 있다. 민들레의료생협은 상대적으로 노인들의 유입이 많으며 관련 사업들이 진행되고 있는 반면 장애인, 한부모 여성, 40대 이하의 기초생활수급권자 등 인근의 영구임대아파트에 살고 있는 지역주민들의 참여도가 현저히 떨어진다. 관련 활동도 거의 없다. 이는 가입 시 10만 원의 출자금을 내야 하는 부담감이 있는 데다 의료생협은 기본적으로 주민자치인데 영구임대아파트에 살고 있는 주민들이 상대적으로 자율성을 갖기 힘들기 때문이라는 자체분석이 있다. 지역주민을 유입하기 위한 적극적 활동이 부족한 데서 원인을 찾기도 한다. 지역성을 기반으로 하는 의료생협에서 병원치료와 예방보건이 필요한 인근의 저소득층 주민들과 어떻게 함께할 것인가는 앞으로 고민하고 풀어가야 할 숙제이기도 하다.

한편 한밭레츠 거래가 지속되고 활성화될 수 있었던 것은 의료생협의 지역화폐 두루 거래가 무엇보다 큰 버팀목이 되었다고 면접 참여자 대부분이 얘기하고 있다. 민들레의료생협은 국내에서 유일하게 지역화폐로 진료를 받을 수 있는 곳이다. 처음에는 일부 이사진들의 반대가 있어서 지역화폐 사용이 난관에 부딪치기도 했다.

한밭레츠와 인의협 회원들 중심으로 의료생협을 설립하면서 조금 더 외연을 확장하기 위해 지역의 시민사회단체에서 오래 활동하셨던 명망가라고 할까요, 그런 분들도 조합의 이사로 모시게 되었죠. 그분들이 가지고 있는 연륜이나 이런 것들이 협동조합을 만들 때 도움을 줄 수 있을 것이다 생각했던 거고, 그분들이 실제 도움을 많이 주셨죠. 그런데 레츠와의 관계에 있어서는 회원이 아니어서 지역통화에 대한 이해가 적으시니까 지역화폐 사용에 소극적이 된 거죠. 일반 상인들이 회원업소로 가입해서 소극적으로 되는 것과 마찬가지죠. 현금도 부족하고 적은데

지역화폐와 여성주의—한밭레츠의 경험에서 길을 찾다

두루를 받아야 되느냐, 지역화폐 수입이 생겨봐야 결국 쌓여질 건데 그렇게 하면 안 된다… 결국 일반사람들이 가지고 있는 논리 그대로였던 거죠.

— 문정훈

민들레의료생협 이사회에서 두루 사용이 부결되고 난 후 문정훈을 비롯해 실무진들은 지역화폐를 벌어서 쓸 수 있는 방법을 고민하게 되었다. 현금으로 쓰던 것을 지역화폐로 써야 되는데 뭐가 있을까를 궁리하다가 급료밖에 없다고 생각했다. 실무자들의 급여 중 20만 원을 두루로 받기로 하는 안을 이사회에 상정하고, 반대자들을 설득하여 병원진료비를 지역화폐로 사용하는 안을 통과시켰다.

민들레의료생협의 내과, 치과, 한의원 등을 이용할 경우 조합원과 한밭레츠 회원은 본인 부담금 진료비 전액을 두루로 지불할 수 있다. 한밭레츠 가맹점인 약국에서 약을 제조할 경우도 마찬가지이다. 비보험인 치과 임플란트, 스케일링과 한의원의 한약 등은 다른 두루 비율을 적용하지만 기본적으로 두루를 사용할 수 있다.[25] 초창기 진료비로 두루를 받아 벌기만 하고 과연 이를 쓸 수 있을까 고민하던 일부 이사진과 회원들의 우려를 씻고 의료생협은 오히려 한밭레츠 거래계정 중에 (−)거래가 많은 소위 두루 적자를 기록해오고 있다.[26]

그렇다면 한밭레츠 거래와 활동에 있어서 중요한 역할을 담당하는 민들

---

25 비보험진료의 두루 적용 비율을 보면 치과의 경우 보철, 임플란트 20%, 스케일링 50%이다. 한의원의 한약은 개원 초기에는 두루 비율이 50%였으나 현재는 30% 적용되고 있다.

26 민들레의료생협의 2008년 두루 거래현황을 보면 의원, 한의원, 치과 등의 두루 수입이 20,495,110두루이고, 급여, 자원 활동, 행사참여 등의 지출이 18,498,500두루로 큰 차이가 없었다. 2009년 9월, 잔고는 −1,500,000두루 정도이다.

레의료생협 조합원들은 어떠한 성별 분포를 보이는가? 의료생협은 주로 세대별로 가입이 된다. 대개는 세대를 구성하는 가족이 같은 의료보험조합에 가입돼 있지만 연주현의 경우처럼 가입조합이 다른 친정 식구들도 함께 가족 회원으로 등록돼 있어서 진료와 약을 제조할 때 두루를 적용받을 수 있다. 따라서 가입된 조합원들의 성별특성이 실제 진료나 활동 등과 반드시 일치하는 것은 아니다. 하지만 조합원으로 이름을 올린 사람들이 아무래도 의료생협의 취지와 가치에 더 많이 동의하게 되고, 활동에 있어서도 적극적으로 참여하게 될 가능성이 큰 것은 사실이다.

민들레의료생협 조합원의 성별 분포를 보면 2008년의 경우 여성이 61.8%(684세대)로 남성 38.2%(173세대)보다 20% 이상 많다. 연령 분포를 보면 40대 42.7%(269세대), 30대 25.8%(186세대)의 순으로 집중돼 있으며, 40대와 30대가 주축이 되고 있다. 이를 성별로 보면 40대 여성이 24.3%(269세대)로 가장 많이 분포돼 있다.[27] 실제로도 40대와 30대 여성이 의료생협 활동의 주축이 되고 있다.

조합원 모임을 하다보면 중심 세력이 거의 아줌마들이거든요. 기혼 여성들이 거의 대부분이에요… 가족 단위 개념이어서 다 묶여 있긴 한데 실제 활동 참여

27

〈표 3〉 민들레 의료생협의 성별, 연령별 분포

(단위: 명)

구분	총원	90대	80대	70대	60대	50대	40대	30대	20대	10대
명수	1107 (684)	3 (3)	15 (13)	35 (25)	89 (62)	181 (111)	473 (269)	286 (186)	24 (15)	1 (0)
2008	247 (173)	0 (0)	5 (5)	16 (14)	22 (19)	39 (31)	83 (64)	68 (32)	13 (8)	1 (0)

주: 괄호 안은 여성조합원수를 뜻함(민들레의료생협, 2009 : 31)

지역화폐와 여성주의-한밭레츠의 경험에서 길을 찾다

거래내용과 방향성에 대해 비판하는 초창기 회원 중에서는 최근 몇 년 동안 거래가 전혀 없거나 매우 적은 회원들이 일부 있다. 표면적으로 이는 초창기 회원과 현재 핵심적인 역할을 하는 주부 회원들의 갈등으로 보이지만 속내를 들여다보면 좀 더 복잡하다. 사회운동을 경험한 회원들과 그렇지 않은 주부 회원들 간에는 운동을 바라보는 시각에서부터 활동방식, 그리고 현안 이슈, 제도 개선 중심의 시민운동과 일상생활운동의 차이에서 오는 긴장에 이르기까지 여러 가지 갈등요소들이 겹쳐 있다. 외부 지역단체나 공동체들이 한밭레츠에 연대 활동을 제기해 올 때도 그와 비슷한 맥락의 긴장이 발생한다. 예컨대 다른 단체와의 연대를 적극 주장하는 일부 회원들과 달리 윤선희와 심은숙 등은 사업상 눈에 보이는 성과물을 내기 위한 것이 아니라 천천히 함께 가고자 하는 진정성을 보여준다면 얼마든지 연대할 수 있지만, 경험상 그렇지 않은 경우를 많이 봐 왔기 때문에 조심스러운 부분이 있다고 말했다.

2009년 4월 한밭레츠는 지역화폐운동을 10년 동안 지속하고 확장해온 것을 자축하면서, 그동안의 활동 성과와 한계를 짚어보는 행사를 가진 바 있다. 이를 계기로 지역화폐를 대외적으로 알리고 홍보하기 위해 두루소리 모임을 만들었으며, 다른 곳의 지역주민들을 대상으로 하는 품앗이놀이학교를 진행했다. 직장인 등 참여가 어려운 회원들을 고려하여 저녁시간에 만찬을 갖는 등 소규모의 다양한 모임들을 시도하고 있다. 소외계층 여성들이 중심이 되는 사회적 일자리 차원의 '두루잔치'도 진행했다. 윤선희와 심은숙은 이러한 일련의 시도들이 작지만 의미 있는 변화라고 설명한다.

의사결정기구인 임기 2년의 운영위원회 위원들의 성비를 보면 2004년의 경우 11명 중 여성이 5명이었는데, 점점 여성의 비율이 증가하여 2010년에는 총 14명의 위원 중 여성이 9명으로 다수를 차지하고 있다. 이는 앞으로

며, 회원들도 이를 자연스럽게 받아들이고 있다.

따라서 민들레의료생협 활동에서와 마찬가지로 회원의 성별이 활동 참여자들의 성별과 반드시 일치하는 것은 아니다. 하지만 지역화폐운동에 동의하고 적극적인 가족원이 회원으로 가입할 가능성이 높기 때문에 회원의 성별 분포는 한밭레츠의 성별 경향성과 어느 정도 일치할 것으로 보인다.

1) 회원현황과 성별 가입 추이

한밭레츠 10주년 자료집(2009b)에 보면 회원 수는 2008년 말 620명이며, 레츠를 거쳐간 회원을 모두 합한 인원은 825명(785가구)으로 기록돼 있다. 하지만 초기 몇 년간 거래가 이루어지지 않는 회원을 체크하지 않고 삭제한 경우도 꽤 있어 실제로는 825명을 웃돌 것으로 보인다고 적고 있다. 엄밀히 말하면 회원 전체를 설명할 때 명이라는 단위는 적절치 않다. 대전·충남 녹색연합처럼 단체 회원도 포함돼 있기 때문이다. 2009년 4월 10주년 기념행사를 가진 후에 장기간 회비를 내지 않는 것은 물론이고 활동이나 거래도 전혀 하지 않고 연락도 되지 않는 속칭 유령 회원들을 탈퇴 정리했다. 그 결과 2009년 6월 당시 회원 수가 516명으로 줄어들었다.[2]

---

2 필자가 맨 처음 회원현황을 분석한 것은 2008년 12월 620명 회원에 대한 것이었다. 그 이후 회원들을 탈퇴 정리하여 2009년 6월, 516명이 되었으며, 앞선 분석자료를 폐기하고 이를 재분석하여 그 결과를 표와 기술자료로 활용했다. 이 책에는 포함되지 않았지만 탈퇴한 회원들의 실태와 그 이유를 알아보는 것도 의미 있는 일이라 생각된다. 한편 연구기간이 길어짐에 따라 2010년까지의 회원가입자를 포함하여 회원현황을 재분석하고자 시도했으나 이 시기 동안에도 회원들에 대한 탈퇴 정리가 지속되는 등 어려움이 있었다. 또한 무엇보다 실무 활동가인 심은숙의 얘기와 참여관찰을 토대로 성별, 직업, 거주지역 등 회원들의 현황이 크게 바뀌지 않은 것으로 판단돼 2009년 6월 분석자료를 기초자료로 사용했다.

3,000원 짜리 (공정무역) 설탕 사러 차 몰고 법동까지 갈 거야, 어떡할 거야, 여기서(유성구) 대중교통으로 법동 가는 것도 없어요. 택시타도 1, 2만원 나와. 남들은 지방이니까 5천 원이면 다 돌껼 그러는데 아니에요… 레츠하기 가장 좋은 게 자전거 타고 15분 갈 수 있는 거리, 가구 수도 200백 가구 넘지 않는다고 해요. 사람이 면대면 관계가 가능 한 게 그렇게 많지 않데요.

— 손연주

　　사실 한밭레츠는 대전시 전 지역을 대상으로 하는 공동체로 지역 정체감이 비교적 느슨한 편이다. 등록소로부터 거리가 먼 경우 아무래도 재활용품이나 생산물품을 가져오기 힘들다. 먼 거리의 회원가맹점을 이용하기도 쉽지 않다. 예컨대 대덕구 법동에 사는 회원이 서구 둔산동에 있는 회원의 가맹점 식당에 음식을 시켜 먹기는 지역적인 한계가 있기 마련이다. 따라서 대전 내 동별 모임을 갖고 지역별 레츠 모임을 시도하고 있지만 활발한 활동은 이루어지지 않고 있다.[6] 실제로 필자가 대전에 살아보니 손연주의 말처럼 버스노선이 상당히 불편하고 걸어 다니는 거리가 아닌 경우 대중교통을 이용하기 애매한 경우가 많았다. 지역적인 거리는 지속적인 거래와 관계맺음에 영향을 주게 된다. 따라서 등록소가 있는 법동과 대덕구 지역 주민들의 회원가입이 갈수록 느는 것은 당연한 결과이기도 하다.

　　한편 앞서 언급한 바 있듯이 대덕구 법동 지역은 기초생활수급권자들이

6　2004년 한밭레츠 활동이 활발해지면서 동네품앗이 소모임을 시작하고 법동, 태평동, 노은동, 송촌동 품앗이 등 동별 모임이 진행되었지만 활동이 중단되거나 부정기적으로 모임이 유지되고 있다. 지속적인 유지가 어려운 점으로는 진행 담당자가 이사를 가거나 활동하기 곤란해지면 동네 품앗이 활동도 저조해지는 점 등을 들 수 있다(한밭레츠, 2009). 이처럼 동네품앗이가 지속되기 어렵지만 그 필요성을 공감하는 한밭레츠 참여자를 중심으로 2011년 하반기부터 지역 레츠인 중구 대흥동 원도심레츠를 준비하여 2012년부터 활동을 본격적으로 펼치고 있다.

다수 거주하는 영구임대아파트와 중산층 아파트가 함께 섞여 있는 지역이다. 하지만 회원 중에 영구임대아파트에 살고 있는 회원은 60대 이상 5명과 40대 여성 3명, 30대 여성 1명 등 9명 정도에 불과했다. 이러한 공동체 구성층의 한계는 지역성과 주민의 자발성을 기반으로 하는 지역화폐 공동체 한밭레츠가 앞으로 풀어가야 할 과제이기도 하다.

3) 직업과 성별 분포

직업란에 표기돼 있는 한밭레츠 회원들의 직업 현황을 살펴보면 성별에 따라 큰 차이를 보이고 있다(〈표 9〉 참조). 먼저 248명의 여성 중 직업란에 주부(전업주부)라고 쓴 경우가 82명으로 가장 많았다. 시민단체, 어린이도서관, 자활센터, 환경 분야 등 NGO 지역 활동가가 44명으로 그 다음을 차지하고 있으며, 교사·공무원 29명, 전문직·강사 26명, 간호사·돌보미 20명 순으로 나타났다. 남성의 경우 직업이 확인된 120명의 회원 중 NGO 활동가 29명, 전문직·강사 27명, 회사원 15명, 자영업 14명의 순이었다. 교사 공무원의 경우 여성이 훨씬 많았고, 자영업과 농업의 경우 남성 회원이 많았으며 간호사·돌보미는 여성 회원들만 있었다. 전문직과 강사, 의사와 약사 등 전문 직종의 경우 여성과 남성이 비슷한 수치를 보였다.

전체적으로 한밭레츠는 전업주부 회원이 가장 많다. 공동체운동의 특성상 NGO 지역 활동가들이 다수 포함돼 있으며, 전문 직종 회원들이 비교적 많이 분포돼 있는 것으로 나타났다. 반면 제조업과 일용직 근무자는 매우 적은 분포를 보이고 있다. 현행 회원명부로는 비정규직과 정규직을 확인할 수 없다. 전문직이나 강사의 경우 프리랜서인 경우가 비교적 많을 것으로 보인다. 한편 드러나지 않아서 그렇지 기초생활수급권자나 경제적 어려움가했는데, 이는 N우유대리점의 가입으로 관련 제품 거래가 크게 늘어났기 때문으로 보인다. 또한 2008년 1,292건의 거래 중 미용실 24건, 인쇄소(편집 디자인) 14건을 제외한 1,254건의 거래가 약국 거래였다. 초창기에는 열쇠 점, 인쇄소, 약국, 식당, 동물병원, 학원, 카센터, 화원, 찻집 등 비교적 거래 가 다양하고 활발했던 반면 2005년 이후에는 몇 곳에 거래가 집중되고 있으 며 가맹점 수는 오히려 줄어들었다. 가맹점의 경우 참여 회원이 레츠 활동 에 적극적이며 사람들과 관계를 돈독히 유지할 경우에는 거래가 발생하지 만 그렇지 못할 경우에는 거래가 더 이상 일어나지 않는 경우가 많다. 업소 를 운영하는 회원들은 여유 시간이 많지 않아 레츠 활동 참여가 어려워 거 래가 더욱 일어나기 어렵다(한밭레츠, 2009b). 또한 한밭레츠는 지역 공동 체의 범위를 대전광역시로 넓게 설정하고 있는데, 거리가 먼 회원들의 업체 는 이용하고 싶어도 찾아가기 힘들기 때문에 가맹점의 거래가 잘 이루어지 지 않는 측면도 있다.

넷째, 90% 이상이 두루로 거래되는 재활용품의 경우는 2008년부터 급격 한 증가를 보이고 있다. 이는 한밭레츠 등록소가 민들레의료생협으로부터 독립하면서 활동과 물품 보관 공간이 생겨 품앗이만찬이나 다른 행사 외에 도 상시적으로 거래가 이루어기 때문이다. 등록소 한켠에는 회원들이 직접 만든 천연비누, 환경수세미, 냄비 받침대 등 수공예품과 옷, 장난감, 책 등 재활용품, 그리고 유기농 쌀, 포도즙, 벌꿀, 계란 등 친환경 농산물이 진열 돼 있다. 회원들은 필요하면 언제든지 이를 구매할 수 있다.

다섯째, 〈표 12〉에서 보는 바와 같이 대부분 지역화폐 두루로 거래되는 자원 활동과 교육 품의 경우 품목 분류 비교가 가능한 2004년 이후[9]를 보면

---

9 2003년 이전에는 항목 분류가 다르고 일률적이지 않아서 비교에 어려움이 있다.

자원 활동은 꾸준히 상승하고 있으며 특히 2008년부터 뚜렷하게 증가했다. 반면 노동과 서비스를 포함한 거래는 거래량이 불규칙한 편으로 2006년과 2007년에는 줄어들다가 2008년부터는 다시 늘어나는 경향을 보였다. 2010년에는 크게 늘어나 회원들 간의 노동과 서비스 거래가 활성화되었다.

여섯째, 새로운 활동이나 변화가 발생하면 거래량에도 영향을 미치게 된다. 예컨대 유기농 빵과 쿠키 등을 만드는 두루베이커리, 천연 비누를 생산하는 두루 숲, 천연 염색을 하는 두루 땀 등 생산자 소모임 활동이 활발하던 2007년에는 관련된 가맹점 거래가 눈에 띄게 증가했다. 한편, 마음공부, 다례, 어린이 풍물 등의 교육이 활발했던 2008년에는 교육 관련 거래가 늘었다. 차와 간식, 식사, 행사 등의 음식과 빵과 쿠키, 밑반찬 등을 만들어 판매하는 사회적 일자리 두루잔치가 활동한 2009년의 경우 관련 거래가 1,589건 신규 발생했다. 반면 장소상의 문제로 회원 교육 등 다른 품목의 거래가 상대적으로 줄어들었다.

〈표 10〉 연도별 거래현황 (2000~2010년)

(단위: 두루)

년도	거래 건수	두루 거래액 (A)	현금 거래액 (B)	거래 총액 (A+B)	두루비율(%) A/(A+B)×100	평균* 두루비율(%)
2000	287	4,866,000	5,427,900	10,293,900	47.3	81.4
2001	553	8,813,300	8,677,500	17,490,800	50.4	59.9
2002	1,530	28,403,130	20,493,450	48,896,580	58.1	78.1
2003	2,674	37,516,285	36,955,940	74,472,225	50.4	75.3
2004	4,919	53,211,295	41,045,495	94,256,790	56.5	73.7
2005	4,745	65,160,426	56,115,250	121,275,676	53.7	77.2

2006	5,520	56,637,340	36,371,350	93,008,690	60.9	79.0
2007	7,557	73,737,090	68,999,750	142,736,840	51.7	69.9
2008	10,569	96,016,220	85,137,010	181,153,230	53.0	62.0
2009	14,938	122,835,290	118,912,850	241,748,140	50.8	51.6
2010	14,342	126,643,180	137,954,970	264,598,150	47.9	60.5

* 평균 두루비율은 매 거래의 두루비율을 계산한 다음 이를 평균한 값으로, 총 두루 거래액을 총 거래액으로 나눈 두루비율과는 다르다.

출처: 제10차 한밭레츠 정기총회 자료집, 2011: 10

〈표 11〉 주요 품목의 거래건수와 두루 비율 (2000~2010년)

(단위: 건, %)

년도	의료	농산물	가맹점	재활용	총 거래건수
2000	42(78.4)	13(61.9)	17(42.8)	34(95.9)	287
2001	71(63.7)	76(25.8)	136(38.3)	117(89.8)	553
2002	564(84.8)	153(39.5)	325(69.1)	145(86.8)	1,530
2003	762(79.2)	151(37.2)	515(59.8)	163(92.5)	2,674
2004	1,237(84.4)	732(24.7)	1078(62.9)	832(97.3)	4,919
2005	1,202(87.9)	769(21.6)	798(85.6)	826(92.4)	4,745
2006	1,459(93.8)	994(17.5)	823(92.3)	616(92.4)	5,520
2007	1,466(86.9)	1,636(16.1)	1,071(63.9)	602(97.2)	7,557
2008	1,742(89.9)	2,338(16.9)	1,292(61.2)	1,166(96.9)	10,569
2009	2,038(93.0)	3,408(18.7)	2,275(46.0)	1,454(99.6)	14,983
2010	1,450(84.6)	4,258(23.1)	2,235(48.6)	1,346(99.6)	14,342
계	12,033	14,528	10,565	7,301	67,679

출처: 한밭레츠(2009), 10주년 자료집과 한밭레츠(2009~2011), 총회자료집을 참고로 재구성함
주: ( )는 두루 비율 %임

〈표 12〉 자원 활동, 교육, 품의 거래현황 (2004~2010년)

(단위: 건)

년도	자원 활동	교육	품
2004	168	88	151
2005	209	126	206
2006	281	186	104
2007	335	278	71
2008	895	562	163
2009	1,177	220	277
2010	1,123	166	409

2) 거래의 성별 경향성

한밭레츠 거래를 성별로 분리하는 것은 쉽지 않다. 기본적으로 가족 단위 가구별로 거래 등록이 이루어지기 때문이다. 예컨대 천연비누 생산자인 민연아가 생산품 판매를 통해 번 두루는 남편인 박규식의 거래계정에 등록되고, 중학생인 강윤희가 심층면접을 하고 번 두루는 엄마인 연주현의 계정에 등록된다. 또 운영위원회 회의에 참석하고 받은 A의 두루는 부인인 B의 계좌에 등록되기도 한다. 또한 달걀, 농산물, 재활용품 등을 구매하는 것은 가족이 함께 먹거나 입고 쓰는 일상생활에 사용하기 때문에 거래량과 품목을 성별로 나누기가 애매한 측면이 있다. 그럼에도 불구하고 계정 등록이 돼 있는 회원이 가족 중 생산자와 소비자, 판매와 구매자로서 교환거래에 적극적이며, 이를 통해 지역화폐운동을 실천할 가능성이 더 클 것으로 보이기 때문에 2008년 거래내역을 성별로 나눠서 파악해 보았다.

거래는 구매자와 판매자의 교환으로 이루어지기 때문에 거래 1건당 구매

지역화폐와 여성주의-한밭레츠의 경험에서 길을 찾다

자와 판매자 각각 1건의 거래가 발생한다. 이에 두루를 쓴 것 구매와 번 것 판매의 개인별 거래 총량을 보면 한밭레츠 2008년 거래건수 10,569건의 두 배인 21,138건에 대해 참여자 성별을 토대로 거래를 성별 분석했다.[10]

42명의 부부, 즉 21개 회원계정 중에서 여성의 이름으로 돼 있는 것은 11개 계정이었고, 나머지 10개는 남성의 이름으로 돼 있어서 비슷한 양상을 보였다. 이 중에서 2008년도 거래경험이 있는 19개 계정 중에서 부부가 비교적 비슷하게 활동하고 거래를 하는 경우, 계정은 부인 이름으로 돼 있지만 실제 거래는 계란 등을 생산해서 공급하는 남편이 많이 한 경우 등은 여성, 남성으로 분리하지 않고 부부계정에 포함시켰다. 부부계정 중에서 여성이 주로 활동하고 거래하는 경우(1명)는 여성으로, 의료생협 실무자 남성들로서 급여 일부를 지역화폐로 받고 거래에도 적극적인 경우는 남성(3명)으로 파악하여 거래량과 두루 사용량을 비교했다(〈표 13〉 참조).

먼저 2008년 한 해 동안 1건 이상의 거래가 이루어진 전체 324개 계정 중에서 여성은 224명으로 69.1%를 차지했다. 여성의 거래량을 보면 두루를 쓴 구매(소비)는 6,908건으로 전체의 65.4%였고, 두루를 번 판매(생산, 노동 서비스)는 2,625건, 24.8%로 낮은 비율을 보였다. 여성의 경우 두루를 버는 생산보다 쓰는 소비행위에 훨씬 많이 참여하고 있는 것을 알 수 있다. 반면 두루 사용량에 있어서는 구매가 39.3%, 판매가 36.6%로 두루를 쓴 것과 번 것의 금액 차이는 별로 없었다. 이는 여성이 두루를 쓰는 구매의 경우 거래량은 많지만 거래건수당 두루 거래 평균은 5,457두루로 낮고 재활용품, 계란, 두부, 농산물 등 두루 금액이 낮은 품목을 주로 구매하기 때문이다. 자원 활

---

10 심은숙 등 실무 활동가들은 현장 거래경험을 토대로 2010년 이후 한밭레츠 거래의 성별 경향성 역시 2008년과 비교해서 크게 바뀌지 않았다고 말했다.

동과 품 등이 주요 거래품목이 되는 판매의 경우 평균 두루 거래액은 13,390 두루로 상대적으로 두루 금액이 높은 편이었다.

남성은 73명, 22.5%가 1건 이상의 거래를 했으며 두루를 쓴 것과 번 것의 거래량은 비슷한데, 비율은 8.3%와 9.9%로 낮았다. 이를 통해 남성은 소비와 생산에 있어 모두 소극적인 두루 거래를 하고 있다는 것을 알 수 있다. 특히 한 해 동안 2건 이하의 거래를 한 경우가 18명이나 됐다. 두루 사용량은 두루를 쓴 것 12.3%보다 두루를 번 것이 7.4%로 오히려 낮았다. 이는 남성 중에는 농산물 등 두루 비율이 낮은 생산자가 많이 포함돼 있기 때문이다.

부부계정과 가맹점의 경우 계정 수에 비해 거래량이 많았다. 부부계정의 경우는 부부가 둘 다 적극적으로 거래에 참여한 경우가 많기 때문이다. 특히 12개(3.7%) 가맹점의 경우 거래량이 31.9%로 매우 높았다. 이는 한밭레츠 등록소와 의료생협, 약국 등 거래량이 많은 가맹점이 포함돼 있기 때문이다. 가맹점의 경우 두루를 쓴 것(23,099두루)이 번 것(8,419두루)보다 평균 두루액이 훨씬 높은 것은 건당 두루액이 높은 자원 활동이나 품 등에 주로 두루를 쓰고, 두루를 버는 의료 거래 등은 건당 두루액이 낮기 때문으로 볼 수 있다.

> 남자들의 거래가 훨씬 적죠. ○○○나 ○○○는 두루 부자인데, 남자 몇 명의 거래가 엄청 많아요…. 500두루, 1,000두루, 2000두루 재활용품은 거래량은 많아도 5,000두루를 넘어가는 게 별로 없어요. 여자들이 주로 거래하죠.
>
> — 심은숙

총 거래량에 있어서는 여성(45.1%)이 남성(9.1%)보다 약 5배 정도가 많았다. 이러한 거래 참여율의 차이는 활동 참여와도 비슷한 맥락으로 볼 수 있다. 평균 두루 거래량의 경우 여성은 1인당 42.6건이며 남성은 1인당 26.2건으로 남성이 생각보다 많다. 그 이유는 남성의 경우 농산물과 천연비누 생

지역화폐와 여성주의-한밭레츠의 경험에서 길을 찾다

산자 5명의 거래건수가 641건, 의료생협 실무자 등 거래가 활발한 4명이 443건으로 총 9명의 거래건수가 1,084건, 전체 남성 거래량의 56.7%라는 큰 비중을 차지하고 있어 평균 거래량이 높아졌기 때문이다. 참고로 거래량이 많은 여성 상위 9명의 거래건수는 2,376건으로 여성 전체 거래량의 24.9%를 차지하여 남성보다 낮은 분포 비율을 보였다.

〈표 13〉 성별을 포함한 거래현황 (2008년)

(단위: 두루)

	거래량(건수)		두루 사용량		비 고
여성 224 (69.1%)	총 9,533 (45.1%)		72,848,960 (37.9%)		– 쓴 것(구매, 소비) 평균 두루(두루 거래액/ 거래건수) : 5,457 – 번 것(판매, 생산) 평균 두루(두루 거래액/ 두루 거래건수) : 13,390
	쓴 것 6,908 (65.4%)	번 것 2,625 (24.8%)	쓴 것 37,700,210 (39.3%)	번 것 35,148,750 (36.6%)	
남성 73 (22.5%)	총 1,913 (9.1%)		18,979,360 (9.9%)		– 쓴 것 평균 두루 : 13,599 – 번 것 평균 두루 : 6,840
	쓴 것 872 (8.3%)	번 것 1,041 (9.9%)	쓴 것 11,858,560 (12.3%)	번 것 7,120,800 (7.4%)	
부부 15 (4.7%)	총 2,943 (13.9%)		18,471,650 (9.6%)		– 쓴 것 평균 두루 : 6,647 – 번 것 평균 두루 : 6,057
	쓴 것 1,092 (10.3%)	번 것 1,851 (17.5%)	쓴 것 7,259,150 (7.6%)	번 것 11,212,500 (11.7%)	

가맹점 (의료포함) 12 (3.7%)	총 6,749(31.9%)		81,732,470 (42.6%)		− 쓴 것 평균 두루 : 23,099 − 번 것 평균 두루 : 8,419
	쓴 것 1,697 (16.1%)	번 것 5,052 (47.8%)	쓴 것 39,198,300 (40.8%)	번 것 42,534,170 (44.3%)	
계 324 (100%)	21,138(100%)		192,032,440 (100%)		− 거래당 평균 두루 (구매와 판매의 평균 두루) : 9,085
	10,569 (100%)	10,569 (100%)	96,016,220 (100%)	96,016,220 (100%)	

한편 논의지형에서 살펴본 바대로 한밭레츠 초창기 거래를 분석한 것으로 류동민 · 최한주의 연구(2003)가 있다. 이 연구는 레츠에서 이루어지는 거래를 〈표 14〉와 같이 분류하고 있다. 첫째, 재화의 거래인지 노동력 서비스의 제공인지 하는 것과 둘째, 실제로 시장에서 상품으로 거래되고 있는 것인지 아닌지 등 두 가지 기준을 동시에 적용해서 총 네 가지 거래유형으로 구분했다. 예컨대 유형 I 은 시장에서도 공급되고 있는 재화가 동시에 레츠 내에서 거래되는 것이다. 유형 IV는 서비스가 시장에서는 공급되지 않고, 레츠 내에서만 100% 지역화폐로 거래되는 것을 말한다.[11]

---

11 이 분류에 의하면 의료보험은 시장 서비스에 포함된다.

지역화폐와 여성주의−한밭레츠의 경험에서 길을 찾다

	시장 거래	비시장 거래
재 화	유형 Ⅰ	유형 Ⅱ
서비스	유형 Ⅲ	유형 Ⅳ

위의 거래유형을 토대로 2008년 거래를 분석했다.[12] 그 결과 중에서 100% 두루 거래인 비시장 거래에 포함된 유형 Ⅱ와 Ⅳ의 거래량에 있어 두루를 번 것(판매, 노동 서비스) 기준으로 성별을 비교해 보면 〈표 15〉와 같다. 전체적으로 여성이 2,065건으로 남성 242건에 비해 8.5배가 많아 여성의 참여율이 매우 높은 것으로 나타났다. 특히 재화의 경우 재활용품은 여성(1,007건)이 남성(17건)보다 59.2배가 많았다. 서비스의 경우 교육은 여성(152건)이 남성(15건)보다 훨씬 높은 참여율을 보였다. 자원 활동과 품의 거래는 여성이 남성에 비해 4배 정도 많이 참여하고 있었다. 재화 부분의 제작물품은 남성이 오히려 여성보다 많았는데, 70대 어르신인 오규성이 냄비받침 등을 제작 판매한 것이 포함됐기 때문이다.

이와 같은 거래의 성별분석을 통해 여성은 전체적으로 두루를 쓴 구매가 두루를 번 판매에 비해서 훨씬 많지만 비시장 재화와 서비스영역에서는 두루를 버는 판매, 즉 노동과 서비스 활동에 적극적으로 참여하고 있는 것을 알 수 있다.

---

12 분류 기준의 정확성을 기하기 위해 초창기(2002년)의 거래를 분석한 연구자들과의 면접 내용을 참고했다. 2002년과 2008년 거래를 비교 분석한 내용은 부록 참조.

<표 15> 100% 두루 거래 유형 II와 IV의 거래량 성별 비교 (2008년)

(단위: 건)

		여성	남성	여성/남성
재화 (유형II)	농산물	22	3	7.3
	대여	34	2	17
	먹거리	25	1	25
재화 (유형II)	재활용품	1,007	17	59.2
	제작물품	6	15	0.4
	계	1,094	38	28.8
서비스 (유형IV)	교육	152	15	10.1
	자원 활동	633	148	4.3
	품	116	24	4.8
	기타	25	7	3.6
	계	926	194	4.8
기 타	후원금	45	10	4.5
총 계		2,065	242	8.5

주: 2,982건 중 가맹점 297건, 부부계정 368건은 제외함

지역화폐와 여성주의 – 한밭레츠의 경험에서 길을 찾다

제3부
지역화폐의 가치와 탈자본주의 시장

감자 캐기 계절 활동 중인 한밭레츠 회원들

감자를 이렇게 잡고 딱 드니까 감자가 우르르 달려 나오는 거예요. 거 있잖아 막
딸려 나오는거. 신기하잖아요. 애들 입장에서는 감자가 알알이 매달려 있으니까. 그거
땀흘리며 캐서 넣고… (아이가) 엄마 있잖아, 감자를 딱 잡았는데 감자가 쭈르르 막
밀려나와 하하하, 계속 이야기하는 거야. 아이들한테는 특별한 경험이죠.

비시장적 가치

지역화폐의 대안성으로 이야기되는 것 중의 하나가 바로 대안경제에 대한 기대이다. 그런데 이를 평가하는 기준과 관련해서 한밭레츠 사례를 통해 살펴보면 기존 논의들은 크게 두 가지 면에서 한계가 있다. 첫째, 지역화폐의 대안성을 상당 부분 기존 시장경제 개념에 의존해서 평가하고 있으며, 여전히 거시경제의 틀 안에서 해석하고 있는 부분이다. 예컨대 한밭레츠 2008년 가구당 평균 거래액(두루와 현금합산)은 29만 2천 2백 원 정도에 지나지 않아 규모가 매우 작다는 것이다(박용남, 2009). 물론 두루를 포함한 회원들의 거래액이 늘어나야 하는 것은 지향점이다. 하지만 그러한 분석은 재활용품 거래 등의 경제적 효과[1]를 포함하지 않는다. 또한 가치가 만들어지는 과정은 생략한 채 결과만을 셈하고, 질보다는 양을 우선시하며 결국 가치가 화폐적 가치로 환원되는 경제 개념을 그대로 수용한 것이 될 수 있다. 한밭레츠 교환 거래는 기존의 경제환산법으로는 거래액에 잡히지 않는

---

1 예컨대 연주현이 내놓은, 한 번도 쓰지 않은 새 다리미가 재활용품으로 5,000두루에 거래된다면 시장가격 30,000원에 비해 1/6이 싼 것이다. 지역화폐 거래 총량에는 25,000원이 포함되는 않는다. 이는 한밭레츠 거래는 단순 수량으로 평가하기 힘들다는 것을 단적으로 보여주는 것이다.

다른 가치들이 교환되고 있다.

둘째, 한밭레츠 거래에서 살펴본 바와 같이 여성 등이 참여하는 다양한 비시장 거래가 상당 부분 이루어지고 있는데, 이에 대해 주목하고 있지 않으며, 심지어 비숙련노동이어서 문제적이라고 보는 견해도 있다(이창우, 2002). 이러한 평가는 자본주의 시장을 넘어서고자 하는 지역화폐를 여전히 시장상품화의 잣대로 보는 것이다. 성별분업에 대한 문제 인식 없이 여성의 일=단순한 일=비숙련이라는 기존의 통념을 그대로 반영하고 있는 것이다. 이 같은 문제의식 속에 이 장에서는 대안경제 가능성과 관련해 한밭레츠 공동체에서 지역화폐의 가치가 만들어지는 과정에 주목하고자 한다.

한밭레츠 교환 거래를 들여다보면 비시장[2]과 시장 교환을 구분하기 애매한 부분이 있다. 예컨대 농부 회원 A의 감자는 지역화폐 20%와 시장화폐 80%로 교환되기 때문에 시장 교환체계로부터 자유로울 수 없다. A의 감자밭에 가서 회원 B의 가족들은 감자 캐기 체험을 한 후 얼마간의 지역화폐와 현금을 주고 감자를 바꿔옴으로써 거래가 이루어진다. 이를 통해 두 회원가족은 함께 땀 흘리는 노동을 하고 마음을 나누며, 생산자와 소비자로서 소통하게 된다. 특히 감자줄기에 주렁주렁 달려 나오는 크고 작은 감자알들을 난생 처음 보고 탄성을 질렀던 B의 아이들은 그날 밤 집에 돌아가서 자연의 신비함을 동시로 표현해보고, 감자 먹을 때는 농부 아줌마, 아저씨를 생각해야지 다짐하는 일기를 쓰다가 입가에 미소를 머금은 채 잠이 들 수도 있

---

2 앞서 살펴본 류동민 등(2004)의 연구에서는 비시장과 시장의 구분을 상품화 가능성을 기준으로 해석하고 있다. 이는 기존 시장과 같은 기준으로써 기존 화폐 시스템을 넘어서고자 하는 지역화폐를 분석하는 데는 한계가 있다. 따라서 이 책에서 비시장은 기본적으로 시장이 아닌 것을 말하며, 시장교환이 아닌 것 혹은 시장의 가치 기준이 아닌 다른 방식의 가치가 개입되는 영역을 말한다.

지역화폐와 여성주의–한밭레츠의 경험에서 길을 찾다

다.[3] 이처럼 농부 회원 A와 도시에 사는 B 가족의 감자 거래는 표면적으로 시장화폐가 포함된 거래지만 이를 통해 돈으로 환산할 수 없는 비시장의 부가가치 즉 잉여가치가 창출된다. 한밭레츠 회원들의 거래는 100% 지역화폐 거래가 아닐지라도 상당 부분 비시장의 가치들이 교환되고 있는 셈이다.

사실 신자유주의 시장의 거래망에 사방이 포위된 채 살고 있는 이 시대에 자급자족이 가능한 고립된 지역이 아니고서는 시장화폐를 전혀 사용하지 않는 생활은 현실적으로 가능하지 않다. 하다못해 지역화폐 거래를 위해 농부 회원의 밭에 가기 위해서는 교통비나 기름 값으로 얼마간의 현금이 지출되기 마련이다. 한밭레츠에서는 2009년 들어 M우유 대리점을 운영하는 회원의 가입으로 유기농 우유를 비롯한 유제품을 거래하고 있다. 물론 현금과 지역화폐를 함께 사용해서 판매한다. 기업체의 우유를 거래하는 것에 대해 갈등이 없었냐고 질문하자 심은숙은 우유는 회원들 가족 대부분이 매일 먹는데, 다른 마트에서 사먹느니 이왕이면 한밭레츠 가맹점 회원의 제품을 이용하고, 일부는 지역화폐로 거래하는 데 의미를 둔다고 말했다. 물론 그 업체가 사회적으로 물의를 일으켰거나 친환경적으로 문제가 있다면 그것은 다른 차원의 이야기가 된다.[4] 한편 정민초는 단골로 이용하는 동네 슈퍼마켓 주인에게 지역 어린이도서관과 관련해서 아주 작은 후원을 부탁했다가

---

3 "감자를 이렇게 잡고 딱 드니까 감자가 우르르 달려 나오는 거예요… 거 있잖아 막 딸려 나오는 거. 신기하잖아요, 애들 입장에서는 감자가 알알이 매달려 있으니까. 그거 땀 흘리며 캐서 넣고, 그날 옆에 대둔산에 갔었어요. 잠깐 계곡물에서 물놀이 하는데 (아이가) 엄마 있잖아, 감자를 딱 잡았는데 감자가 쭈르르 막 밀려나와 하하하, 계속 이야기하는 거야 … 아이들한테는 특별한 경험이죠." ─조미향

4 지역화폐의 가치실현을 염두에 둔다면 자본주의 시장체계 안에 있는 기업의 제품을 거래하는 것에 대한 기준도 있어야 할 것이다.

단칼에 거절당한 후 상처를 받고 얼마동안 그곳을 이용하지 않았다고 한다. 하지만 그 동네에서 걸어 갈 수 있는 가게가 그곳뿐이라서 어쩔 수 없이 생 필품을 사기 위해 다시 이용하는 것으로 본인 스스로 말한 것처럼 가게 주 인에 대한 소심한 복수를 마무리 지을 수밖에 없었다. 그만큼 선택의 여지 가 없었다. 지역화폐의 경우는 더욱 그렇다.어쨌든 심은숙과 정민초의 이야 기는 아직까지 기존 화폐 없이는 생존이 불가능한 도시생활에서 더구나 의 식주를 포함한 일상을 나누고자 모인 공동체에서 100% 지역화폐 거래만으 로 가능한 생활운동은 관념 속에서나 가능하다는 것을 말해주는 대목이기 도 하다.

그럼에도 불구하고 지역화폐운동은 기존의 시장화폐인 현금 대신 지역 내에서 새로운 돈을 유통하는 것이 운동의 지향점이며, 이를 위해 공동체 구성원들이 활동해야 하는 것은 분명한 명제이다. 그것이 바로 여타의 다른 대안운동과 차이나는 지역화폐운동의 정체성을 확보해 주는 것이다. 다시 말해 교환의 비시장적 부가가치만이 아니라 실제 드러나는 거래에 있어서 도 지역화폐 교환이 이루어지고, 자본주의 시장이 아닌 방식으로 가치가 교 환되도록 하는 게 지역화폐운동인 것이다. 이 지점이 바로 여성주의에서 특 히 주목해야 할 부분이다.

따라서 이 장에서는 지역화폐의 대안성으로 대안경제와 관련해서 주목되 는 비시장적 교환 거래와 가치화가 구체적으로 어떻게 이루어지는지 살펴 보고, 그 과정에서 성별성이 과연 해체되는지, 줄어드는지, 한계 지점은 없 는지 등을 알아보고자 한다.

제6장

지역화폐 교환 거래의 가치화과정

1. 일상의 관계로 경험되는 지역화폐

기존의 자본주의 시장화폐 시스템에서는 가치의 유일한 척도가 화폐, 즉 돈이 되며 이는 개인의 삶과 사람 자체를 평가하는 잣대가 되고 있다. 그렇다면 지역화폐 시스템에서는 가치의 척도는 무엇이며, 거래과정에서 가치는 어떻게 만들어지고, 교환될까? 이를 알아보기 위해서는 우선 한밭레츠 회원들이 지역화폐운동에 어떻게 참여하게 되었으며, 교환 거래를 어떻게 인식하고 실천하고 있는지를 이해할 필요가 있다. 지역화폐운동과 교환에 대한 참여자들의 인식 그리고 실제 거래행위는 지역화폐 교환의 가치형성에 영향을 주고받으며 상호작용을 하기 때문이다.

1) 지역화폐운동에 참여하게 된 동기

한밭레츠 면접 참여자들은 지역화폐 공동체의 구성원이 되기 전까지 활동영역에 있어서 다양한 경험의 차이가 있었다. 학생운동 혹은 사회운동의 경험이 있는 참여자 여성 중에는 환경단체 회원으로 자영업을 하는 윤선희, 여성단체 활동가인 정민초, 한부모 가장인 송미란, 전업주부로 있다 귀농한 임서현 등이 있다. 남성 중에는 지역단체 실무자인 문정훈과 도시에서 살다 귀농한 한영석이 있다. 이전까지 특별히 사회운동 경험이 없는 회원 중에는 결혼 혹은 출산으로 직장을 그만두고 전업주부가 된 최자영, 손연주, 민연아, 자영업을 하다 사정이 생겨 문을 닫은 심은숙, 연주현, 대학 졸업 후 결혼과 함께 바로 전업주부가 된 조미향 등이 있다. 또한 자영업을 하던 노인남성 오규성과 학원 강사인 비혼남성 김현성, 사회복지 분야에서 활동했던 비혼여성 홍혜진, 외국인 여성으로 전업주부인 마리아, 중학교 청소녀 강윤희가 있다. 이처럼 다양한 차이 속에서 면접 참여자들이 지역화폐운동에 몸담게 된 직접적인 계기는 대체로 다음과 같이 나눠볼 수 있다.

첫째, 자본주의 시장 혹은 기존 사회 시스템에 대해 문제의식을 갖고 새로운 삶과 대안을 모색하는 과정에서 지역화폐운동을 만나 참여하게 되었다. 둘째, 평소 나누는 삶이나 환경 혹은 공동체 등에 관심이 있었는데, 아는 사람의 권유나 방송, 언론 매체를 통해 한밭레츠를 알게 돼서 함께하게 되었다. 셋째, 지역에서 민들레의료생협의 조합원으로 활동하거나 실무자로 일하다가 자연스럽게 지역화폐운동에 참여하게 되었다. 넷째, 농부나 생산자의 경우 판매망을 확보하는 과정에서 지역화폐에 관심을 갖고 함께하게 되었다. 다섯째, 별 관심 없다가 주변의 권유로 참여하게 된 후 지속적으로 활동하고 있다. 참여자들의 삶과 이야기를 통해 이를 하나하나 살펴보도록 하자.

새로운 방식의 삶과 대안을 찾아서

그 전에도 환경문제 이런 거에 대해서 관심 있었는데, 서울에는 내가 할 수 있는 게 없다고 생각해서 기부만 조금 하고 있었어요. 때가 오면 가서 일하겠지만 지금은 때가 아니니까 돈이라도 내면서 마음을 다스리고 있었던 거죠. 최소한은 기여를 하면서 살고 싶다는 생각으로… 서울에서 성공하고 싶은 생각도 없었고, 내가 언제 죽을지 모르는데(면역체계이상으로 불치병이라는 진단을 받은

상태) 그래, 행복하게 살자 지방 내려가서 조용히… 그런 마음으로 대전을 딱 오
자마자 레츠를 알게 된 거예요…

— 손연주

서울에서 태어나 대학을 다녔고, 직장을 다니다 결혼해서 전업주부로 살
고 있던 손연주는 아이 둘을 낳고 키우던 중 면역체계 이상으로 걷기조차
힘들게 돼 이러다 죽을 수도 있겠구나 라는 생각을 했다고 한다. 알 수 없는
병마와 싸우며 힘겨운 상태에서 치료를 위해 서울 근교에 거처를 알아보던
중 대전으로 이사를 오게 되었다.[1] 사회운동에 적극적으로 참여하지는 않았
지만 386세대로서 갖는 일종의 부채감이 있었고, 성공하기 위해 경쟁하고
돈 벌기 위해 아비규환이 된 사회 시스템에 문제의식을 갖고 있었던 그녀는
대전으로 이사 온 후 평소 후원하고 있던 녹색연합을 통해 한밭레츠를 알
게 돼 적극적으로 참여하게 되었다. 그러한 과정에서 어느새 병도 낫게 되
었다. 처음에 지역화폐 이야기를 들었을 때는 중앙화폐에 반대하고 우리들
만의 지폐를 사용한다는 데 호기심이 생겨 한밭레츠를 찾게 되었다고 한다.
이후 회원들과 어울려 함께 활동하다 보니 사람 냄새 나는 친구들을 만날
수 있다는 것이 제일 매력적으로 다가왔다고 그녀는 이야기했다.

노동운동의 경험이 있고, 여성단체에서 활동하고 있던 정민초에게 지역
화폐는 돈이 없어도 치료를 받을 수 있다는 부분이 커다란 감동으로 다가
왔다. 또한 삶 자체가 현금을 쓰지 않고는 무엇 하나 할 수 있는 부분이 없
는데, 그저 '하자'라는 결의의 장이 아니라 실제로 생활 속에서 다른 방식의
교환을 실험할 수 있다는 게 신선했기 때문에 참여하게 되었다. 지역화폐

---

1 실제로 한밭레츠에는 불치병 진단을 받은 후 서울 등 도시에서 대전 외곽 대둔산이나 충청 지
역으로 이사해 농사를 짓거나, 친환경적으로 살고 있는 회원들이 여러 명 있다.

관련 자료를 섭렵하며 한밭레츠 준비과정부터 함께 했던 문정훈은 신자유주의 카지노 자본주의 아래에서 화폐는 이윤을 찾아 떠돌아다니는 괴물이 되어 시장을 어슬렁거린다고 말한다. 이 괴물은 물가를 상승시키고 공동체를 경쟁관계로 만들며 결국 서민들은 상실된 공동체관계만큼의 증가된 생활비용과 그에 따른 생활고를 경험하게 되는데, 지역화폐와 같이 다른 방식의 돈을 만들어 사용함으로써 그러한 문제들을 해결할 수 있다고 기대감을 표현했다.[2] 이와 같이 한밭레츠 회원 중에는 자본주의 시장화폐와 기존 사회 시스템에 대해 문제의식을 갖고 새로운 방식의 삶과 대안을 찾아가는 과정에서 지역화폐운동을 만나 참여하게 된 경우가 있다.

나눔과 공동체성을 찾아서

> 정확하게 기억은 안 나는데, 처음에 방송을 통해 (한밭레츠를) 봤을 거예요. 방송 보고 바로 가입한 건 아니고 뭐가 있구나 하고 인지를 하고 있었죠… 학원 강사하다가 제 뜻도 안 맞고, 학원 같은 데는 새벽별 보기를 하거든요, 그런 거에 회의도 있었고, 요새 많이 얘기하는 사람들 간의 소통문제, 앞에서 웃으면서 이야기하지만 뒤로는 어떻게 뒤통수를 칠지 모르는 그런 게 있잖아요. 막연한 불안감이라든지 그런 게 동기가 됐던 거 같아요.
>
> — 김현성

입시 위주의 교육에 문제의식을 갖고 있던 학원 강사인 김현성은 우연한 기회에 한밭레츠 관련 방송을 보고 뭔가 있구나라는 생각을 하게 되었다. 선생과 학생, 강사들 사이에서도 마음을 주고 열심히 가르친 과정은 무시된 채 결과인 성적으로만 평가되며, 믿지 못하는 불신이 생기는 현실을 경험하

---

2 김성훈(2004), 「이웃은 답을 알고 있다」 중에서.

면서 서로 믿고 나눌 수 있는 그 무엇인가에 대한 갈증을 느끼게 되었다. 김현성은 막연하게 마음속으로 그리던 무언가가 방송을 통해 만난 한밭레츠가 될 수도 있겠구나 라는 생각을 하기에 이르렀고, 직접 전화를 해서 등록소를 찾게 되었다.

창립 회원인 오규성은 지역신문에서 한밭레츠 이야기를 보고 바로 이거다라고 쾌재를 불렀으며 그 길로 등록소를 찾게 되었다. 오규성은 학교 앞에서 문구점을 할 때 주변 가게들이 턱없는 할인가로 경쟁하듯 판매하는 바람에 위기에 빠진 적이 있다. 문구점에 이어 하던 서점을 정리한 후 조그만 사무실에서 일할 때는 어느 날 갑자기 책상이 없어져 해고를 당한 경험도 있다. 한편 형편이 어려운 학생들이 문구류나 책, 혹은 돈을 훔치는 현장을 발견했을 때 다시는 그러지 말라고 타이르면서 오히려 그 물건이나 돈을 쥐어주고 돌려보낸 경우가 종종 있었다. 한참 세월이 흐른 뒤에 그때 그 학생들이 찾아와서 감사했다고 눈물을 글썽이는 것을 볼 때마다 역시 사람에 대한 믿음의 대가는 있구나라는 생각을 하곤 했다. 이러한 일련의 경험 속에 사람들과 더불어 믿음으로 세상을 살고 싶었던 오규성은 한밭레츠 기사를 접한 후 망설임 없이 참여하게 되었다.

평소 환경문제와 공동체에 관심이 많았던 윤선희는 한밭레츠 태동을 함께한 "대전의제 21"의 자료 편집을 하면서 자연스런 수순으로 참여하게 되었다. 홈패션 가게를 운영하는 동안 돈은 번다고 벌어지는 게 아니고 쫓을 일이 못되며, 다른 곳에 행복이 있지 않을까 어렴풋이 느끼고 있던 심은숙은 바느질 모임에서 만난 손연주의 권유로 참여하게 되었다. 대학 때 좋아하던 선배가 몸담고 있는 곳이어서 그 선배의 소개로 품앗이만찬에 참석한 후에 예전 학교 다닐 때 꿈꾸던 것이 바로 이런 게 아니겠느냐는 생각으로 함께 하게 된 박규식도 있다. 이들이 한밭레츠 활동을 하게 된 직접적인 계기는 주로 주변 아는 사람의 영향이지만 그 기저에는 생존경쟁에 뒤엉킨 사회에서 어떻게 해야 사람과 자연이 어울려 살아가며 마음의 평화를 얻을 수 있는지를 고민하는 삶의 문제가 있었다. 그러한 접점에서 지역화폐를 만나게 된 것이다. 이처럼 아는 사람이나 방송, 언론을 통해 한밭레츠를 소개받고 나눔과 환경, 공동체 등 평소의 관심사 혹은 마음 한구석에 갖고 있던 꿈이나 막연한 상상을 현실화시킬 수 있지 않을까라는 기대감으로 참여하게 된 경우가 상당수 있다.

의료생협에서 레츠로

여기(한밭레츠)를 먼저 안 게 아니고 민들레의료생협을 통해서 레츠를 알게 됐어요… 대전은 인력이 그렇게 많지 않아요. 서울이나 이런데 같지 않아요. 시민단체 어느 한곳에 있거나 하면 다 연결 연결되는, 지역적으로 규모가 작죠. 그래서 요거(민들레의료생협)를 준비하는 사람들이 있다는 걸 준비할 때부터 알았어요. 근데 제가 마침 이 동네에 살고 있으니까 (법동사세요?)네… 조합원으로 가입하고 자원 활동을 많이 했어요. 그 무렵 레츠도 가입해서 활동하게 됐어요.   ― 최자영

둘째아이를 낳고 전업주부로 법동에 살고 있던 최자영은 동네에 의료생협이 생긴다는 말에 솔깃했다. 주민들이 함께 출자해서 병원을 만들고 의료공동체를 추구한다는 게 마음에 와 닿아 조합원이 되었고, 자원 활동을 시작했다. 그 후 자연스럽게 지역화폐로 활동영역을 확장하게 되었다. 솔직히 지역화폐에 올인하고 있지는 못하다고 말하는 그녀는 너랑 나랑 그래도 같이 잘 살아봐야 되지 않겠냐는 생각 때문에 함께 하고 있다고 말했다. 또한 이건 아닌데 하면서 늘 뭔가 다르게 살 수 있는 방법을 마음 한구석에 품고 살고 있었는데, 지역화폐 시스템이 그에 대한 대리만족을 얻게 해준 것 같다고 표현했다.

등록소 인근에 살고 있던 연주현은 몸이 안 좋아 병원치료를 받다 민들레의료생협 조합원이 되었다. 농촌에서 태어나 자랐고 대전으로 이사 오기 전까지 소도시에서 살았던 그녀는 품앗이나 공동체가 특별한 게 아니라 전부터 살아온 삶의 연장으로 느껴졌으며, 자원 활동을 하면서 자연스럽게 한밭레츠에 참여하게 되었다. 사회복지를 전공한 홍혜진은 빈곤지역의 쪽방상담소에서 주민들을 만나는 일을 했다. 사회복지 현장에서는 도움을 필요로 하는 사람과 주는 사람의 관계가 고정돼 있어 일상적으로 섬세하게 오고 가는 것이 아니라 벽이 하나 쳐져 있는 느낌을 받았다고 한다. 복지가 시혜적이며 대상화되는 현실에 대해 문제의식을 갖고 새로운 일을 찾고 있을 즈음 의료생협과 인연이 닿아 실무 활동가로 일하게 되었다. 급여 일부를 지역화폐로 받았기 때문에 곧바로 한밭레츠 회원이 되었다. 비혼인 그녀는 처음에는 자신의 일상과 지역화폐가 접목될 부분이 별로 없다고 생각했다. 그러다가 농산물, 빵 등 먹을거리와 물품, 병원, 한의원 등 차츰 거래품목이 늘어나면서 지역화폐에 익숙해졌다.

한밭레츠를 통해 민들레의료생협의 조합원이 되기도 하지만 이들처럼 의료생협에서 먼저 활동하다가 지역화폐운동으로 그 영역을 확장한 참여자도 있다. 이들은 지역운동의 필요성을 인식하며 적극적으로 활동하기도 한다.

새로운 농산물 거래방식을 꿈꾸며

(한밭레츠 관련) 기사 같은 거 보고 아, 이런 방식도 있구나, 좋은 운동을 하는데 나는 지역적으로 해당사항이 없으니까 그담은, 아 그렇구나 하고 생각하고 있다가 관심을 끊었죠 솔직히… 그래서 이름 알고 어떤 단체인지 알고 있었고 그렇게만 지내고 있다가 가입한 지는 올해(2008년), 봄에 했던가… 솔직히 저희가 실질적인 이유로 가입을 한 거죠… 생산물을 판매하는 통로를 찾다보니까 가입을 해야겠다는 생각이 돼서 가입을 했어요… 농사는 다 지어요. 저희 컨셉은

아까 밥상(참여자와 필자가 함께 먹은 점심식사), 우리가 농사진 걸로 채워보자
하는 게 컨셉이어서 다 해요. 농사를 가지가지 하는데요, 이제 판매를 조금 할
수 있는 양이 되는데 쌀이나 고추 그 다음에 잡곡 조금, 그 외에는 쪼금쪼금 작
게. 그리고 뭐 있죠, 깨 이런 종류를 해요.   — 임서현

　학생운동의 경험이 있고, 전업주부였던 임서현은 10년 전쯤 가족들이 함께
귀농해서 충남의 작은 농촌마을에 살고 있다. 잘나가던 남편 직장을 그만두고
아무런 대책 없이 귀농한 그녀 부부는 자신들이 농사지은 것으로 소박한 밥상
을 차리는 게 최우선 목표였다. 돈을 벌려면 한두 가지 주 작물을 심어야 한다
는 것을 잘 알지만 손수 지은 믿을 수 있는 농산물로 먹고 살고 싶어 귀농했기
때문에 밭에다가 수십 가지 작물을 조금씩 심어서 그걸로 생계를 유지했다.
그야말로 자급자족인 셈이다. 농사짓는 법도 잘 모르고, 경제적인 어려움도
있고 해서 솔직히 많이 힘들었다고 그녀는 이야기했다. 그러다가 가족들만 먹
기는 조금 남고 남 주기는 조금 모자란 농산물을 수확하기에 이르렀다. 이제
는 다른 사람들과 나눠먹고 판매도 조금 할 정도가 되었다. 그 다음은 당연히
판매망이 고민거리였으며 그러한 과정 속에 한밭레츠에 참여하게 되었다. 예
전 기사를 통해 받은 좋은 인상이 남아 있었고, 주변에 귀농한 이웃이 한밭레
츠 회원이기도 해서 참여하게 된 것도 있다. 하지만 무엇보다 대량으로 공급
하는 게 아니라 이웃과 조금씩 농산물을 나눠먹는 자신들의 농사 스타일과 잘
맞았기 때문에 함께 할 수 있었다고 그녀는 이야기했다.
　같은 충남이지만 조금 다른 지역으로 5년 전쯤 귀농한 한영석은 임서현과
여러 가지 면에서 차이가 있다. 농민운동을 했던 그는 장애인단체에서 일하
고 있던 부인과 결혼할 당시 장애인들과 함께 생활하는 공동체를 언젠가 꼭
만들자고 약속했다. 함께 사는 처남이 지적장애인이기도 하다. 여러 가지
이유로 대전에서 계속 살다가 도저히 안 되겠다 싶어 귀농을 했다. 장애인

지역화폐와 여성주의–한밭레츠의 경험에서 길을 찾다

공동체가 꿈이기 때문에 이를 위한 기반을 마련하는 게 귀농의 목표였다. 따라서 유기농으로 하되 어느 정도 수익성을 감안해야 했기 때문에 쌀농사와 함께 닭을 키워 달걀을 공급하기 시작했다. 한밭레츠는 부인이 먼저 알고 권유해서 거래를 하기 시작했다. 처음에 몇 십 마리 안 되던 닭이 지금은 3,000마리 정도 되는데 그만큼 달걀의 공급량도 늘었다. 이렇게 농장이 성장하기까지는 지적장애인 J가 고른 달걀이 조금 깨졌거나 모양새가 이상해도 이를 이해하고 기꺼이 사준 한밭레츠 회원들이 있었기 때문에 가능했다고 그는 말한다. 그밖에 유기농 쌀과 농산물도 공급하고 있다.

이처럼 현실적으로 판매망 확보를 위해 한밭레츠에 눈을 돌리게 된 임서현과 한영석은 귀농의 목표와 스타일이 다르고 경험도 다르다. 하지만 두 가족은 모두 기존 시장방식과 다르고, 생협과도 또 다른 지역화폐방식을 통해 거래를 하고 수익도 올리며, 회원들과 함께 나눌 수 있다는 데 의미를 두고 있다.

주변의 권유로 시작하여 차츰 익숙해지고

둘째가 다니는 어린이집 반애 친구 중에 한 애 엄마가 레츠 회원이었어요. 그 엄마는 사교성이 탁월한 것 같아요… 같은 동네 아닌데도 유치원을 보낼 때 우리 애랑 같은 방향을 생각하더라고요. 그래 가지고 친분 갖고 있다가 혹시 역사모임, 역사공부 같은 거 하고픈 마음이 없어요? 그러는 거예요. 모임이 있는데, 관심 있으면 한번 같이 해보자고 하더라고요. 그래서 어딘가 하고 졸래졸래 따라와 보니까 여기더라고요. 사실 역사모임은 몇 회 못했어요. 역사모임 하려고 들어왔다가 보니까 레츠 설명하잖아요. 그런가 보다 해서 가입하고 있어보자 했는데…　― 조미향

사교성이 별로 없다고 자신을 소개한 조미향은 아이들을 어린이집이나 학교에 보내 놓고 동네 아줌마들끼리 모여서 드라마나 연예인을 화제 삼아 수

다 떨거나 시집 식구 흉을 보며 시간을 보내기도 했다. 그러다가 둘째아이 유치원 친구 엄마의 소개로 한밭레츠 역사소모임을 알게 됐고, 회원으로 참여하게 되었다. 처음에는 별 활동 없이 소극적으로 지내다가 등록소 자원 활동을 하게 되고, 차츰 거래량이 많아지면서 열성적으로 활동하는 회원이 되었다. 아이들이 건강하게 잘 자라고 이왕이면 공부도 잘했으면 좋겠고, 적당한 크기의 집에서 경제적인 것까지 포함해 어느 정도 안정된 삶을 바라며 평범한 일상을 꿈꾸던 민연아는 남편인 박규식의 권유로 한밭레츠 회원이 되었다. 그 후 그녀는 아이들을 대안학교에 보내고, 조금 손해를 보더라도 다른 사람들과 나눠먹는 게 더 편안하고 자연스러운 일이 되었다. 이처럼 지역화폐운동이 평소 관심 분야는 아니었지만 주변의 권유로 접하게 된 후 거래와 활동을 지속하면서 차츰 그 취지와 활동방식에 익숙해진 참여자들도 있다.

위에서 살펴본 대로 면접 참여자들이 한밭레츠에서 활동하게 된 직접적인 계기는 대략 다섯 가지이다. 다른 회원들의 경우도 이 같은 범주에서 크게 벗어나지 않을 것이다. 지역 공동체운동에 참여하게 되는 초기과정에서는 그 공동체가 지향하는 가치를 내면화하기보다 그것을 동의하는 차원에 머물게 되긴 하지만 기본적으로 참여자들이 그 가치를 인지하고 있다(김종미, 2004). 참여자들이 공동체가 지향하는 가치를 인지하고 동의하게 된다는 것은 어떤 형태로든 그러한 가치에 관심을 갖고 있다는 것을 뜻한다. 대부분의 한밭레츠 회원들 역시 마찬가지였다.

최자영의 표현처럼 어느 정도 마음을 내고 동의한 사람들이 걸러졌다고 볼 수 있다.[3] 즉 경쟁을 부추기며 돈을 벌고 성공하기 위해 움직이는 자본주

---

3 "사실 레츠에 가입하는 회원은 한번 걸러졌다는 생각이 들어요… 시장에서 충분히 구매할 수 있거나 해결할 수 있는 것들을 너와 내가 그래도 같이 나름대로 좀 이렇게 해결하고자 함께 살려

의 사회 시스템에 대한 문제의식 혹은 나, 우리 가족뿐만 아니라 다른 사람들과 더불어 살고 싶다는 바람들이 기존 시장과는 다른 방식의 교환을 실험하는 지역화폐운동에 동의하고 참여하게 만들었다. 이후 참여자들은 지속적인 활동과정 속에서 차츰 지역화폐운동의 지향과 실천방식을 내면화하고 확장해 간다. 또한 지역화폐운동에 별 관심 없다가 우연하게 혹은 주변의 권유로 참여하게 된 회원 중에는 이탈하지 않고 거래와 활동을 지속하면서 체화로 이어지는 경우가 일부 있다. 그들은 거래와 활동에서 오히려 적극적인 면모를 보이기도 한다.

2) 일상의 삶으로 인식되는 지역화폐

일상의 작은 것부터 바로 시작해야 한다

새로운 참여자가 되고자 찾아온 한밭레츠 신입 회원들에게 윤선희와 심은숙 등이 빼놓지 않고 강조하는 말이 있다. "일단 거래를 시작해보세요!" 백마디 말이나 설명을 듣는 것보다 실제 거래에 참여해보고, 이를 지속하는 것이 지역화폐 시스템을 훨씬 더 잘 이해하고 익숙하게 한다는 것이다.

> 일단 저질러야 되요. (지역화폐를) 뭐 그렇게 거창하게 생각하고, 뭐 그리 생각들이 많은지… 나는 원래가 골치 아픈 거 딱 질색이라서… (하하하)… 먹고 입고 사소한 것부터 우선 거래를 시작하고, 트는 게 중요해요. 거래는 자꾸 해야지…
>
> — 윤선희

고 하는데 마음을 내고 동의하고 그러는 사람이 오는 거기 때문에 거래활성화 여부를 떠나서 처음에 동기가 일단은 걸러지지 않았나…" ─최자영

한밭레츠 참여자들과의 면접 그리고 대화과정에서 가장 많이 듣는 말 중에 하나가 바로 지역화폐 거래는 곧 생활이며, 일상의 사소하고 작은 것부터 바로 시작해야 한다는 것이다. 물론 지역화폐를 일상의 삶으로 인식하고 언어화하는 것은 참여자마다 차이가 있었다. 윤선희, 심은숙, 연주현처럼 지역화폐운동에 오랫동안 몸담고 적극적으로 활동하며 거래가 활발한 여성일수록 그 같은 표현을 자주 했다. 남성인 박규식은 한밭레츠 활동과 거래를 통해 운동이 추상적 세계가 아니라 현실이며, 생활이자 삶이라는 것을 깨닫고 스스로가 많이 깨쳤다고 했다. 여성운동 현장에서 활동하는 정민초나 초창기 핵심적 역할을 한 남성 문정훈 역시 지역화폐운동이 관념이나 선언이 아니라 일상의 실천으로 가야 한다는 데 인식을 같이 하고 있었다.

자원 활동으로 시작해서 의료생협 돌보미 활동을 한 최자영은 지역화폐 교환은 거래를 위한 거래가 아니라 생활에서 늘상 주고받는 일상이라고 설명했다. 어린이도서관으로 실천의 영역을 확장한 손연주, 자원 활동으로 시작해서 일자리를 얻은 조미향, 별 관심 없다가 레츠 활동을 통해 생산자가 된 민연아 등 여성들과, 어르신 생산자 남성인 오규성은 그 같은 표현을 직접적으로 언급하지는 않았지만, 일상에서 이를 구체적으로 실천하고 있었다. 귀농여성인 임서현과 귀농남성인 한영석의 경우는 판매망을 확보하기 위해 참여한 게 사실이지만 생산물을 판매하는 것에 그치는 않고 필요한 물품을 구입하며, 회원들과 지속적인 관계 속에 삶을 서로 나누어야 함을 면접 중에 언급하기도 했다.

이처럼 정도의 차이는 있으나 대체로 한밭레츠 참여자들은 지역화폐를 일상의 삶으로 인식하거나 경험하고 있었다. 특히 지속적으로 거래하며 지역화폐운동의 지향을 내면화하고 실천을 생활화하고 있는 참여자일수록 그 같은 경향을 보였다.

자연스럽게 몸으로 경험되는 것이다

지역화폐를 일상의 삶으로 인식하는 것은 참여자들이 지역화폐운동을 바라보는 태도이기도 하지만 동시에 교환 거래에 대한 인식의 단면을 보여주는 것이기도 하다. 한밭레츠 참여자들이 지역화폐 거래를 교환=일상=삶으로 인식하며, 자신의 일상적 삶과 동일시하거나 연관된 것으로 보는 것은 기존 화폐 거래와는 크게 차이나는 부분이다. 기존 화폐 시스템은 기본적으로 교환행위자와 교환행위 그리고 교환대상과 화폐가 각각 분리적으로 작용한다. 짐멜(1993)이 간파했듯이 교환관계의 독립적 표현으로서 존재하는 화폐는 교환되는 대상들부터 분리돼 새로운 다른 질서 속에 존재하게 된다. 즉 화폐가 교환행위자 상호간에 주고받는 삶의 표현이기보다는 수량화돼 재산의 가치로 추상화된다. 이처럼 추상화된 화폐는 교환행위자의 인식과 분리된 채 작동하는 메커니즘이 된다.

이 같은 기존 화폐의 세계관은 사회현상과 인식주체를 철저히 분리해서 사고하는 남성 중심적인 실증주의 과학 인식론과 닮아 있다(최희경, 1992). 예컨대 구두를 거래할 때 지불되는 돈과 구두라는 재화와 이를 주고받는 가게 주인과 나의 거래행위가 연결돼 있는 것이 아니라 서로 상관없는 독립된 것으로 인식하게 되는 것과 같은 이치이다. 돈을 중심으로 굴러가는 사회 시스템에 대해서는 많은 사람들이 문제의식을 갖고 분개하지만 실제 생활에서는 이를 성찰하고 다른 교환방법을 모색하기 힘든 것과 마찬가지이다. 신자유주의 세계화에 대해서는 비판하고 대항하지만 일상의 사소한 화폐적 거래에 대해서는 이와 연관시켜 사고하기 힘들다. 그것이 의식주와 관련될 때는 더욱 그렇다. 시장과 지역화폐에 대해 장시간 공부모임을 갖고 토론하는 시간과 실제 거래활성화가 비례하지 않는 것도 같은 맥락이다.

> 저는 기대하고 생각했던 것들이 현실화되면서 이론과 실제라는 갭이 매워졌
> 다고 생각합니다… 거기에서 주목했던 것들은 현실과 이론의 갭이 메워지는 자
> 연스러움, 의도하지 않은 자연스러움, 일상의 지역화폐 활동 속에서 자연스럽
> 게 이루어지고 그것이 지역화폐운동을 움직이는 동력이 아닌가 느꼈습니다. 흔
> 히 활동가들이 기획할 때 일 중심, 그 과정에서 가치들을 놓치고 간과하죠. 일상
> 적이고 자연스러워야 되는데, 그중에서도 중심을 가지고 자연스럽게 굽이쳐가
> 면 되는데…[4]

A지역에서 지역화폐 준비모임을 하고 있는 Y는 윤선희, 심은숙, 연주현 등이 중심이 돼 준비한 한밭레츠 제1차 품앗이놀이학교에 참석해서 1박 2일 동안 거래를 직접 경험해본 후 지역화폐는 일상의 활동 속에서 자연스럽게 익숙해져야 함을 느꼈다고 말한 바 있다. 함께 참석한 S 역시 이론적으로는 조금 안다고 생각했는데, 여러 가지 거래를 통해서 몸으로 알 수 있는 기회가 되었다고 소감을 이야기했다. 이처럼 지역화폐 거래는 생활 가운데서 자연스럽게 몸으로 경험되는 것이다.

지역화폐 거래는 화폐 따로 거래 따로 삶 따로가 아니다. 지역화폐 교환과 그로 인한 활동 자체가 곧 참여자의 생활이며, 삶이기도 하다. 이념적 수사와 말잔치에 그치는 것이 아니라 먹고 입고 일하고 노동하고 살아가는 일상생활로 경험되는 것이다. 한밭레츠 참여자 상당수는 이 같은 일상으로서의 지역화폐를 언어로 자주 표현하거나 실천으로 옮기고 있었다.

---

4 2009년 9월 20일, 제1차 품앗이놀이학교 참석자 Y의 소감 중에서.

지역화폐와 여성주의―한밭레츠의 경험에서 길을 찾다

3) 돈 없이도 필요와 재미로 시작하는 지역화폐

필요에 의해서 이루어지는 거래

위와 같이 일상으로 경험되는 한밭레츠 참여자들의 지역화폐 교환은 기본적으로는 필요에 의해서 직접적인 거래가 이루어진다. 한밭레츠 가입신청서에는 제공할 수 있는 것과 요청할 것을 쓰는 난이 있다. 처음에 신입 회원들은 이 난을 채우기 버거워 하며 한참을 망설일 때가 많다. '지금 당장 뭐가 필요하세요? 사랑 같은 추상적인 거 말고요'라고 하면서 아기 옷, 저녁반찬 등 옆에서 누군가 구체적으로 예를 들어주면 그때서야 겨우 몇 가지 적으면서 곤혹스러워 하기도 한다. 하지만 실제로 거래를 해보면 처음 가입신청서에 쓴 거보다 훨씬 더 다양한 재화와 노동을 교환하는 사람들이 많다.

> 어떤 일이든 내가 뭔가 돈을 많이 벌어서 그 문제를 해결해야 되겠다, 이런 생각은 안 든 지가 꽤 오래된 거 같아요. 삶의 필요한 것들이 있을 때에 뭐 간단한 것들이라면 이웃들 중에서 누군가 갖고 있거나 그들에게 구하거나 또 그렇게 구해야 되고… 필요한 것들이 이 안(한밭레츠)에 이미 들어와 있는 거죠. 그렇게 해서 사는 거고…
>
> — 문정훈

> 이제 중학교에 들어가는 아들의 교복을 구합니다. 배정은 둔산동의 문정중학교로 되었구요, 아이의 키는 150cm정도입니다. 주변분들에게도 좀 여쭤봐주세요…[5]

문정훈의 말처럼 한밭레츠 회원들은 필요한 것이 생기거나 일이 있을 때

---

5 2002년 2월 5일, 강○○, 한밭레츠 홈페이지 "거래하고 싶어요" 중에서.

우선 홈페이지나 등록소에 이야기하거나 알음알음 회원들을 통해 해결할 방법을 찾아보는 게 순서가 된다. 필자 역시 2009년 1월 대전으로 이사하면서 토스트기, 커피포트, 전자레인지 등 필요한 살림살이를 한밭레츠 홈페이지에 올려서 지역화폐 두루를 주고 장만한 바 있다. 아이들도 예외가 아니다. 평소 운동을 잘하지 않는 중학생 강윤희는 갑자기 농구가 하고 싶어서 공이 필요했는데, 엄마인 연주현이 급한 마음에 일반 가게에서 사주려고 하자 오히려 레츠에서 공을 구해보자고 먼저 말하기도 했다. 홈페이지 "거래하고 싶어요"나 등록소에 요청된 품목을 보면 유아용 장난감, 노트, 옷에서부터 냉장고, 에어컨, 자동차에 이르기까지 매우 다양하다. 물론 필요해서 거래를 하고 싶은데 회원들 내에서 연결이 안 되는 경우도 있다. 하지만 그것은 나중에 가서 생각할 일이고, 많은 경우 공동체 안에서 먼저 해결방법을 모색하게 된다. 반대의 경우도 마찬가지이다. 가지고 있는 물건이 자신과 가족에게는 더 이상 필요 없을 때 혹은 할 수 있는 일이 생겼을 때 공동체의 다른 회원들을 생각하게 되고, 거래를 요청해서 필요한 사람이 연결되면 교환이 이루어지게 된다.

이처럼 생활에서 서로 필요에 의해 이루어지는 한밭레츠 교환 거래는 이윤 추구가 목적인 시장 거래와는 분명 다르다. 수익 극대화라는 목표는 존재하지 않으며 자기증식을 위한 화폐, 즉 자본은 발붙일 곳을 잃는다(강수돌, 2002). 리에테르(1998)가 지적한 것처럼 사람과 기업이 시장과 자원을 위해 경쟁한다고 말하지만, 실제로는 돈을 위해 경쟁하고 있다. 돈을 벌기 위한 경쟁과 인간의 욕망은 자원의 희소성이라는 시장원리에 의해 정당화된다. 하지만 모든 사람의 필요를 위해서 지구는 넉넉한 곳이지만 누군가의 탐욕을 위해서는 넉넉하지 않다는 간디의 말처럼 시장교환은 필요가 아닌 자본축적의 수단으로 보는 인간 탐욕의 산물이기도 하다. 힘을 가진 자가 더 많이 소유하고자 벌이는 약육강식 게임의 법칙이 이윤추구 자본주의 시장의 실상인 것이다. 이러한 자본주의 시장교환에서 권력의 주체는 남성이었다(이리가라이, 2000). 시장에서 부와 권력을 소유한 남성과 남성 중심적인 교환 시스템은 특권을 유지하고 강화하기 위해 끊임없이 개발 이데올로기를 만들고 유포하며 이를 추종하고 있다(미즈·시바, 2000).

시장 거래체계로부터 완전히 자유로운 것은 아니지만 적어도 한밭레츠 공동체 안에서 이루어지는 필요에 의한 교환은 이윤을 얻고, 기득권을 유지하며, 자본을 축적하기 위한 수단은 아니다. 개발의 신화를 쫓는 것이 아니라 지속가능성을 고민하게 한다. 또한 공동체 내의 거래에서는 교환행위자의 욕망이 자본과 시장에 의해 관리되는 것이 아니라 생산과 소비행위를 스스로 주도하고 조절하는 자율적 주체가 될 가능성이 있다. 현행 화폐 시스템에서는 삶에 필요한 것이나 불필요한 것을 막론하고 모든 것을 돈으로 해결하려 한다. 따라서 한편으로는 돈에 대한 탐욕과 무한 소비 욕구가 생성, 확장되고 다른 편으로는 스스로 삶의 문제를 해결할 자율성, 독자성, 자립성을 상실하게 된다(강수돌, 2002). 반면 지역화폐 참여자들은 각자 필요에 의해 생산과 소비의 주체가 되고, 자신이 가진 잠재력을 발휘하며 삶의 자율성과 독립성을 확보할 가능성이 있다.

(−)두루 거래는 빚이 아니다

외삼촌이 구두공장에 다니셔서 구두를 한 켤레 받았는데 너무 큽니다. 사이즈는 265이고 평범한 갈색 구두입니다. 아주 세련되거나 좋은 메이커는 아니구요. 그냥 까르프 같은 곳에 납품하는 정도입니다. 맞는 사람에게 드리고 싶어요. 두루 : 1000 두루 → 두루 에누리 가능 ^^

　(댓글) – 임○○:두루는 없어도 제 발에 딱인데요 어떻게 안 되나요…

　　　　 – 두○○○:두루가 없어도 소비…에 참여하실 수 있습니다. ^^ (−)

한밭레츠 교환 거래는 벌어 놓은 지역화폐가 없어도 가능하다. 위에서 예로 든 구두 거래에서 보듯이 신입 회원 임○○는 자기 발에 딱 맞는 신발이어서 사고 싶었지만 가지고 있는 두루가 없어서 자신 있게 나서지 못했다. 그러다가 (-) 두루 거래가 가능한 것을 알고 원하는 구두의 임자가 되었다. 시중 은행에서 (-) 거래를 하려면 신원 보증이 필요하며, (-)를 갚을 만한 재정 능력이 있는지가 증명되어야 한다. 하지만 레츠 시스템에는 그럴 필요가 없다. 그 사람이 지역화폐를 많이 벌어 빚을 갚을 수 있는가가 판단의 기준이 되는 것이 아니라 필요한 재화와 노동 서비스가 있다면 누구라도 거래를 요청하고, 실제로 할 수 있는 것이 레츠 시스템이다. "돈이 없기 때문에 서로 간에 가치를 교환할 수 없다고 말하는 것은 측량 단위가 없기 때문에 집을 짓지 못한다고 하는 것과 같다"는 철학자 와트(Watt)의 말처럼 돈이 있어야 거래가 가능한 기존 화폐 시스템을 극복하고자 한다(박용남, 2001). 두루를 쓰든 벌든, 즉 (-)든 (+)든 거래 자체가 공동체에 도움이 된다는 게 기본적인 생각이다. 물론 (-) 두루 빚에 대한 이자는 없다.

> 저도 사실 처음 레츠에서 거래할 때 아무것도 없는 상태에서 (-)로 시작을 했어요. 지역화폐 정신은 거래가 (-)든 (+)든 하면 할수록 공동체나 개인한테 다 좋은 거다 그러는데, 처음에는 그 개념을 몰랐죠. (-)는 빚이잖아요. 빚은 갚아야 되고 빚지고는 못산다 그런 성격이어서 대개 찝찝하고 그랬죠. 누군가에게는 (+)를 해주는 나의 (-)가 전체 공동체로는 도움이 된다는 이런 생각, 의식을 갖기까지는 시간이 걸렸었는데…　　　　　　　　　　　　　　　— 정민초

---

6 2002년 11월 21일, 다○○, 한밭레츠 홈페이지 "거래하고 싶어요" 중에서.

지역화폐와 여성주의-한밭레츠의 경험에서 길을 찾다

기존 화폐 시스템에 익숙한 회원들이 (-) 거래가 자연스러운 지역화폐 거래에 적응하고 익숙해지는 데는 시간이 걸리기도 한다. (-)를 빚으로 생각하고 그 부담 때문에 거래를 선뜻 못하는 경우도 있다. 물론 두루를 벌지 않고 계속 쓰기만 하며, 재화와 노동 서비스를 소비만 하고 생산에는 참여하지 않는 것에 대해 경계의 목소리가 없는 것은 아니다. 하지만 윤선희의 말처럼 (-)인 회원들이 오히려 이를 줄이기 위해 열심히 거래에 참여해서 활성화에 기여하는 경우도 많다. 또한 돈을 벌기 위해 지역화폐 거래에 참여한 게 아닌 이상 공동체나 개인들 차원에서 자연스럽게 조율이 된다는 게 한밭레츠 회원들 대부분의 생각이다. 다시 말해 이윤을 추구하지 않고, 일상의 필요에 의해 거래가 이루어지는 시스템에서는 속칭 지역화폐 떼먹고 도망가거나, 다른 사람의 두루 등쳐 먹는 비윤리적인 거래가 발생할 가능성이 그만큼 적다는 것이다. 자체 정화가 충분히 가능하기 때문이다.

재미있게 놀이처럼 하는 거래

사실 한밭레츠 지역화폐 교환이 필요에 의한 거래라는 것은 기존 논의나 사례들을 통해 구체적이지는 않지만 언급되기도 했고, 충분히 예상 가능한 측면이 있다. 그런데 한밭레츠 참여자들과 함께 거래하고, 생활하다 보면 기존 논의나 다른 곳에서는 쉽게 찾을 수 없는 흥미로운 언어와 표현을 발견하게 된다. 바로 '재미있는 거래', '품앗이놀이'처럼 거래 자체를 즐기면서 한다는 것이다.

재미있는 거래 많죠. 아이들 돌이나 결혼식 축의금도 두루로 하고… 수○은 낮에 (병원)진료하느라 두루 벌 시간이 없으니까 점심 때나 저녁 때 짬짬이 음식이나 약을 배달 서비스를 했어요. 의사가 배달하는 거 먹네 하고 우리들은 웃고

(하하). 두루 (−)가 많은 사람들은 만찬 때 두루 벌이 경매[7]해서 갖기도 하는데 재밌어요. 자주 하는 것도 아니고 (두루) 갖기 위한 건데 흥정이 맛이라고 함께 재미있게 놀고, 물건은 필요한 사람이 기분 좋게 가져가니 또 좋고…

— 윤선희

막 노은동에 (이사) 왔을 때에는 워낙 집에 사람들이 많이 드나드는 집이니까 두루찻집 그런 것도 만들었어요. 우리 집에서 차를 드시면 무조건 100% 두루로 내고 차를 마시고 가는 거예요. 그때도 대개 사람들이 재미있었어요… 차도 한 잔하고, 얘기하고, 먹고, 거기에 레츠 회원들 중에 재주 있는 사람들이 만든 걸 우리 집에다 갖다났어요. 그래서 보고 차 마시다가 예쁘면 사가지고 가고 그런 역할들을 해줬던 거 같아요… 내가 재미있어서 한 거예요…

— 손연주

축하할 자리를 자주 만들어야 한다는 심은숙의 말처럼 실제로 그런 곳에 두루가 많이 쓰이기도 한다. 조미향은 같은 아파트에 사는 레츠 회원 아이의 돌을 맞아 축하금으로 100,000두루를 선물했다. 추석 같은 명절 때는 아이들 방과 후 선생님께 고마움의 표시로 두루를 건네기도 한다. 건강하게 아이를 낳았다고 두루로 한 턱 내는 회원이 있는가 하면 회원 가족의 부음을 받고 부조금을 두루로 내고 위로를 전하기도 한다. 윤선희는 한밭레츠 회원들끼리 결혼한 부부에게 축의금으로 두루를 주었고, 두루 빚이 많아 두

---

7 5월 품앗이만찬 경매 거래

　조○○−최○○: 225mm 등산화 / 20,000두루
　눈독들이던 딸○의 발에는 맞지 않고, 신데렐라는 엉뚱한 데 있었으니, 그녀의 이름은 변○ ○○. 이제 초등학교 1학년. 설마, 당당히 성인들을 제치고 노○이의 차지가 될 줄이야… 조 ○○ 회원이 10,000두루로 부른 것을 최○○ 회원이 20,000두루로 하자, 큰 딸 변○○은 엄마 를 나무란다. "엄마는 10,000두루로 준대는 데두…"(2001년 5월 21일, 날○○, 한밭레츠 홈페 이지 "품앗이 사랑방" 중에서)

지역화폐와 여성주의−한밭레츠의 경험에서 길을 찾다

루 벌이 경매에 나선 회원들의 물품을 기꺼이 사주기도 했다. 품앗이학교 마음공부 강사로 나섰던 박규식은 함께 참여해준 회원들이 고맙고, 강사로서 훈련의 기회를 가져서 오히려 도움이 되었다며 참여자들에게 두루를 나눠주기도 했다. 정민초는 동네 술친구라는 명목으로 두루를 벌기도 했다. 손연주처럼 자신의 집을 차와 레츠 물건이 있는 동네 사랑방으로 개방하고, 수다도 떨며 지역화폐 거래를 즐겁게 경험하게 하는 매개자의 역할을 자처하는 경우도 있다.

송미란은 농촌 주민, 아이들과 함께한 여름 프로그램에 참석하면서 부담되는 참가비 대신 자신이 손수 만든 모직 머플러를 가져가는 것으로 지역화폐 거래를 실천했다. 함께 참여한 사람들로부터 신선하고 재미있다는 반응을 얻었다.[8] 한밭레츠 거래 시스템을 놀이처럼 쉽게 즐기면서 할 수 있다는 의미에서 '품앗이놀이'라는 매뉴얼[9]이 만들어 졌다. 놀이로 마을을 바꾼다는 매뉴얼 슬로건이 눈에 띈다. 회원들이 많이 모이는 총회 때는 윷놀이가 거래품목으로 나와 한바탕 놀이판이 벌어진다. 2008년 하반기부터는 매월 아름다운 거래[10]를 선정해서 그 거래의 의미를 회원들이 함께 기억하며, 두

---

8 2009년 8월 전남 Y지역에서는 그 지역의 주민과 어린이들 및 생태여성 공동체의 회원과 가족들이 함께한 '여름풍경'이 진행되었다. 프로그램 참여자 송미란이 참가비 대신 손수 만들어 간 머플러는 단연 인기였으며, 지역화폐를 실천한 참가방식으로써 재미있고 신선하다는 반응이 주를 이루었다.

9 품앗이놀이 매뉴얼은 거래가 실제 어떻게 해서 이루어지는지 체험하는 것을 주 내용으로 하며, 알기 쉽게 지역화폐 시스템을 이해하고자 만들어졌다. 이를 확대 개편한 품앗이놀이, 두레놀이, 협동경제놀이 등으로 만드는 행복한 마을 운영 매뉴얼인 지역통화 매뉴얼도 있다(한밭레츠, 2009: 153~186).

10 아름다운 거래는 회원들의 추천을 받아 매월 운영위원회에서 선정한다. 지역화폐 정신과 나눔의 정을 실천한 거래, 독특한 거래 등이 주를 이룬다. 예컨대 품앗이교육 강사가 참가한

루로 상금을 주고 나누는 자리를 마련하고 있다.

이와 같이 한밭레츠 참여자들의 지역화폐 교환 거래는 경건하고 경직된 운동의 현장으로서가 아니라 일상에서 함께 나누며, 재미있는 것으로 경험될 수 있다는 것을 보여주고 있다. 참여자들 스스로가 재미있고 즐거워야 소진이 덜 되며 지속적으로 활동할 수 있는 힘이 생긴다. 삶에서 교환 거래를 즐겁고 행복한 것으로 경험하는 참여자들이 많아질수록 지역화폐운동이 오래 지속될 수 있다는 것을 참여자들은 잘 알고 있었다. 일상의 필요와 함께 재미와 즐거움을 지향하는 거래가 있는 것이 바로 10년 이상 거래를 지속하고 있는 한밭레츠의 힘이고 미덕임에 틀림없다. 이는 교환 거래의 가치 형성에도 영향을 주고받는 요인이 된다.

서로 주고받는 거래가 재미있어야 하고, 그럴 수 있다는 한밭레츠 참여자들의 거래관은 지역화폐를 준비하거나 관심이 있는 다른 지역 사람들의 반응을 통해서도 확인된다. 한밭레츠 제1차 품앗이놀이학교 참석자들은 필요하거나 줄 수 있는 거래품목을 각자 이야기하면서 그중에서 서로 연결 가능한 것들이 많다는 것을 확인한 후 1박2일 프로그램이 진행되는 동안 직접 거래하는 체험 활동을 했다. 설거지는 각자 하는 것이 규칙이었는데, 스스로 한 경우도 있었지만 설거지를 거래품목으로 내놓은 참여자 남성에게 맡기는 경우가 많았다. 참여자들이 가장 많이 찾았던 인기 있는 거래는 커피 타기였으며, 담배친구도 큰 호응을 얻었다. 이 같은 일련의 거래체험을 통해 다른 지역 참여자들이 가장 많이 했던 말은 바로 '거래가 재미있다'는 것

회원들에게 나누어주는 두루 거래, 농부 회원과 옆집으로 이사 간 회원 간의 품앗이 나눔 거래, 필요할 때마다 장소에 상관없이 달려와 주는 회원의 LPG가스 거래 등 다양한 거래가 선정되었다.

지역화폐와 여성주의—한밭레츠의 경험에서 길을 찾다

이었다.

4) 관계와 이웃에 대한 가치 재인식

지역화폐 거래는 곧 관계 맺음이다

교환이 재화와 서비스를 주고받는 단순한 거래행위가 아니라 관계이기도 하다는 것은 새삼스러운 말은 아니다. 마르크스, 짐멜, 폴라니에 이르기까지 자본주의 시장교환이 인간관계와 공동체성을 파괴하고 있다고 성토하는 것은 이를 전제로 한 표현이다. 지역화폐가 사람들 사이의 관계를 다시 만들고 공동체를 새롭게 구성할 수 있다는 기대 또한 그러한 맥락의 연장선에 있다. 그렇다면 한밭레츠 참여자들은 이를 얼마만큼 인식하고 있으며, 실제 교환에는 어떻게 나타나고 있는가?

> 마트에 나오는 경우는 누가 어떻게 어떤 경로로 만들어 들어오는지도 모르는 것을 먹잖아요. 근데 유정란 같은 경우에는 내가 잘 아는 회원이 방목으로 닭들을 풀어 키워서 벌레도 먹고 이렇게 자연에서 키운 닭의 유정란을 먹는다는 생각에 한 알도 귀하잖아요. 내가 아는 사람이 준 것이고, 그것도 싸게 준 것이기 때문에⋯ 쌀이나 포도주나 이런 것도 다 마찬가지예요.
>
> — 윤선희

매주 월요일쯤 한밭레츠 등록소 한켠에는 농부 회원 한영석이 갖다 놓은 달걀 수십 판이 쌓여 있다가 하루 이틀 지나면 동이 난다. 회원들은 귀농한 그가 전에 무슨 일을 했었고, 지적장애인 처남과 함께 어떤 마음으로 어떻게 닭을 키우며, 달걀을 공급하고 있는지 잘 알고 있다. 새로운 공급처가 생겼다는 말에 자신들의 일처럼 기뻐하고, 달걀 하나라도 귀하게 여기며 함부로 소비하지 않는다. 달걀 크기가 일정하지 않은데, 그런 건 개의치 않는다. 농부 회원들이 생산하는 감자나 포도의 경우도 마찬가지이다. 사실 시중에서 유통되는 농산물 중에 크고 색깔도 선명하며 보기 좋은 것들은 농약이나 인공적 가공처리과정을 거쳤을 가능성이 크다는 것을 회원들은 잘 알고 있다. 유기농이나 저농약으로 재배한 친환경 농산물은 크기가 일정하지 않고, 모양도 고르지 않는 경우가 많다. 농약의 사용이 생활화된 오늘날 농촌의 현실에서 친환경농법으로 짓는 농사는 그만큼 쉽지 않다.[11] 크기와 모양새가 중요한 게 아니라 내가 알고 있는 사람이 어떤 마음으로 어떻게 생산했느냐가 거래의 중요한 덕목이 된다.

손연주는 자신이 직접 만든 천연염색 스카프를 회원들이나 지인들에게 판매할 때 편지를 함께 넣어주곤 한다. 그 편지에는 천연염색 재료와 특성 그리고 어떻게 다뤄야 하는지 상세하게 설명돼 있고, 자신이 어떤 마음가짐으로 스카프를 만들었는지도 고스란히 담겨 있다. 필자 역시 재료비는 현금, 수고비는 두루를 주고 스카프를 구매했는데 처음 착용한 날, 이걸 사용하는 사람들이 적어도 한번쯤은 자신을 생각하지 않겠느냐는 그녀의 말과 얼굴이 자연스럽게 떠올랐다. 이처럼 한밭레츠의 여러 거래들은 단지 재화와 재화가 아니라 사람과 사람의 관계, 그 사람을 둘러싼 상황, 그리고 조건들이 교환되고 소통되며 연결되고 관계를 맺는 장이기도 하다.

---

11 "저희도 잡곡을 가지고 좀 시도를 해보고 싶어서 많이 심었어요. 거짓말 않고 수수라고 있어요, 빨간 수수. 그걸 정말 많이 심었는데, 한 바가지 건졌으면 많이 건진 거예요. 잘못하면 그렇게 되요. 그게 해충 피해인데, 어떻게 할 수가 없어요. 해충은 농약으로도 안 되는데요. 중요한 것은 다른 데는 농약을 해요. 걔네(해충)들이 그나마 안 하는 데로 와요. 이건 내 억측인데, 맞을 수도 있을 거 같애. 다 우리 밭으로 몰려와 있는 거야, 다른데서…"
　　－임서현

지역화폐와 여성주의－한밭레츠의 경험에서 길을 찾다

곳곳에서 품앗이에서 만나죠. 만찬 때도 만나고, 포도 따기로도 만나고, 다른 곳에서도 만나는데, 만나는 장소마다 새로운 점을 발견하게 됩니다. 우리가 사회생활하면서는 다양한 면을 보기 힘들죠. 삶을 같이 나누고 만날 수 있는 장소들이 다양합니다. 품앗이학교나 포도 따기 열심히 하는 사람, 몸은 열심히 하는 (옷)차림으로 왔는데 포도 한 상자 따고 힘들어 헉헉거리는 사람… 평소에 레츠 활동도 안하고 좀 그래 보였는데, 이번에 포도 따기 때는 보니까 열심히 땀 흘리고, 다른 모습을 보게 되고… 그 사람에 대해 평소에 모르고 있던 점을 알게 되고, 서로에 대해서 잘 알아가는 경험이 됩니다.

— 심은숙

심은숙은 지역화폐의 거래와 일련의 활동들은 관계 맺음이며 다른 사람을 알아가는 과정이라고 설명한다. 평소 체력이 좋아 보이는 회원이 포도 따기 할 때 힘에 부쳐하거나 레츠에 관심 없던 회원이 새롭게 변화된 모습을 보일 때, 일을 잘하고 못하는 게 중요한 것이 아니라 그 회원에 대해 몰랐던 새로운 면을 알게 되며, 이해의 폭이 그만큼 넓어진다는 것이다. 우리는 가끔 그 사람의 어느 한 단면만 보고 마치 전부인 양 오류에 빠질 때가 있다. 공동체 외부나 다른 관계로 만날 때, 공동체 안에서 만날 때, 함께 일을 하거나 활동을 할 때, 같은 공간에서 생활을 할 때, 그때그때마다 상대방이 다르게 경험되기도 한다. 그 어떤 경우도 그 사람의 전부는 아니다. 일상의 다양한 거래와 관련된 활동을 통한 관계 맺음 속에서 타인에 대한 편견과 오류가 줄어 들 수 있음을 그녀는 인식하고 있었다. 윤선희는 제주도의 지역화폐 준비모임에 갔었는데, 인상 깊은 얘기를 들었다고 전해주었다. 제주도 준비모임의 A는 동료 B가 평소 한 공간에서 일하는 관계여서 서로를 잘 안다고 생각해왔는데, 지역화폐 거래를 통해 일상을 나누게 되면서 B의 아이가 아토피가 심하다는 새로운 사실을 알게 되었다는 것이다. 지역화폐 교환을 통해 동료, 이웃의 상황을 더 잘 이해할 수 있게 되었다는 A의 경험담은 한밭레츠 여러 회원들이 경험하고 풀어내는 이야기이기도 하다.

그렇다고 해서 교환 거래를 통해 일상의 관계 맺음을 지속하고 있는 한밭레츠 회원들의 관계가 모두 좋고, 소통이 잘된다는 것을 의미하는 것은 아니다. 새로운 것을 추구하는 만큼 독특한 사람들이 많이 찾는다는 심은숙의 말처럼 상대의 그 독특함을 이해하기까지는 많은 시간이 필요하다. 인간관계 때문에 힘들어질 때도 있다. 예컨대 한밭레츠는 2009년 들어 두루잔치라는 사회적 일자리를 통해 여러 회원들이 의기투합해서 음식을 만들고 판매하는 과정에서 부딪힘도 있었고, 회원들 서로가 상처를 받기도 했다. 사람과 사람이 만나는 공간에서 일어날 수 있는 부대낌과 갈등이 있고, 앞으로도 그럴 수 있는 곳이 바로 한밭레츠이기도 하다.

교환이 관계 맺음이라는 말은 기존 화폐와 달리 지역화폐 교환으로 만나는 서로의 관계가 항상 좋다는 것을 의미하는 게 아니다. 가치가 절대화된 화폐라는 매개를 통해 건조하게 스치듯 혹은 의식조차 없이 재화와 노동을 거래하는 기존의 교환은 서로의 관계를 이어주는 연결 끈이 되지 못하고, 오히려 이를 끊어놓을 수 있다. 문정훈의 말처럼 사람은 이미 누구나 어떤 형태로든 관계 속에 살아가고 있는데 이를 의식하기 힘들게 만드는 것이 기존 화폐 거래이다. 그런데 적어도 지역화폐 참여자들은 교환을 단순히 돈과 물건, 돈과 노동이 거래되는 것만으로 인식하지는 않는다. 일상의 관계 맺음 속에 서로를 좀 더 알고 이해할 수 있는 상황과 조건 속에서 이루어지는 지역화폐 교환은 서로의 관계를 이어주는 연결망이 될 수 있다. 관계와 연결망의 단절이나 이어짐이 교환의 형식과 내용에 의해 좌우될 수 있다는 것을 의미하는 것이기도 하다.

관계 맺음이 덜할수록 거래가 줄어들고 공동체 활동도 소원해진다. 편집, 인쇄 일을 하는 윤선희처럼 회원들과의 소통에 적극적이며, 평소 관계를 지속하고 있는 가맹점일수록 거래가 많은 것은 당연한 것이다. 이는 다른 회원들의 경우도 마찬가지이다. 그와는 반대로 송미란은 2009년 들어 민들레 의료생협을 탈퇴하면서 한밭레츠 탈퇴도 함께 고민한 바 있다. 그러는 과정에서 평소 자주 구매하던 달걀은 물론 약국도 잘 이용하지 않게 되고, 거래는 현저히 줄어들었으며 등록소 출입 또한 뜸해졌다.

살면서 필요한 것은 소중한 이웃이다

관계로 경험되는 교환에서는 문정훈의 말처럼 삶에서 필요한 것은 돈이 아니라 이웃이라는 것을 절실히 느끼게 된다. 즉 살아가는 데는 돈의 가치가 아니라 이웃의 가치가 중요하다는 것을 지역화폐 교환을 통해 경험하며, 이를 재인식하게 된다.

> 현금은 물건을 보고 하는 거래이지만 두루는 사람을 보고 하는 거래이다… 여기서 만난 사람들끼리 배포가 맞아 새로운 삶을 모색하고 만들어간다. 그냥 서로 더불어 사는 삶이 좋다는 뜻으로 새로운 일을 시작하면 누군가는 그것을 "대안"이라고 이름붙이겠지만 알고 보면 이웃과 함께 필요한 것을 해결하려 했을 뿐이다. 돈보다는 이웃을 더 가치 있게 여긴다는 것이 차이라면 차이랄까? [12]

한밭레츠의 두루 거래는 사람을 보고 하는 교환이기도 하다. 물건과 노동, 서비스가 교환될 때 필요한 것은 돈이 아니라 이를 제공할 이웃의 존재이다. (―) 두루 거래를 통해서도 확인한 바 있듯이 벌어놓은 지역화폐 두루가 없어도 거래는 얼마든지 가능하다. 하지만 물건이나 노동, 서비스를 제공해 줄 사람, 즉 이웃이 없으면 거래는 이루어지지 않는다.

---

12 김성훈(2006), 「이웃은 답을 알고 있다」 중에서.

한밭레츠 홈페이지 "거래하고 싶어요"에는 가끔 "급구"라는 제목으로 필요한 것을 찾는 글이 올라올 때가 있다. 국문학을 전공한 회원 A는 대학원 과제물로 옛날이야기를 채록해가야 하는데, 어려움이 있어 "급! 옛날이야기 해주실 분을 찾습니다"라는 거래를 올렸다.[13] 민들레한의원에서는 약용에 쓸 보존상태가 좋은 볏짚을 찾는 "급구, 볏짚을 구합니다"라는 거래를 올렸다.[14] 회원 B는 SKT 011 번호로 사용하던 손전화기를 급하게 찾는 글을 올린 바 있다.[15] 이렇게 급히 찾는 거래에서 시간과 조건이 맞는 제공자가 나타나면 그 반가움과 고마움은 이루 말할 수 없다. 새삼 이웃의 존재를 확인하게 되는 순간이다. 시간의 여유가 조금 더 있긴 하지만 급구가 아니어도 모든 거래가 다 마찬가지이다. 거래를 하고 나눌 이웃이 없으면 지역화폐 자체가 가능하지 않고 지속될 수 없다.

또한 한밭레츠 참여자들이 하나같이 강조하는 것은 지역화폐 교환에서는 함께 나눈 이웃에게 고맙지만 결코 미안해하지 않는 거래가 지속될 수 있다는 점이다. 이것이 지역화폐 거래의 장점이라고 말한다. 참여자들이 다른 지역에 가서 지역화폐에 대해 이야기할 때 가장 많이 받는 질문 중의 하나는 이미 우리는 이웃끼리 나누는 것을 생활화하고 있는데, 이를 굳이 지역화폐라는 형식으로 표현해야 하느냐는 것이다. 그럴 때마다 한밭레츠 참여자들이 하는 말이 있다. 예컨대 A가 B의 아이를 돌봐주는 일이 자주 반복될 때 B가 이에 대해 감사의 표시를 못하게 되면 자꾸 미안하게 되고, 그런 일이 반복되다 보면 좋은 감정보다는 의무감 혹은 서로 표현 못하는

---

13 2002년 1월 21일, 돌○○, 한밭레츠 홈페이지 "거래하고 싶어요" 중에서.

14 2004년 6월 25일, 민○○○○○, 한밭레츠 홈페이지 "거래하고 싶어요" 중에서.

15 2007년 6월 28일, 나○, 한밭레츠 홈페이지 "거래하고 싶어요" 중에서.

지역화폐와 여성주의─한밭레츠의 경험에서 길을 찾다

껄끄러운 감정이 생기기도 하는데, 지역화폐 교환에서는 그럴 필요가 없다는 것이다. B는 A에게 아이를 봐주는 고마움을 지역화폐로 표현하면 되고, 반드시 A가 아니어도 나중에 다른 이웃 C, D에게 A로부터 받을 것을 다른 형태로 되돌려 줄 수 있기 때문에 교환의 연결고리가 지속될 수 있다.

다시 말해 일대일만이 아닌 지역화폐 다자간 거래는 고마움은 서로 나누지만, 결코 미안해하지 않는 거래가 지속될 수 있다. 결과적으로 이웃을 존중하며 상호 의존적이면서 평등한 교환의 연결망이 이어지고 지속될 수 있다. 삶에 필요한 온갖 것들이 슈퍼마켓에서 돈을 주고 사들여야 하는 상품이 되어버린 오늘날의 상황에서 지역화폐는 일시적 생활수단에 그치는 것이 아니라 이웃끼리 교환의 연대를 통해 삶을 꾸려나갈 수 있는 가능성을 보여준다(세이팡·윌리엄스, 1998).

2. 교환 거래의 가치가 만들어지는 과정

일상의 관계 맺음 속에 필요와 재미를 추구하며, 이웃을 소중하게 인식하는 한밭레츠 지역화폐 거래에서 교환의 가치는 구체적으로 어떻게 만들어질까? 기존의 시장방식과는 어떻게 다른가?

앞서 언급한 바 있듯이 한밭레츠가 사용하는 지역화폐 두루는 1,000두루=1,000원, 즉 두루:화폐의 가치가 1:1이 된다. 대전 지역을 근거지로 하는 한밭레츠에서 통용되는 새로운 돈 두루는 기본적으로 국내 시장에서 사용되는 국가화폐 단위인 원과 같은 가치를 갖는다. 경제학자인 권민석은 이를 두고 비교적 시장을 활용하는 시스템으로 누구나 쉽게 참여할 수 있는 장점이 있다고 말한다. 예컨대 노동시간에 따라 지역화폐의 가치가 매겨지는 시스템이라면 참여자들이 심리적인 것에서부터 어느 정도 준비가 필요하지만 레츠는 그렇지 않기 때문에 보다 쉽게 참여할 수 있어 공동체의 외연을 확장하는 데 도움이 된다는 것이다. 그의 설명처럼 두루와 원의 가치가 같고 함께 사용되는 한밭레츠 시스템은 지역주민들에게 쉽게 다가갈 수 있는 여지가 있다. 현재와 같이 자급자족이 가능하지 않은 도시 공동체에서 지역화폐가 가능한 요인이 될 수도 있다. 사실 세계적으로 실험되는 레츠 시스템은 그의 말을 빌린다면 대부분 한밭레츠처럼 시장을 활용한 시스템으로 볼 수 있다.[16]

따라서 한밭레츠 두루 거래에서 시장의 교환가치기준이 어느 정도 의식되거나 참고가 되고 있는 것은 사실이다. 이는 지역화폐 두루와 기존 화폐를 함께 사용하는 거래에서 잘 드러난다. 농산물의 경우 생협의 공급가와 같다. 예컨대 유기농 밤 한 박스가 10,000원이면 그중 20%인 2,000원은 2,000두루로 받고 나머지 80%인 8,000원은 현금으로 거래하는 식이다. 기존의 시장가와 같은 경우도 있다. 천연화장품, 비누, 빵, 반찬 등 생산품의 경우 재료비 부분은 현금으로 하고 나머지 수고비를 지역화폐로 받는데, 이를 책정할 때 시중의 가격이 참고가 되기도 한다. 진료비를 100% 두루로 지불할 수 있는 민들레의료생협 의료비의 경우 정해진 규정가로 거래하지 않으면 현행 법률상 공정거래 위반이 될 수 있다.

시장화폐와 같은 가치로 지역화폐 교환이 이루어진다고 해서 시장방식과 같다고 할 수는 없지만 1,000두루=1,000원이라는 한밭레츠의 기본 시스템은 그 자체로 시장가치로부터 자유롭지 않은 한계를 가지고 있는 셈이다.

---

16 시간이 가치 기준이 되는 대표적인 경우인 타임달러는 노동과 서비스의 종류에 상관없이 가치매김이 되는 장점이 있지만 거래품목이 자원 활동 등 일부 거래에 한정되는 경향을 보인다. 1시간의 노동 가치를 1만 아리로 교환하는 과천품앗이의 경우 가맹점 거래는 지역화폐 아리의 비율을 30%로 하는 등 혼합방식을 사용하고 있다.

지역화폐와 여성주의-한밭레츠의 경험에서 길을 찾다

그러나 이것이 다는 아니다. 한밭레츠 참여자들의 교환 거래를 들여다보면 상당 부분 기존의 시장과는 다른 방식으로 가치가 형성되고 있음을 알 수 있다. 먼저 서로의 상황과 조건이 고려돼 가치가 만들어지고, 교환이 이루어지는 경우가 있다.

1) 서로의 상황과 조건이 고려돼 만들어지는 가치

한밭레츠와 민들레의료생협의 회지를 편집하고 인쇄하는 등 관련된 일로 매달 일정액의 두루를 벌고 있는 윤선희는 두루 부자인 채로 두루를 쌓아 놓고만 있지 않는다. 주변에 두루 (-)가 많은 사람이 생기면 어떻게 두루 빚을 탕감할까 함께 방법을 고민한다. 그 사람이 가지고 있는 재능과 노동을 거래하며, 평소보다 훨씬 더 많은 두루를 주기도 한다. 두루 (-)에 부담을 느끼는 신입 회원들이 들어오면 활동 열심히 하라는 의미로 명목을 만들어 두루를 주기도 하고, 물건과 노동을 제공받을 때 상당량의 두루를 건네기도 한다.[17]

급여의 일정액을 두루로 받는 심은숙 역시 마찬가지이다. (-)가 많은 회

---

17 "바○○이라고 붓글씨 써주는 분이 있는데 그분이 ○○이라고 하는 사람의 옛날 음반 레코드를 거의 몇백 장 정도 그냥 받았어요. 그 사례로 이 사람이 500백만 두루를 준거예요. (-)500백만 두루가 된 거잖아요. 그걸 탕감하려고 그때부터 두루 벌이를 시작한 거예요. 누가 붓글씨 써달라고 하면 기꺼이 써주고… 제가 두루 빚을 탕감시켜주겠다고 ○○학교(둘째가 다니는 대안학교) 바자회에 와서 붓글씨를 써주면 50만 두루를 주겠다고 했어요. 그래서 요번 바자회 때 본인만 온 게 아니고 같은 ○○회라고 회원 한 분을 더 모셔와서 가훈을 붓글씨로 써줘서 제가 그 사례로 50십만 두루를 줬죠… 거의 그런 식으로 두루를 써요… 저는 거의 한 달에 몇십만 두루 버니까 아는 사람 신입 회원 가입시켜놓으면 ○○○하고 누굴 줬더라, ○○○ 이런 사람들, 20만 두루씩 그냥 활동 열심히 하라고 주기도 하고…" —윤선희

원들과 거래할 때는 평소보다 더 많은 두루를 준다. 특히 벌 기회가 적은 회원들은 특별히 신경 써서 두루를 주며 명분과 계기를 만들어 두루 거래를 하기도 한다. 이러한 일련의 교환과정에서 윤선희와 심은숙은 무엇보다 상대방의 상황과 조건을 고려하게 된다. 반대의 경우도 있다. 두루 빚이 많은데, 두루가 넉넉한 회원과 거래할 때는 자신의 상황을 이야기하고 깎아달라고도 말하며, 평소보다 싼 가격에 거래가 이루어질 때도 있다.

> 나 같은 경우도 그렇게 하거든. ○○이 (−)가 많아서 옷 같은 거 받을 때도 항상 후하게 줘. 5,000두루 할 것도 10,000두루 올린단 말야. 내 마음에서 저 사람이 (−)가 많이 있으니까, ○ 같은 경우도 그렇고. 배려해서 그러는 거지. 두루 많이 주거든 대놓고는 말하지는 않지… 저 사람이 (−) 많고 아예 벌 기회가 없는 사람이다 그러면 그냥 명분을 만드는 거야… 어떤 건수가 있으면 확 과하게 주기도 하고 그런 경우지. ○○○ 같은 경우도 워낙 직장 다니다보니 본인은 벌 기회가 없고 (−) 많은 거야, 시간을 낼 수가 없어서. 그런 경우에 두루를 벌려고 하면 거래를 할 때 과하게 주지 배 이상… 본인이 이것저것 고마워서 커피 한 박스 가져오면 그냥 안 먹지, 그게 만원이다 하면 2만 두루 주기도 하고, 소소한 거래가 있을 경우 과하게 줄려고 하지 다른 거래보다…
>
> — 심은숙

기본적으로 지역화폐 레츠의 경우 거래내역은 물론 사용하는 통장이나 계정을 공개하는 것을 원칙으로 한다. 상대가 말하지 않아도 지역화폐 잔액 보유고가 (+)두루인지, (−)두루인지 알 수 있는 시스템이다. 그런데 한밭레츠 계정관리 시스템은 인터넷 홈페이지 상에서 자신의 거래내역은 확인할 수 있지만 아직까지는 다른 회원의 상황을 확인하기 힘들다. 하지만 관계 맺음 속에 거래를 지속하고 일련의 활동을 하다보면 자연스럽게 그 사람의 사정을 알게 되며, 거래할 때 이러한 상황들이 참고가 돼서 거래가격, 즉 지역화폐의 교환가치가 만들어지게 된다. 이처럼 서로의 상황과 조건이 고려되는 가치의 형성은 공동체 내에서 두루를 많이 가진 회원과 빚이 많은 회원 간에 자연스럽게 재분배가 이루어진다.

갈마동의 이○○ 회원과 ○○선교원의 김○○ 회원 사이에는 (+)와 (−)가 너무 치우쳐 있어, 서로 고민인 회원관계십니다. 손주 이○○를 선교원에 보내고 있는 이○○ 회원은 쌓이는 (−)두루빚 때문에 걱정이고, 선교원은 1년 반이 넘도록 몇 십 만이 되는 (+)두루를 한 번도 안 쓰셨거든요… 하여, 날○○의 시어머님이 기도 하는 이○○ 회원이 ○○에게 상의를 해 오셨습니다… 어떡하면 좋겠느냐구요. 그래서, 선교원에 전화를 드려, 우리 어머님이 김치를 맛있게 담그시니 밑반찬과 함께 제공받으시면 어떨까요… 했더니, 지금까지 반찬 거래를 하시는 줄 모르고 있었답니다… 에구, 소식지 좀 꼼꼼히 보시지…^^ 하여, 이번에 김치, 오이소박이, 깻잎을 푸짐하게 거래하셨고, 이 김에 윤○○ 회원의 밑반찬까지 제공해 주셨습니다. 포기당 3,000원하는 금치 때문에 재료값이 많이 드셨다는데, 선교원이 첫 거래고 하니 좀 저렴하게 거래하셨답니다. 윤○○ 회원의 남편분도 정성스런 밑반찬에 너무 고맙다는 말씀 전하셨습니다…
　　이○○-김○○: 김치 12kg, 오이소배기, 깻잎 / 총 6만 원 중 3만 두루 + 3만 원
　　이○○-윤○○: 김치, 오이소배기, 깻잎 / 총 4만 원 중 2만 두루 + 2만2천 원…[18]

두루 준 이: 조○○○
두루 받는 이: 한밭레츠
거래: 백만 두루
어머님을 봐드릴 만한(카이로프락틱) 장소를 고민하다 레츠 품앗이방을 사용하고 있습니다. 많이 좋아지시고 있는 게 보이네요. 전부터 생각한 건데 이번 계기를 핑계 삼아 드립니다…[19]

---

18 2001년 6월 29일, 날○○, 한밭레츠 홈페이지 "거래했어요" 중에서.

19 2009년 9월13일, 조○○○, 한밭레츠 홈페이지 "거래하고 싶어요" 중에서.

위와 같이 두루 (−)와 (+)가 많은 회원 간에 김치와 밑반찬이라는 새로운 품목이 만들어져 거래가 이루어지고, 지역화폐 두루가 교환되기도 한다. 이때 참여자가 가지고 있는 재능이 발휘되거나 확장돼 필요한 다른 사람에게 전달됨은 물론 지역화폐 잔고에도 변화가 생긴다. 위의 "거래하고 싶어요"의 주인공인 김현성은 평소 카이로프락틱(기공체조 마사지)과 이동영화관 자원 활동 등으로 두루를 많이 번다. 그는 카이로프락틱을 하느라 등록소 품앗이방을 빌리거나, 가족들이 민들레한의원에서 치료를 받은 후 그 고마움을 두루 빚이 많은 등록소와 의료생협에게 두루를 주는 것으로 갚기도 한다. 두루 부자인 윤선희 역시 가끔 핑계거리를 만들어서 두루 빚이 많은 한밭레츠 등록소와 민들레의료생협에게 두루 후원을 한다. 그녀는 두루 빚이 많은 정민초의 아이가 대안중학교에 입학했을 때 축하하는 의미로 200,000두루를 선물하기도 했다.

이처럼 두루 부자인 한밭레츠 회원들은 (−)두루가 많은 가맹점이나 개인들과 거래할 때 평소보다 두루를 많이 주거나 선물함으로써 되도록 두루가 쌓여 있지 않고 (+)에서 (−)로 흘러가도록 노력하고 있다. 이윤을 추구하지 않고, 서로의 상황과 조건을 고려한 지역화폐 교환가치의 형성은 지역 공동체 내에서 재화와 노동력은 물론 지역화폐 두루가 순환되고, 재분배되는 효과를 낳게 된다. 따라서 두루 부자와 빚이 많은 사람들 사이에 위계나 불평등이 끼어들 틈이 그만큼 적다고 볼 수 있다.

문정훈은 생명, 평등, 평화를 위한 삼색기금[20] 마련을 제안한 바 있다. 회

---

20 "푸른 기금: 생태계−생명을 위하여, 붉은 기금: 가난·평등을 위하여, 밝은 기금: 영성−평화를 위하여… 이 세 가지 가치를 위해 기여한 한밭레츠 회원에게 두루로 감사를 드리는 공동체 화폐 기금이다. 공동체를 위해 개인이 감사를 표현하고자 할 때 삼색기금에 두루를 기증할 수 있다. 그러면 이 기금은 다시 공동체를 위해 애쓴 일꾼에게 두루로 감사할 수 있을 것

지역화폐와 여성주의−한밭레츠의 경험에서 길을 찾다

원들에게 지역화폐 두루로 기부를 받아 기금을 조성해서 생명, 평등, 평화라는 삼색기금의 가치를 실현하고, 공동체를 위해 활동한 사람들에게 주고자 하는 취지이다. 2007년 기금이 만들어졌을 때에는 한미 FTA 반대 집회로 실형을 선고받은 회원에게 처음으로 100만 두루가 전달되었다. 이처럼 두루 기금을 만들고 사용하는 과정에서 한밭레츠 회원들은 공동체의 가치를 되새김할 뿐만 아니라, 지역화폐가 재분배되는 효과를 낳기도 한다.

2) 유용성과 쓰임새에 따라 만들어지는 가치

시장에서 상품은 사용가치와 교환가치를 갖는다. 사용가치가 유용성으로 그 상품의 질과 관련된 것이라면 교환가치는 그것이 '얼마만큼' 화폐로 받을 수 있는가를 표시한다는 점에서 상품의 양적 측면과 관련이 있다 (이진경, 2004). 상품의 가치가 사용가치와 교환가치로 나눠지고 구분된다는 것 자체가 이미 시장교환의 불합리한 모순을 내포하는 것이다(Spivak, 1993).[21] 시장에서는 결국 교환가치가 절대적 가치 기준이 된다.

고전주의 경제학에서는 시장의 교환가치, 즉 화폐로 표시되는 가격은 수요와 공급의 법칙에 의해 시장의 자율적 힘으로 결정된다고 말한다. 나아가 신자유주의는 시장의 활성화를 위해서는 어떠한 간섭과 규제도 필요치 않으며, 알아서 내버려 두면 공정한 교환가치, 즉 시장가격이 형성되고, 시

이다. 기금을 모아준 사람과 상의하여 그때그때 대상자를 선발하여 두루로 감사할 것이다. 이 과정에서 한밭레츠 안에서의 생명, 평등, 평화의 가치를 되새김질 할 것이고 나의 실천을 돌아볼 것이며, 이웃의 선한 행위를 본받을 것이다"(2007년 11월 14일, 회○○ 한밭레츠 홈페이지 "품앗이 사랑방" 중에서).

21 모튼(2005: 188~196)에서 재인용.

장이 제대로 잘 굴러가며, 경제적 성장을 가져온다고 주장한다. 하지만 시장에서 수요와 공급을 조절하는 것 또한 참여하는 시민들 스스로가 자율적으로 결정하는 것이 아니라 생산성과 효율성의 미명 아래 자본과 가진 자의 힘이 작동되고 있다는 것은 주지의 사실이다. 또한 교환가치가 형성될 때 여성의 일이나 노동이 가치화되지 않거나 평가절하되는 것만 보더라도 시장가격의 형성에 있어 얼마나 많은 사회적 편견과 차별의 이데올로기가 개입되어 있는지를 알 수 있다. 다시 말해 시장에서 교환가치인 가격의 형성에는 이윤 추구와 자본의 힘은 물론 사회적 편견 등이 개입돼 있다.

모든 재화와 노동력은 각각이 가지는 유용성과 쓰임새인 사용가치가 있다. A가 갖는 사용가치를 B와 비교해서 평가하기 힘들다. 하지만 시장에서는 화폐로 가격이 결정되는 순간 그 재화와 노동력이 갖는 각각의 쓰임새보다는 교환가치인 돈의 많고 적음이 평가 기준이 되며 등급이 매겨지게 된다. 반면 지역화폐는 이와 다르게 재화와 노동력의 유용성과 쓰임새인 사용가치 그 자체로 교환되는 경우가 있다.

> 회원들 중에 ○○가 두부를 팔아요. 장날 두부하고 묵을 파는데(직접 해서요?) 직접 하는 건 아니고 떼다가 파는 건데 두부가 거의 국산품으로 일반 두부하고는 다른 건데, 제가 그분 명함을 해주고 명함 값 대신 두부를 받고 맞교환했어요. 두부 한 판하고 명함을 맞바꾸는 거죠.
>
> — 윤선희

윤선희는 회원 B에게 필요한 명함을 인쇄해주고 대신 반찬거리 두부를 얻었다. 이런 경우는 사실 물물교환으로 볼 수 있는데, 레츠 시스템에서는 두 사람이 물건이나 노동을 교환하고 이를 "거래했어요"에 올리지 않으면 수면 위로 떠오르지 않고 뒤에서 이루어지는 소위 '암거래'가 된다. 기본적

지역화폐와 여성주의─한밭레츠의 경험에서 길을 찾다

으로 회원들 간에 이루어지는 모든 거래를 공개하는 것이 레츠의 원칙이고, 그렇게 할 때 다자간 거래가 지속될 수 있다고 보기 때문이다. 암거래가 되지 않기 위해 거래를 보고할 때 명함과 두부의 가격을 정해서 올려야 한다. 다시 말해 그녀와 회원 B의 거래는 서로의 필요에 의해 교환이 이루어진 물물교환의 성격이 크지만 레츠 시스템에서는 지역화폐 두루를 주고받는 거래가 되는 것이다. 물물교환을 하고 가격을 정할 때 시중가가 어느 정도 참고가 되는 것도 사실이다. 하지만 기본적으로 그들의 거래는 물건의 유용성과 쓰임새에 따라 서로의 필요에 의해 이루어진 지역화폐 교환으로 볼 수 있다.

한밭레츠 안에서는 오○○라고 불리는 주부 ○○○ 씨, 평소 아이를 돌보거나 노인께 봉사를 해 두루를 법니다. 오늘은 레츠 회원이 의사로 있는 치과에서 치아 스케일링을 받기로 했습니다. 이 둘은 얼마 전 세발자전거를 거래했습니다.

오○○: (세발자전거 거래) 왜 두루 안 주세요? 두루 줬어요?
다○○: 그거 두루 얻은 사람이 올리는 거예요.
오○○: 제가 올리는 건가요? 그거 제가 안 올렸구나. 얼마 주실 건지 그것도 제가 정하는 건가요?
다○○: 그렇죠.
오○○: 아, 그래요. 얼마정도 주실 건가요? 만 두루 주실래요?
다○○: 만 두루 가지고 되나요?
오○○: 그래요? 2만 두루 할까요?
다○○: 저 두루 많으니까
오○○: 그럼 세발자전거 2만 두루 올릴게요.
다○○: 2만 두루 해서 살림에 보태쓰세요
오○○: 그걸로 스케일링하면 되겠네.
다○○: 2만 5천 두루 하세요.

스케일링이 2만 5천원에 2만 5천 두루니까 그렇게 하세요

오○○: 그럼 세발자전거는 2만 오천 두루로 할게요…[22]

물건과 노동이 그 유용성과 쓰임새에 따라 이루어지는 거래에서 지역화폐 가격이 매겨지는 과정을 잘 알 수 있는 것이 바로 위의 사례이다. 반드시 그런 것은 아니지만 기본적으로 한밭레츠는 거래한 후 두루를 번 사람이 거래보고를 하게 돼 있다. 그 이유는 두루를 쓴 사람보다 번 사람이 이를 더 잘 기억할 가능성이 있기 때문이다. 당시 레츠 시스템에 익숙하지 않았던 회원 오○○는 아이들용 세발자전거를 거래에 내놓았고, 치과의사인 다○○이 이를 사갔지만 두 사람 사이에는 아직 두루가 거래된 게 아니었다. 오○○가 다○○의 치과 병원에 가서 치아 스케일링을 받을 때 비로소 두루 거래가 이루어졌다. 그 과정에서 세발자전거와 치아 스케일링 치료비(두루 50%, 현금 50%) 중 두루 분이 맞교환되었다. 처음에 오○○은 세발자전거 거래가격으로 만 두루 정도만 받아도 된다고 생각했고, 이를 스케일링의 두루 부담금 일부로 충당할 생각이었다. 하지만 두루 부자인 다○○은 이를 너무 적다고 생각하고 스케일링 두루 분을 세발자전거와 맞바꾸자고 말했으며, 결국 거래가 이루어졌다. 오○○과 다○○ 사이의 거래에서 두루 가격의 많고 적음은 중요하지 않다. 오○○에게 필요한 것은 치아 스케일링이었고, 다○○에게 필요한 것은 아이들용 세발자전거였던 것이다. 물론 현금이 포함된 거래이기 때문에 세발자전거와 치과 치료가 맞교환됐다고 말하기는 힘들다. 하지만 두 회원 사이에 두루가 거래되는 성격을 보면 물건과 노동의 쓰임새에 따라 서로의 필요에 의해 이루어진 지역화폐 교환으로 볼 수 있다.

---

22 2004년 3월 8일, EBS 〈하나뿐인 지구〉 중에서

지역화폐와 여성주의─한밭레츠의 경험에서 길을 찾다

한밭레츠에서는 위와 같은 거래가 일상에서 자주 이루어진다. 특히 만찬을 할 때 참여하는 회원들은 교환할 물건을 하나 이상씩 가져오게 되는데, 이때 이루어지는 거래는 이 같은 성격을 갖는 경우가 많다. 농부 회원이 가져온 포도주가 신입 회원이 가져온 장난감과 교환되기도 하고, 손뜨개로 만든 환경수세미가 아이들 옷과 교환되기도 한다. 물론 그러한 거래 사이에는 두루가 오고가며, 이를 거래계정에 기록해야 한다.[23]

앞서 거래분석에서 살펴본 대로 2008년 한밭레츠 거래(10,569건) 중 재활용은 1,166건으로 11%가 넘는 많은 거래량을 보이고 있다. 옷, 책, 장난감, 학용품 등 한밭레츠 등록소 한켠에 놓여있는 재활용품들은 그 가격이 대부분 3,000두루를 넘지 않는다. 물론 다른 사람에게 주어도 실례가 되지 않을 만큼 쓸 만한 물건들이 진열돼 있다. 그중에는 한 번도 안 썼거나 몇 번 사용하지 않은 것들도 있다. 회원 D는 '거의 새것이나 다름없는 롤러스케이트를 1,000두루에 사다가 큰아이에게 선물로 줬더니 아이가 너무나 좋아하며 신나게 타고 놀았다. 이를 본 둘째아이가 자기도 형과 같은 롤러스케이트를 갖고 싶다고 하도 졸라대서 레츠에 나와 있는 것은 없고 할 수 없이 시중에서 몇 만 원을 주고 새것을 사다 줬다. 그런데 새 롤러스케이트는 얼마 못가 고장 나서 못 쓰게 됐다. 레츠에서 산 재활용 제품은 아직까지 아이들이 번갈아 가며 잘 사용하고 있다'라고 했다. 롤러스케이트를 내놓은 회원은 두루를 벌기 위해 거래를 신청한 게 아니다. 자신의 가족들에게는 소용없게 된 롤러스케이트가 회원 누군가에게는 필요할 것이고, 필요로 하는 사람이 이를 용도에 맞게 잘 사용하면 되는 것이다. 다시 말해 재활용품으로 내놓

---

23 이에 대해 심은숙은 한밭레츠 지역화폐 거래는 물물교환의 성격은 있지만 물물교환이라는 말을 쓰기에는 애매한 측면이 있다고 말했다.

은 롤러스케이트는 1,000두루였는데, 이는 거래규칙상 두루 가격을 매긴 것이었고, 중요한 것은 물건의 쓰임새가 필요한 다른 회원에게 전달되는 것이다. 다리미, 전자레인지, 냉장고 등 살림살이가 교환될 때도 마찬가지이다. 옷이나 다른 재활용품에 비해 살림살이는 두루가 더 많이 책정되기도 하는데 기본적으로 얼마만큼의 두루를 꼭 받아야지 하는 게 먼저가 아니다. 그 물건을 필요로 하는 사람에게 주는 것이 우선순위가 된다.

정리해보면 한밭레츠 거래는 물건이나 노동이 갖는 쓰임새가 필요한 사람들 사이에서 발생하며, 그에 따라 물건과 노동력의 교환 거래 가치도 결정되는 경우가 있다. 이는 기본적으로 지역화폐를 많이 벌고 쌓아두는 게 목적이 아니라 이웃과 함께 서로 나누고자 하기 때문에 가능한 것이다. 일부 사람들은 가격이 정해지지 않거나 정확하게 셈되지 않으면 회원들 간에 미묘한 문제가 발생하지 않겠느냐고 우려하기도 한다. 가치가 만들어지는 과정에서 지역화폐의 자율적 기능을 지나치게 낙관적으로 보고 있는 것은 아닌지 의문이 들 수도 있다. 여러 사람들이 모인 곳이라 그러한 문제가 전혀 없는 것은 아니다. 그런데 한밭레츠 참여자들은 물건과 노동력이 그 쓰임새에 따라 필요한 사람에게 교환되어야 한다고 인식하고 있기 때문에 두루의 많고 적음이 우선순위가 되는 경우는 많지 않다. 지역화폐 두루의 교환가치는 기존 화폐처럼 물건이나 노동력의 가치를 평가하는 절대적 기준이 되는 것은 아니다. 레츠 시스템의 특성상 두루로 거래하기 때문에 각각의 쓰임새가 필요한 사람 간에 직접적인 맞교환 형태는 아니지만 맞교환적 성격의 거래가 충분히 가능하다. 또한 필요한 사람에게 거래되는 것이 우선이기 때문에 교환되는 두루 가격은 서로의 필요와 상황에 따라 조정될 수 있다.

3) 부담이 덜 되는 가치

한밭레츠 거래 중에는 컴퓨터 수리나 카이로프락틱 등 시장과 비교해서 훨씬 낮게 지역화폐 두루가 책정되는 경우가 종종 있다. 서로의 상황과 조건을 고려해서 두루 가격이 유연한 편이라 비록 조금 높게 교환가치가 형성된다 하더라도 한밭레츠 참여자들이 느끼는 부담은 시장 거래보다 훨씬 덜한 게 사실이다.

> 그저께(6월 6일) 밤이었어요. 컴퓨터를 켰는데 평소처럼 되지 않고 이상한 말과 경고만 계속되고, 재시동하고 또 재시동하고 해도 늘 보던 바탕화면으로 갈 수가 없는 거예요… 밤 12시가 다 되어가는 시간이었어요. 바○○에게 전화를 했어요. 졸린 목소리의 바○○가 상황을 점검하고는 나보고 인터넷의 어떤 곳에 들어가 무슨 번호를 불러 달라더니 바○○가 내 컴퓨터에 들어왔어요… 그러더니 무슨 바이러스를 그러니까 바이러스에 감염되었던 거지요. 치료하더니, 또 무슨 프로그램인가 하는 것을 어디선가 가져오고 그걸 가지고 휘리릭 왔다 갔다 하니까 짜자잔 짠짜라 잔짠짠 사라졌던 폴더랑 파일들이 줄줄줄 사탕처럼 나오는 거예요… 바○○가 삼만 두루랍니다. 생각 같아선 삼백만 두루를 지불하고 싶지만…[24]

한밭레츠 회원 바○○는 대학에서 컴퓨터를 전공했고, 의료생협의 실무자로 일하기 전에는 컴퓨터 AS 전문업체에서 일을 했었다. 소위 시장의 기준으로도 가치가 충분히 인정될 수 있는 숙련된 컴퓨터 수리 기술을 가지고 있다. 한밭레츠 회원들은 컴퓨터에 갑자기 이상이 생기면 밤낮을 가리지 않고 바○○를 찾는다. 연주현도 컴퓨터가 고장나 바○○에게 점검을 부탁하고, 수리받은 적이 한두 번이 아니다. 윤선희나 심은숙도 마찬가지였다. 등

---

24 2004년 6월 8일, ○○○, 한밭레츠 홈페이지 "품앗이 사랑방" 중에서.

록소의 업무용 컴퓨터도 바○○의 손길을 여러 번 거쳤다. 수리비는 만 두루, 삼만 두루, 십만 두루 등 서비스의 종류나 주고받는 사람의 상황에 따라 다양하지만 대부분 시중보다 싼 두루로 거래돼 그만큼 부담이 적다. 또한 무엇보다 한밤중에라도 급하면 전화할 만큼 편하게 믿고 맡길 수 있다는 장점이 있다.

영어학원 강사인 김현성은 주민센터에서 오랫동안 체조반 강사로 활동한 경험이 있고, 대체의학으로 갈수록 그 수요가 늘고 있는 척추교정 카이로프락틱 마사지 전문가이기도 하다. 시중에서 카이로프락틱은 1회 당 3~5만 원 정도 하는데, 한밭레츠 참여자들은 그에게 5,000두루에서 10,000두루를 주고 마사지를 받는다. 몸이 안 좋아 서울에서 대전으로 이사 오게 된 손연주는 카이로프락틱의 효험을 많이 봤다. 심은숙, 조미향, 연주현은 물론 문정훈도 그의 단골 고객이다.

앞서 한밭레츠 참여자의 직업 분포에서 살펴본 바와 같이 시민단체를 포함한 NGO와 전문직에 종사하는 사람들이 많은 만큼 다양한 분야에서 거래가 이루어지기도 한다. 에니어그램, 성격유형검사 MBTI 전문 강사, 상담가, 생태해설가, 사회복지사 등을 비롯해서 외국어 통역과 번역 일을 하는 회원들이 자신의 전공과 전문성을 살려 관련된 거래를 할 때도 있다. 권민석은 몇 년 전에 한밭레츠 회원 중심으로 자본론 강좌를 열었다. 의상학을 전공한 손연주는 이를 활용한 강좌나 천연스카프 등을 만들어 거래하고 있다. 최자영, 조미향 등은 회원이 진행하는 에니어그램 강좌에 몇 차례 참석한 바 있다. 이러한 일련의 거래들은 기존의 시장 거래와 비교했을 때 상당히 낮은 두루로 교환되는 경우가 많다.

위와 같은 지역화폐 교환 거래를 통해 판매자들의 생계가 유지되는 것은 아니다. 시장에서 인정받는 전문성을 가지고 한밭레츠 내에서 지역화폐 거래를 하는 경우 교환가치가 낮게 책정될 수 있는 이유 중의 하나는 거래품목이 주업이 아닌 부업이기 때문일 수도 있다. 만약 주업일 경우는 일정 정도의 시장소득이 있는 가운데 회원들과 일상의 관계를 맺고 가치를 나누고자 하기 때문에 가능한 측면도 있다. 하여간 두루를 쓰는 구매자의 입장에서는 저렴한 지역화폐로 다양한 거래를 할 수 있는 장점이 있고, 두루를 번 판매자 역시 자신이 가지고 있는 재능과 노동력을 공동체 참여자들과 함께 나눌 수 있는 좋은 기회가 된다.

한편 한밭레츠에서는 거래분석에서 살펴본 바와 같이 물건을 빌려주는 대여거래가 있다. 기존의 시장에서는 책, 자동차 등 대여시장이 형성된 몇몇 품목을 제외하고는 물건을 쉽게 빌리기 힘들다. 그러나 레츠에서는 책은 물론 캠코더, 카메라, 스크린, 제빵기, 침낭, 그릇, 한복 등 다양한 품목의 대여 거래가 발생한다. 생활하다 보면 새것을 사는 게 부담이 될 때가 많다. 일시적 혹은 필요할 때만 사용하기 때문에 지역화폐로 구입하는 것도 자원의 낭비로 여겨질 때가 있다. 필요한 물건이 제때 나오지 않아 구입하지 못할 때도 있다. 예전에 집안 제사나 대소사가 있을 때 목기그릇이나 관련된 용품들을 동네 이웃들에게 빌려 사용하고, 답례로 음식을 담아주거나 다른 품앗이로 갚았던 것처럼 지역화폐 거래에서는 회원들끼리 빌려주고, 빌려 쓰는 거래가 자주 일어난다. 이러한 대여 거래는 그만큼 경제적 부담이 덜하며, 교환의 가치는 시중보다 낮을 때가 많다.

4) 신뢰를 바탕으로 순환되는 자원과 가치

한밭레츠 교환 거래 시스템을 그림으로 표현해보면 〈그림 3〉과 같다. 회원 김씨의 필요에 의해 시작된 거래는 회원 박씨, 회원 장씨, 회원 나씨를

〈그림 3〉 지역화폐 교환 거래의 순환형태

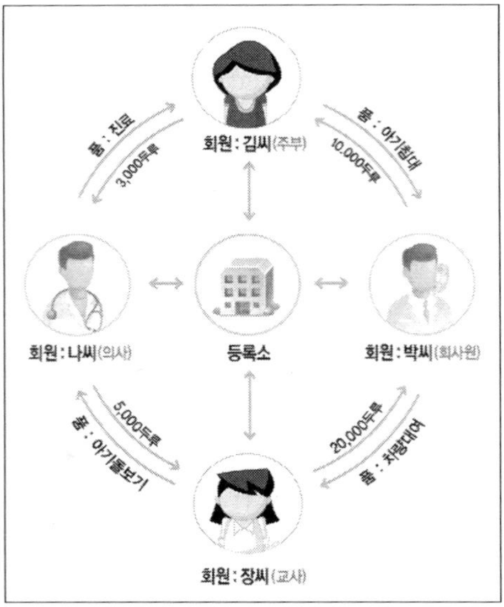

품 : 진료
3,000두루
회원 : 김씨(주부)
품 : 아기돌보미
10,000두루

회원 : 나씨(의사)
등록소
회원 : 박씨(회사원)

품 : 아기돌보기
5,000두류
품 : 차량대여
20,000두루

회원 : 장씨(교사)

출처: 한밭레츠 홍보자료를 토대로 재구성

거쳐 다시 김씨에 이르게 된다. 그림을 통해 알 수 있듯이 회원들 간에 물물교환이나 물건과 노동력의 맞교환 혹은 일대일 품앗이만 가능하다면 공동체 안에서 여러 사람이 함께 지속할 수 있는 다자간 거래는 이루어지기 힘들다. 물건과 노동력을 소유하지 못한 사람들은 거래에 아예 참여할 수 없게 된다. 다시 말해 지금 당장 물건과 노동력이 없어도 필요에 의해 거래가 가능한 지역화폐 다자간 거래에서는 공동체 안에서 물건과 노동력이 돌고 돌아 순환된다. 결국 교환의 가치들이 순환되는 것이다.[25] 이렇게 순환되는 교환에서는 거래되는 만큼 그 자원과 가치가 공동체 내에 머물며, 참여자들

---

25 이에 대해 포티어(Fortier, 1998: 107)는 지역화폐 '아워'가 순환되는 것과 더불어 공동체의 우정관계의 고리가 형성된다고 말한 바 있다.

지역화폐와 여성주의-한밭레츠의 경험에서 길을 찾다

사이를 무수히 흘러가게 된다. 물건과 노동력이 사용되면 바로 폐기 처분되는 것이 아니라 새로운 교환의 고리를 만들고 이어주며 순환하게 되는 것이다. 공동체 내에서 순환적 거래인 만큼 자립적인 교환 경제 시스템이 만들어질 가능성이 있다(세이팡 외, 1998; 강수돌, 2002).

공동체 내에서의 자원과 가치의 순환은 회원들의 관계를 기반으로 한 신뢰가 있어야 가능한 일이다. 예컨대 회원 박씨가 10,000두루에 내놓은 아기침대를 장씨가 구입할 때, 시장에서처럼 상표와 가격부터 따져보는 것이 아니라 내가 아는 회원이 여러 상황을 고려해서 두루 가격을 정했을 테고, 그만큼 쓸 만하기 때문에 내놓았을 것이라는 믿음이 있기 때문에 선뜻 사게된다. 물론 두루 가격은 서로 의논해서 조정할 수 있다. 만약 2년 후쯤 아이가 커서 회원 장씨도 아기침대가 필요 없어지면 그 침대는 다시 필요로 하는 누군가의 집으로 가게 될 것이다. 이 예에서처럼 재활용 아기침대 거래에서 밑바탕에 깔려 있는 것은 거래 참여자들 간의 신뢰라고 할 수 있다.

> 사실은 별로 아가씨때(결혼 전)에는 그런 것(재활용품 거래)도 없었고, 레츠가 아니었으면 잘 못했을 거예요. 누가 쓰던 거를 별로 좋아하는 성질이 아니었던 거 같아요. 생판 모르는 사람이 내놓았으면 찜찜해서 못쓰거나 그런 것도 있을 텐데, 레츠 때문에 두루두루 돌려쓰는 거가 이제는 많이 익숙해지고 자연스럽게 몸에 밴 거 같아요.
>
> — 최자영

한밭레츠 활동을 하기 전 깔끔한 성격의 최자영에게 남의 물건을 재활용해서 쓴다는 건 상상하기 힘든 일이었다. 하지만 지금은 큰애와 취향이 다른 초등학교 3학년 작은아이 옷을 주로 연주현이 내놓은 재활용품 옷들로 구입해서 입힌다. 아이도 만족해하며 당연하게 생각하고 있다. 그녀는 생판 모르는 사람의 옷이 아니라 함께 활동하고 속내를 잘 아는 이웃이 내놓은 옷가지들이기 때문에 편안하게 믿고 거래를 하게 되었다고 말했다. 이는 참여자들이 강조하듯이 지역화폐 두루 거래는 믿음과 신뢰가 있어야 이루어질 수 있음을 보여주는 것이다. 또한 두루 거래를 통해 회원들 간에 신뢰가 형성되고, 쌓이기도 한다. 두루 거래에서 신뢰는 필요충분조건이 된다. 지역화폐에서 신뢰와 신용만큼 훌륭한 규칙은 없다(존슨, 1998). 두루 거래를 통해 쌓인 신뢰를 바탕으로 회원 N은 거래 게시판에 '급전 구함'이라는 글을 올리고, 두루로 이자를 주는 조건으로 이사비용을 빌려 갚기도 했다.[26] 이러한 회원들 간의 신뢰를 바탕으로 한 두루 거래는 자원과 지역화폐 가치가 공동체 내에서 끊임없이 연결되고, 순환될 수 있도록 하는 조건이 된다.

---

[26] 2004년 2월 11일, 날○○, 한밭레츠 홈페이지 "거래하고 싶어요".

지역화폐와 여성주의–한밭레츠의 경험에서 길을 찾다

제7장

탈자본주의 시장의 가능성

일상의 관계 속에 필요와 재미로 교환되며, 시장가격으로부터 자유로운 것은 아니지만 상당 부분 서로의 상황과 조건 그리고 유용성과 쓰임새에 의해 교환가치가 만들어지는 한밭레츠 거래의 순환과정에서 그 효과로 눈에 띄는 것은 바로 기존 시장의 외부, 즉 비시장영역의 가치화이다. 기존 시장에서는 화폐로 교환되지 못하거나, 교환된다 하더라도 다른 것에 비해 상대적으로 가치평가를 받지 못하는 부분들이 가시화, 가치화된다. 그런데 한밭레츠 지역화폐 교환 거래의 효과로 가시화되는 비시장영역은 엄밀히 따져보면 시장의 완전한 외부라고 말하기는 힘들다. 그 이유는 비시장과 함께 기존 시장과는 다른 가치들이 작동하는 시장이 현실에서 공존하고 있기 때문이다. 이는 명확하게 구분하기 어렵고, 넘나들거나 겹쳐지는 부분도 있다. 따라서 이 장에서 지역화폐 교환 거래 효과로 가시화되는 비시장영역은 경우에 따라서 기존 시장과는 다른 가치들이 작동하는 시장의 부분까지 포함하는 넓은 의미로 사용된다. 이처럼 광의의 의미까지 포함하는 비시장영역은 지역화폐를 매개로 자본주의 시장을 넘어서고자 하는 탈자본주의 시장의 가능성을 모색하는 것이기도 하다.

1. 시장으로부터 배제 분리된 일/노동의 가치화

돈으로 환산되고 교환되는 것만을 포함하는 현행 자본주의 시장화폐 교환에서는 실제로 우리 사회를 움직이는 총생산에서 적어도 50% 이상의 비화폐 부분을 포함하지 않고, 사라지게 하며 배제시킨다(헨더슨, 2008). 시장화폐를 중심으로 돌아가는 경제와 사회 시스템에서는 일부에 지나지 않거나 많아야 50% 이하인 화폐경제가 전체인 양 인식되면서, 화폐적 가치가 절대화된다. '가치 있음'과 '가치 없음'이 화폐를 기준으로 갈리게 된다. 이처럼 시장 화폐로부터 배제되고 가치화되지 못하는 시장의 외부 즉 비시장영역에는 가정과 지역 공동체 내의 일/노동이 포함되고, 경쟁과 생산성 중심의 시장교환으로부터 배제, 분리된 경제적 소수자들의 일/노동 등이 포함된다.

1) 가정과 지역 공동체 내 일/노동의 가치화

가치가 존중되는 가사노동

자본주의 시장교환에서 생산을 사회화한 임노동은 사회적 요구에 부응하며 가치화된다. 하지만 식사준비, 청소, 세탁, 자녀양육, 재산의 관리, 일상적인 건강관리, 재생산 등 주부들과 어머니들의 가사노동은 사회화되지 못하며 사적 영역으로 취급돼 교환에서 배제되고, 가치화되지 못했다(자레스키, 1987: 29). 이는 자본주의 시장을 지탱하며 성차별을 재생산하는 기제가 되고 있다. 그렇다면 지역화폐 교환에서는 어떻게 될까?

공동김장팀에게
김장 안 한다는 핑계로 가까이 살면서 늦은 시간 얼굴만 비추었는데 겉절이
(?)와 절인 배추를 주신 공동김장팀들에게 감사드립니다. 우박과 진눈깨비가 종

일 오락가락 해서 가만 있어도 심란했던 날에 추운 마당에서 배추 절이고, 다행스럽게도 김장 버무리는 날엔 따뜻했습니다만 그 일의 양과 강도가 장난이 아님을 알기에 미안한 마음이 더욱 컸답니다.

하여 주도적으로 김장 담는 일을 진행하고, 장소를 제공해 주신 왜○○, 명○○, 소○○에게 각 5만 두루씩 드립니다. 감사하고, 미안합니다. 모두들 수고하셨습니다…[1]

해마다 10월 말이 되면 한밭레츠 홈페이지 게시판에는 그 해 공동김장을 어떻게 할 것인지 의견을 묻는 글이 올라온다. 게시판상에서 참여자, 날짜, 장소, 방식 등 의견을 조정한 다음 대개 11월 말이나 12월 초쯤 농부 회원의 집에 함께 모여 1박2일에 걸쳐 공동김장을 한다. 몇 년째 같이 하다 보니 서로의 일하는 스타일을 잘 알기에 자연스럽게 역할분담이 이루어진다.[2] 배추와 무를 씻고 나르는 팀, 양념을 다듬고 만드는 팀, 배추에 넣을 속을 만들고 버물리는 팀 등 손발이 척척 맞아 공동 작업이 이루어진다. 옆에서 간식거리로 전을 부치며, '하하하' 사람 좋아 보이는 웃음소리로 추임새를 넣고 흥을 돋우는 역할은 윤선희의 몫이 된다. 문성훈처럼 남성이나 처음 참가하는 신입 회원도 예외 없이 각자 맡은 바 역할을 수행한다. 공동김장을 다 마

---

1 2008년 12월 3일, 오○○, 한밭레츠 홈페이지 "거래했어요".

2 "배추 100포기… 얼만큼인지 본 적도 없고, 가늠할 수도 없는 수치였습니다. 바○○○네 마당에 던져진 배추는 얼마 안돼 보이는데, 절이는 시간만 2시간이 꼬박 걸렸습니다. 오랜 시간 숙련된 산○○ 어머님의 지휘 아래, 척척 일 나누고, 적절한 자리배치 덕에 그나마… 8단이나 되는 골파를 다듬고, 회○○와 두○○, 망○… 정말 이것은 품도 안 나고 끝도 없는 일입니다. 누군가 파를 입에 물고 다듬으면 맵지 않다 하던데, 정말 말도 안 되는 얘기였습니다. 10단 정도의 갓을 다듬고… 1차 마무리. 명○○의 동태찌개와 저녁을 먹고, 무채를 썰기 시작… 딸○, 번○○○, 누와 다○○까지 한몫 거들고… 늦도록 끊임없이 일을 하고, 얘기도 하고… 다음날 절인 배추를 씻으러 새벽부터 바○○○ 집으로 모였습니다…"(2004년 12월 8일, 원○○, 한밭레츠 홈페이지 "품앗이 사랑방" 중에서).

친 후에는 각자의 몫을 분배하고, 형편상 참여하지 못한 회원들에게 나누어 주기도 하며, 판매도 한다. 심은숙의 표현대로 한밭레츠 공동김장은 참여자들끼리 수다 떨고 나누는 흥겨운 잔치이다. 어느 회원의 말을 빌리자면 그 야말로 축제 한마당이다. 하지만 위 글에서도 나와 있듯이 김장을 할 때 일의 양과 강도가 장난 아니게 많고 힘들다는 것은 경험해본 사람들이라면 다 아는 사실이다. 공동김장이 끝난 다음날 김현성의 손놀림은 어느 때보다 바빠진다. 김장하느라 힘들고 지친 어깨와 팔다리를 카이로프락틱 마사지로 풀기 위해 그를 찾는 회원들이 그만큼 많기 때문이다. 이처럼 김장이 손이 많이 가고 힘든 일임을 잘 알기에 공동김장에 참여하지 못한 회원 오○○은 그 고마움을 지역화폐 두루로 표현했다. 또한 해마다 김장도우미들에게 일정 정도의 두루가 지급되며, 김장을 기꺼이 나누어 주는 다른 회원들에게도 어김없이 두루로 감사함을 전하곤 한다.

김장을 하지 않고 시장에서 사먹는 가정이 늘고 있다고는 하지만 한밭레츠 참여자들뿐만 아니라 아직도 국내 많은 가정의 월동준비는 단연 김장으로부터 시작된다. 이를 위해 며칠씩 준비하고, 노동하는 수고로움으로 인해 겨울 한 철을 풍성하게 보낼 수 있다. 하지만 그러한 일련의 수고와 노동은 기존의 시장교환 어디에도 포함돼 있지 않다. 돈으로 환산되지 않는 것을 당연하게 생각하며, 그렇기 때문에 한편에서는 중요한 일로 여기지 않고 단순한 일로 취급된다. 그런데 한밭레츠 참여자들의 교환 거래에서는 김장하는 수고와 노동에 대한 대가가 가시화되어 지역화폐 두루로 가치화되고, 의미부여될 수 있다. 이것이 가능한 것은 주부 회원인 오○○처럼 가사노동과 살림이 얼마나 손이 많이 가고 힘든 일인가를 참여자들 스스로가 잘 알고 있기 때문이기도 하다.

전에 의료생협에서 일할 때는 점심식사 후에 설거지를 하고 두루를 벌기도
했어요. 한 번 할 때마다 만 두루 정도…

— 최자영

바빠서 시장 못갈 때 대신 시장 봐준 회원한테 두루를 줄 때도 있어요. 집안
청소나 경조사 있을 때 품앗이 해준 회원에게 두루를 쏘기도 하죠.

— 심은숙

진○○가 망○와 소○이네 집에 와서 연한 연두색에 장미 그림이 있는 예쁜 커
튼을 달아 주었습니다. 정말 감사해요. 한겨울을 커텐 없이 지냈는데 (별루 못
느끼며 지냈는데) 어제 커튼을 한 집에서 자니 너무 아늑하더라구요. 진○○에게
너무 감사드립니다. 커튼 값하구, 봉, 그리고 인건비까지 해서 150,000두루 드
립니다.[3]

　최자영처럼 설거지를 하고 두루를 벌기도 하고, 정성껏 준비한 반찬거리
를 나눠 먹는 가운데 두루 거래가 발생하기도 한다. 심은숙은 장을 대신 봐
준 회원에게 고마워 두루를 준 적이 있다. 집안일을 도와주거나 경조사, 생
일잔치 등 특별한 잔치 때 품앗이로 두루 거래가 발생하기도 한다. 다양한
친환경 음식을 맛깔스럽게 만들고, 장식에도 일가견이 있는 회원 난○은 아
이들 생일잔치, 행사 등에 자주 불려 다니며 두루를 벌기도 하는데, 이용해
본 회원들 대부분이 크게 만족해한다. 인기가 많은 난○에게 물어보니 관련
자격증은 하나도 없다고 했다. 커튼을 달아주거나 가방, 방석을 만들어 주
는 등 다른 회원이 필요로 하는 것을 제공하고 감사의 두루를 건네받기도
한다. 이처럼 한밭레츠에서는 설거지, 청소, 시장보기, 기타 집안일 등이 지
역화폐로 교환된다. 그런데 가사노동이나 집안일 모두가 지역화폐 거래로

3　2005년 3월 10일, 망○, 한밭레츠 홈페이지 "거래했어요".

잡히는 것은 아니다. 아직까지 자신의 가정 일이 지역화폐로 환산되는 경우는 없었다. 그런 맥락에서 보면 지역화폐가 기존 시장교환과 별반 다르지 않는 것처럼 보인다.

하지만 그 속내를 들여다보면 구조가 상당히 다르다. 일상에서 가정 내일의 필요가 생겼을 때 그 일이 가능한 주변 이웃이 나의 일처럼 대신 해주고, 나는 그 대가로 지역화폐를 지불하지만 결국 그것을 갚기 위해서는 나의 노동력이나 물품을 다른 누군가에 제공해야 한다. 또한 무엇보다 가정일의 가치가 지역화폐로만 평가되는 것이 아니라 인정되고 존중된다. 적어도 가사노동과 집안일이 쉽지 않고 힘들며 상당한 노하우가 필요하다는 것을 참여자들은 잘 알고 있으며, 지역화폐로 교환할 마음의 준비가 돼 있다. 시장이 인정하는 전문 자격증은 없지만 내 주변의 이웃이 가사노동과 집안일의 숙련된 전문가라는 사실을 인식하는 참여자들이 많다. 다시 말해 한밭레츠에서는 우리 사회에서 화폐로 거의 환산되지 않거나 저평가당하며, 누구나 할 수 있는 하찮은 일로 취급되는 가사노동과 집안일의 가치가 인정되고 의미화될 수 있다.

이러한 한밭레츠 참여자들의 가사노동 가치 존중과 필요성에 대한 인식은 등록소에 드나들다 보면 쉽게 알 수 있다. 관련 업무나 활동만큼이나 시간을 내서 점심식사 준비와 설거지를 하는 회원의 역할은 중요하다. 인근에 사는 회원 B는 주로 점심시간에 들러 함께 식사하는 대신 설거지 당번을 자처하는데, 그녀는 모두가 기다리는 인기 회원이다. 그녀가 오지 않은 날이면 무슨 일이 생겼는지 궁금해한다. 품앗이방, 두루방 등 등록소 구석구석을 청소하는 회원 M은 자원 활동 명목으로 두루를 받는다.

등록소에 형편상 어느 회원이 아이를 데리고 오면, 시간 나는 사람이 돌아가며 그 아이와 함께 노는 것은 자연스러운 일상이다. 예컨대 다례와 마음공

지역화폐와 여성주의─한밭레츠의 경험에서 길을 찾다

부 품앗이학교에 참석한 회원 Y는 두 살배기 딸아이와 함께 다녔다. 그 아이도 함께 전통차를 따르고 마시거나 했으며, 마음공부할 때에도 참여했다. 엄마인 Y뿐만 아니라 연주현과 남성인 박규식도 잘 따르는 아이는 공부시간에 다른 참여자들의 무릎에 앉아 있기도 하고, 쉬는 시간에는 그들과 춤을 추거나 장난을 치기도 한다. 따라온 언니 오빠들과 어울려 놀기도 한다. 물론 울고 짜증을 낼 때도 있다. 아이와 함께 교육에 참여하는 것은 다른 곳에서는 좀처럼 찾아보기 힘든 광경이다. 참여자들은 그러한 상황을 이해하고 아이들을 함께 돌본다. 아이들 또한 그러한 분위기에 익숙해지며 성장해 간다.

이처럼 식사준비, 청소, 아이를 돌보는 일이 지역화폐 교환에서는 다른 노동력과 마찬가지로 가치가 인정된다. 그 필요성을 공감하기 때문에 함부로 취급되지 않고, 그만큼 존중된다.

동네와 지역 일의 가시화

한편 김현성은 몇 년째 한밭레츠에서 실시하는 지역주민을 위한 이동영화상영[4]의 자원 활동을 하고 있다. 평소 문화생활을 할 기회가 적은 지역의 어린이, 장애인, 노인들에게 영상장비를 가지고 찾아가 큰 스크린으로 함께 영화를 본다. 인근의 지역아동센터, 어린이도서관, 사회복지관, 장애인 공동체, 노숙자쉼터 등이 주요 활동장소가 된다. 평일 낮에 영화상영 일정이 잡힐 때가 많다. 학원 강사인 그는 되도록 시간을 맞추려고 노력하며, 일정이 맞지 않으면 다른 회원이 이를 대신한다. 이러한 자원 활동을 통해 쌓인 그의 두루

---

4 사회복지기관이나 시설에 거주하는 장애인, 노인이나 농촌 지역에 살고 있는 농민, 아이 때문에 영화관에 갈 수 없는 주부를 대상으로 직접 찾아가 영화를 상영하여 문화자원을 공유하며, 공동체의 가치를 나누는 이동영화상영은 2004년부터 2008년까지 거의 매주 실시되었다.

는 앞서 살펴본 바와 같이 등록소나 의료생협에 후원하거나 필요한 농산물과 생활용품을 사고, 가족들이 병원과 한의원을 이용하는 데 사용된다.

　최자영은 몇 년째 민들레의료생협에서 실시하는 지역주민 건강검진을 하고, 어르신 건강교실을 진행한 바 있다. 지역주민과 함께하며 예방이 목적인 의료생협의 취지를 실천하는 장이어서 의미가 있는 거리검진에 그녀는 아이를 업고 참여하기도 했다. 목청이 크고 발음이 또렷한 그녀의 진행은 귀가 안 좋으신 어르신들에게 쉽게 잘 전달된다. 건강교실 참여자들은 대부분 당뇨 등 만성질환자이거나 수급권자로 혼자 지내시는 경우가 많으며 만족도가 높다. 이러한 일련의 활동을 통해 번 두루를 그녀는 아이들의 옷과 농산물 및 생산품을 사고, 병원을 이용하는 데 사용한다.

　김현성과 최자영이 두루를 벌기 위해 자원 활동을 시작한 건 아니다. 무엇보다 지역주민과 함께 나누고자 하는 게 우선이었다. 하지만 자원 활동을 통해 받는 지역화폐 두루는 흔쾌히 받는다. 왜냐하면 그렇게 쌓인 두루는 자신과 가족 그리고 한밭레츠 참여자들과 지역주민들에게 다시 쓰이며, 결국 지역 공동체를 움직이는 데 기여할 수 있다는 것을 잘 알기 때문이다.

> 민들레(의료생협)에서 하는 자원 활동 여러 가지가 있죠. 그때(5~6년 전)나 지금이나 계속해오던 거는 거리검진인데, 매주 했어요. 장소가 동네긴 한데 옮겨가면서 무작위적으로 지역주민들을 대상으로 혈당이나 혈압 이런 거 체크해주면서… 거리에서도 내가 이런 질환을 가지고 있구나 하는 것을 간간히 많이 알게 되죠… 여기(건강교실) 참석하신 분들은 당뇨로 인환 장기 만성질환을 앓는 분들이세요. 혼자 지내시는 분들이 태반이시고, 또 여러 분들이 수급권자이시고… 그러시기 때문에 여기 오시는 분들은 대개 좋아하세요. 그리고 기관이나 시설에 입소돼 있는 게 아니고 내가 어쨌든 자발적으로 하고 싶단 마음이 있어야 오는 거기 때문에 참여도 좋고, 만족도 좋고, 호응도 잘해주시는 것 같아요…
> ― 최자영

이와 같이 한밭레츠와 민들레의료생협이 지역주민과 공동체를 위해 벌이는 일련의 활동에 참여하는 회원들은 두루를 벌고, 이를 다시 공동체 내에서 순환시킨다. 하지만 시장화폐 교환에서는 동네와 지역을 살리는 활동들이 가시화되지 못하는 경우가 많다. 사회복지기관이나 시설 등에서 자원 활동을 하는 시민들이 많이 있지만 그러한 일련의 활동은 화폐경제에서 셈되지 않는다. 이들 활동의 일부는 주민과 지역을 살리는 활동이기 보다 기관과 단체를 유지하기 위한 일들인 경우도 있다. 가사 도우미 등 유급 자원 활동이나 장애인 작업지원과 활동보조인 등 전문적 자원 활동 등은 활동비가 지급되기도 하지만 이는 경제적 동기 등에서 참여하는 극히 일부의 경우이다(노옥재, 1996). 동네와 지역을 위한 활동들이 시장화폐 교환에 포함되지 않는다는 것은 돈을 기준으로 하는 자본주의 사회에서 그 가치가 인정받지 못하고 있음을 의미한다. 지역 공동체를 위한 활동이 돈으로 그 대가를 반드시 보상받아야 된다는 게 아니라 가치매김이 되지 않고 인정받지 못하는 것이 문제라는 것이다. 이는 결과적으로 내가 살고 있는 동네와 이웃에 대해 무관심하고 단절된 일상을 살게 될 가능성을 더 크게 만든다.

우리 사회를 지탱하고 있는 중요한 축으로 가정과 동네, 지역이 있다. 시장화폐 교환에서는 이를 소위 공적이 아닌 사적 영역이라 치부하며, 그에 대한 활동과 일, 노동이 비가시화되고 가치화되지 못한다. 그러한 분야에 여성들이 주로 노출돼 있으며, 여성과 남성의 성별분리구조는 끊임없이 재생산되고 있다. 하지만 한밭레츠 지역화폐 교환에서는 그러한 활동과 일, 노동이 가시화되고, 가치매김이 되며 의미부여가 될 가능성이 있다. 따라서 여성들의 활동과 일, 노동도 그만큼 가치 부여될 가능성이 있다.

2) 소외된 일/노동의 가치화

경력단절 여성의 일자리 만들기

한밭레츠 지역화폐 교환 거래는 시장으로부터 소외된 여성들이 일자리와 자기 일을 찾는 데 도움이 되며 함께 고민하는 시간과 공간이 되기도 한다. 이는 주류 시장의 기준에서 주로 비경제 활동인구로 분류되는 어르신의 경우도 마찬가지이다.

누구보다 주체적이고 당당했던 정민초였지만 몇 년 동안 아이 키우고 집에만 있다가 다시 일자리를 찾고 세상에 나오려고 했을 때 느꼈던 무력감은 이루 말할 수가 없었다. IMF 때 해고된 남편 퇴직금으로 분식집을 시작했으나 10개월 만에 망한 경험도 있다.[5] 아이를 양육하고, 가사노동을 하다가 다시 일자리를 찾고자 하는 여성들이라면 그전의 경력이나 성향에 상관없이 그녀와 같은 경험을 할 때가 많다. 우리 사회 여성의 취업현황을 나타내는 M자형 곡선[6]이 말해주듯 결혼 후 퇴직했거나 일자리가 없는 여성들은

---

5 "저 같은 경우 극단적인 경험일수도 있는데, 80년대 학교 다녔고, 감옥에도 갔다 왔고, 감옥에서도 죽으려고 했고, 그런 거 있잖아요 조건이 되면 이 한 몸 이런 식으로… 세상을 들었다 놨다 한다, 그런 식으로 산 사람인데, 결혼을 하고 집에 있으니까 반경이 확 좁아지는 거예요. 남편이 교대 근무하면서 월급 받아오면 그걸로 알뜰하게 살아야 되잖아요. 그렇지 않으면 살 수가 없으니까. 그런 경험을 몇 년 하니까 아이 낳고 기르고 둘째를 낳고 세상에 나와야 되는데 정말 자신이 없는 거예요. 생활광고지 뒤져가면서 일자리를 찾는데, 망설이다 전화를 해서 쉽게 와보세요 이러면 저기는 분명히 이상한 사기 집단일거야 내가 가면 분명히 곤경에 처할 거야 이러고. 또 깐깐한 데는 뭐 내가 할 수 있는 게 없어지고, 내 존재감이 너무 무력해지고 그런 경험을 하면서 사실은 일반 여성들에 대한 이해가 커졌어요." -정민초

6 20대에 취업한 여성들이 임신, 출산, 육아의 시기에 경제 활동 단절기를 겪다가 30대 후반부터 다시 취업하여 취업률은 증가하게 된다. 따라서 여성들의 생애주기별 취업현황은 M자형

지역화폐와 여성주의-한밭레츠의 경험에서 길을 찾다

아이가 어느 정도 크면 다시 일자리를 구하고자 한다. 하지만 빠르게 변화하고 있는 시장이 요구하는 자격과 조건을 갖추기 힘들다. 전업주부로서의 경력은 전혀 반영되지 않고, 오히려 취업의 방해요소가 된다. 각고의 노력 끝에 취업한 곳은 대부분 비정규직이며, 그만큼 불안정한 노동조건에서 일을 하고 있다. 경쟁과 생산성을 기반으로 하는 화폐교환은 주부들에게 경력단절이라는 꼬리표를 달아주며, 시장으로부터 아예 배제시키거나, 시장에 진입한 경우에도 비정규직으로 분리시킨다.

전업주부였던 민연아는 생산자 소모임을 통해 천연비누와 화장품 만드는 법을 배우고 훈련했으며, 지금은 친환경 천연제품을 만들어 공급하면서 두루 거래를 하고 있다. 또한 이를 바탕으로 장애아동이 있는 일반학교 특수학급과 지역 단체 등에서 강사로도 바쁘게 활동하고 있다.

> 작년(2007년) 봄부터 생산자 모임을 해보자 그런 취지하에 하나둘씩 모여지기 시작했거든요. 음, 환경적인 부분들이 있어서 우리가 비누를 쉽게 만들 수 있다 해서 국O라고 하시는 분하고, 같이 두루숲을 시작했고요. 처음에는 아로마 비누 정도 만드는 거밖에 몰랐어요. 그래서 강의를 받았어요. 하루에 한 네다섯 시간 정도 받았나… 화장품, 천연주방세제, 아토피 로션, 연고 암튼 그런 것들을 배웠어요. 대표적인 것들을 배웠거든요. 그리고서는 저희가 레츠 회원들을 대상으로 만들어놓기 시작했죠. 아로마 비누랑 주방세제…
>
> — 민연아

이처럼 민연아는 한밭레츠 생산자 소모임 두루숲을 통해 배운 기술을 활용해 아로마 비누와 주방세제를 지역화폐로 거래하게 되었다. 제조방법을 배운 후 실습단계에서도 재료비는 현금, 수고비는 두루로 받으며 바로 거래

곡선의 형태를 보이게 된다.

가 가능했다. 이것이 바로 한밭레츠 지역화폐 거래의 장점 중의 하나이며, 자본주의 시장 교환과 구조가 확연히 다름을 보여주는 것이다. 누구나 처음부터 그 일을 완벽하게 잘할 수는 없다. 그만큼 훈련의 시간도 필요한 법이다. 하지만 시장에서는 그러한 훈련은 개인이 돈을 들여 감당해야 하는 몫으로 믿고 기다려주지 않는다. 훌륭한 재능과 기술을 가지고 있다 하더라도 시장의 경쟁에서 살아남지 못하면 그러한 것들을 마음껏 펼칠 수 있는 공간이 주어지지 않는다. 경쟁에서 이기는 것은 개인의 실력만으로 되지 않는다. 예컨대 성별, 학벌, 경력, 나이 등 많은 조건이 따르게 된다. 전공자도 아니고 경력도 없으며, 게다가 나이까지 많은 그녀가 천연화장품을 만들어 판매하고 강의를 하는 것은 기존 시장논리로는 힘든 일이다. 하지만 한밭레츠 참여자들은 그녀의 성향과 열정을 잘 알고 믿기에 천연제품을 만드는 기술을 배우고, 이를 훈련하는 과정을 처음부터 함께 하면서 기꺼이 제품을 사 쓴다. 그러는 과정에서 그녀는 천연비누와 화장품을 만드는 전문가가 되었다.

조미향은 회원 올○○와 함께 빵과 쿠키를 만드는 두루베이커리 소모임을 했다. 관련 자격증은 없지만 음식 만드는 것을 좋아한다는 이유로 주변의 권유를 받아 소모임에 합류한 그녀는 솜씨가 좋은 올○○에게 배우면서 점점 익숙해지고 갈수록 솜씨도 늘어갔다. 소모임을 시작한 지 얼마 안 되어서부터 여러 가지 모양의 빵과 쿠키, 파이를 만들어 회원들에게 판매하기 시작했다. 반응이 매우 좋았다. 두 사람이 어떤 사람이고, 어떻게 만들고 있는지 잘 아는 회원들은 유기농이나 친환경 재료를 사용해서 믿을 수 있고 맛도 좋은 두루베이커리 빵과 쿠키를 재료비 현금을 포함해서 지역화폐를 주고 사서 먹었다. 먹고 난 후 달거나 퍽퍽하면 맛에 대한 모니터링도 해주곤 했다. 이러한 과정이 기반이 돼서 2009년 들어 한밭레츠에서는 경력단절 여성들을 중심으로 한 사회적 일자리 두루잔치를 만들기도 했다. 그녀와 올

○○는 두루잔치의 핵심멤버가 되었다. 일하다 보면 서로 지지고 볶고 상처 받으며 힘들 때도 있다. 하지만 처음부터 완벽하게 갖춘 게 아니라 작은 회원모임에서 아무것도 없이 시작해 레츠 회원들과 함께 성장하고, 일자리까지 얻게 된 게 무엇보다 큰 의미가 있었다. 모양이 좀 울퉁불퉁하더라도 모니터링 해주면서 믿고 지지해준 회원들의 두루 거래가 있었기 때문에 가능한 일이기도 했다.

가시화되는 어르신의 활동

한밭레츠 회원들의 분포를 보면 40대와 30대 여성이 가장 많지만 60대 이상의 어르신들도 있다. 또한 가족 단위로 등록하기 때문에 많은 경우 부모와 자녀 등 가족들이 함께 참여하게 된다. 예컨대 회원 A의 가족은 70대 어르신, 40대의 부모, 10대의 자녀들로 구성돼 있으며, 일상의 관계 속에서 지역화폐를 거래하다보면 회원 A만 참여하게 되는 게 아니라 가족들이 함께 하거나 연관될 수밖에 없는 것이 지역화폐이다. 지역화폐 거래는 세대와 연령을 불문하고 참여할 수 있으며, 그렇게 될 가능성이 있다. 따라서 시장화폐 교환에서 소외된 어르신들과 아이들의 일과 활동이 가시화되고 가치화된다.[7] 그 중에서도 한밭레츠의 경우 어르신들의 참여가 눈에 띈다.

(등록소에서) 비누 못 봤어요? 재활용 비누도 있고, 냄비받침도 있고, 거기 뭐 하나 또 만들어서 갖다 놓고, 그거는 디자인 특허 낼라고… 준비는 다 했는데 아

---

7 추동밭에서 뛰놀던 하하하네 천사들께
"천사같이 뛰어다니며 즐겁게 일을 하던 아이들의 예쁜 모습이 지금도 생생합니다… 무우밭 고랑 사이를 팔랑팔랑 뛰어다니던 아이들의 모습, 그 움직이는 그림을 제 밭에 남겨준 아이들에게 두루를 지불하고 싶어서 여기에 올립니다."(2004년 10월 19일, 바○○, 한밭레츠 홈페이지 "거래했어요" 중에서). 이처럼 한밭레츠에서는 아이들도 일을 하고 두루를 벌기도 한다.

직 제품은 못 만들었어.

— 오규성

한밭레츠 등록소를 들어서면 바로 왼쪽 편 진열대에 70대 어르신 남성 오규성이 만든 재활용 빨래비누와 나무용 냄비 받침대가 가지런히 놓여 있다. 공고를 나온 그는 화학약품에도 조예가 깊은데 이를 응용해서 천연빨래비누 만들기에 성공했다. 살고 있는 집 방 한 칸을 아예 비누 만드는 방으로 만들고 매일 작업을 한다. 한밭레츠는 그의 주요 거래처이다. 만물박사로 통하는 그는 아직은 비밀인 또 다른 물건을 만들려고 구상 중에 있으며 내친김에 특허신청도 낼까 생각 중이다. 그의 머릿속에는 새로운 아이디어가 꽉 차 있다. 등록소에 가거나 품앗이만찬에 참석하게 되면 열띤 목소리로 다른 회원들에게 이를 설명하느라 여념이 없다. 그뿐 아니다. 열쇠가 잠겨 안 열리거나 선풍기 등 전자제품이 고장 났을 때, 세면대나 화장실이 막혔을 때, 한밭레츠 회원들은 그의 얼굴을 떠올리곤 한다.

> 열쇠가 없는데 지○가 잠그는 바람에… 못된 성질머리에 발로 문 걷어찼다가 된통 발바닥 아프고… 여하튼… 한방에 해결해 주신 맥○○○께 감사드립니다.[8]

한밭레츠 홈페이지 "거래했어요" 게시판에는 가끔 위와 같은 글이 올라온다. 오규성의 손을 거쳐 간 크고 작은 공사거리가 꽤나 된다. 너무 오래돼 버릴 수밖에 없었던 등록소 선풍기 수리는 물론 스피커 설치, 전기공사, 세면대 수리, 베란다 문과 수도 수리, 그리고 회원 S와 C 집의 펌프 수리 등이 그 예이다. 이 같은 일로 시장교환에서 돈을 벌어본 적은 없지만 남다르

---

8 2007년 2월 22일, 모○○○, 한밭레츠 홈페이지 "거래했어요" 중에서.

지역화폐와 여성주의−한밭레츠의 경험에서 길을 찾다

게 손재주가 뛰어나고 감각이 있는 그는 그 어떤 전문가 못지않게 수리를 잘 해낸다. 수리를 해주고 받는 두루는 만 두루, 이만 두루, 오만 두루 등이며 그 이상일 때도 있다. 이렇게 번 두루를 그는 병원을 이용하거나 한의원에서 자신과 부인의 한약을 지을 때 주로 사용한다. 농산물을 사거나 초등학교 손녀가 품앗이 꿈나무 프로그램을 이용할 때도 쓴다. 그는 한밭레츠에서 모르는 사람이 거의 없을 정도로 유명인사가 되었다. 이처럼 자신이 갖고 있는 재능과 기술로 70대 어르신이 왕성하게 일을 하고 생산품을 만들어 두루를 벌며, 의료비 등 필요한 곳에 두루를 사용하고, 지역 공동체 순환 활동에도 기여하는 것은 한밭레츠 같은 지역화폐 공동체가 아니면 좀처럼 찾아보기 힘든 광경이다.

오규성과 같은 특별한 기술 없이도 어르신들이 두루를 벌 기회는 있다. 등록소 인근 지역 어르신들이 민들레의료생협의 소모임 활동이나 행사에 참여하면 건강화폐 두루를 벌 수 있다. 매주마다 하얀 민들레라는 70~80대 어르신들의 건강모임이 열린다. 당뇨 합병증으로 고생하고 거동조차 불편한 어르신들에게는 모임에 참석해서 활동한다는 그 자체가 쉽지 않고 힘든 일이다. 그들은 모임을 통해 자신의 건강도 체크하고, 다른 이들의 안부와 건강을 염려하며, 서로 지지자가 되고 삶의 에너지를 얻는다. 60~70대 어르신들로 구성된 6070모임은 매주 모여 체조와 건강 체크를 한다. 그중에서 일부 회원은 거리검진이나 노래교실 자원 활동을 한다. 이러한 활동을 하는 어르신 중 90% 이상은 여성으로 번 두루는 대부분 의료비로 지출된다. 이처럼 한밭레츠의 지역화폐 교환은 시장에서 밀려난 어르신들의 노동과 활동이 가시화되고, 가치화될 수 있다는 것을 보여주는 공간이 되기도 한다.

2. 보살핌의 가시화

자본주의 시장교환에서 보살핌은 사용가치를 갖지만 교환가치로 환산되지 않기 때문에 가치를 인정받지 못하며, 그러한 맥락에서 여성들의 보살핌노동은 정당한 대우를 받지 못하고 있다(Hartman, 1989)[9]. 그렇다면 지역화폐교환에서는 어떨까?

1) 보살핌노동의 가치화

다른 사람들을 보살피는 행위는 사람과 사람의 관계에 기초해서 행해지기 때문에(폴브레, 2007) 교환이 곧 관계이기도 한 지역화폐에서는 그동안 보이지 않았던 보살핌이 가시화되고 의미부여가 될 수 있다. 또한 다양한 보살핌노동이 가치화될 가능성이 있다.

(ㄱ)두루가 많은 회원 초○○은 평소 윤선희에게 두루 후원을 받고, 그녀의 차량을 함께 이용하기도 하며, 삶의 경험과 노하우를 나누곤 한다. 이에 감사의 마음을 담아 두루로 표현했다.[10] 또한 윤선희가 가끔 초○○에게 두

---

9 이동옥, 2009: 5에서 재인용.

10 "항상 사랑과 관심을 보여주시는 왜○○께 감사드립니다. 매번 먼 길을 가야 할 경우 힘들다 말한마디 안 하시며, 웃으며 함께 갈 차편을 마련해 주셔서 말로는 표현하지 못하지만, 항상 감사합니다. 왜○○ 말씀을 들으며 항상 편협하고 작은 생각을 가진 제 자신이 부끄럽고, 세상을 보는 눈이 넓어집니다. 좁은 시야 밖에는 못 보는 저를 좀 더 넓게 볼 수 있도록 해주십니다. 두루두루 감사드리며 제 감사의 마음을, 적지만 두루로 표현하고자 합니다. 왜○○~~ 제 마음은 두루보다 더욱 많이 감사한 것 아시죠!!! 제가 두루가 많이 바닥이라 많이는 못씁니다. ㅋㅋㅋ
주는 이: 초○○

지역화폐와 여성주의-한밭레츠의 경험에서 길을 찾다

루를 후원하는 것은 두루 빚이 많은 게 이유이기도 하지만 말벗이 되고, 살아가는 얘기를 나누면서 서로 배우고 나눌 수 있는 초○○이 고맙기 때문이다. 심은숙은 회원 수○○에게 고민에 대한 조언을 듣고 그에 대한 답례를 두루로 표현하면서 고마운 마음을 전할 수 있는 두루가 있어 다행이라고 생각했다. 그녀에게 받은 두루를 수○○은 고마운 다른 누군가에게 다시 돌려줄 것이다. 이처럼 일상의 관계로 경험되며, 이웃의 가치가 소중하게 인식되는 지역화폐 교환에서 참여자들은 인간이 독립된 섬으로 존재하는 것이 아니라 보살핌을 주고받는 상호 작용 속에 놓여있다는 것을 스스로 체화하며, 이를 교환관계 속에서 가시화시킨다.

신비로운 거래

늦은 밤에 시작한 소○○○의 진통이 10시간이 지나고, 이른 아침에 스○○이 병원으로 부랴부랴 들어왔다. 스○○을 보는 소○○○의 눈빛이 달라진다. 이제야 조금 안심하나 보다.

스○○이 온 것을 보고 나도 안심이 되었다. 소○○○의 안심된 표정을 보고 잠시 집에 가서 주섬주섬 이것저것을 준비했다. 스○○에게 전화가 온다. 생각보다 빨리 진통이 진행되니 빨리 오라는 것이었다. 생각할 겨를도 없이 병원으로 달려갔다. 수중진통실에서 진통하는 우리 공주를 보면서 왜 이리 안쓰러운지… 암튼 우리 꼬물이가 태어나는 그 순간…

그리고 늦은 저녁까지 소○ 옆을 지켜준 스○○이 너무 고맙다.

두루 준 이: ○치 두루 번 이:스○○

사용 두루: 300,000두루

───────────

받는 이: 왜○○

거래내용: 차편을 비롯한 두루두루 감사한 마음 1만 두루"

(2007년 3월 11일, 초○○, 한밭레츠 홈페이지 "거래했어요" 중에서).

역시 아이 셋을 낳고 키우는 전문가다운 모습이었습니다…[11]

조미향은 회원 소○○○, 망○ 부부와 같은 아파트에 살고 있다. 아이를 셋이나 낳아본 경험이 있는 그녀는 특히 첫아이를 낳을 때의 두려움과 고통을 잘 알기에 소○○○의 산통이 시작됐다는 소식을 듣고 병원으로 달려가 곁에서 안심시키고 힘이 돼주었다. 이에 "신비로운 거래"라는 제목으로 남편인 망○가 그녀에게 감사한 마음을 두루로 전했다. 그로부터 1년 후 신비로운 거래의 주인공 아이가 자라서 돌이 되자 그녀는 두루로 축하의 마음을 전했다. 독서지도사인 소○○○에게 초등학생 자녀의 논술을 부탁한 그녀는 그 사례금으로 두루를 주고, 소○○○이 논술을 하는 동안 예의 그 주인공 아이를 돌봐주었다. 소○○○은 아이를 보살펴준 그녀에게 감사를 전하며 두루를 주었다. 이처럼 그녀와 회원 소○○○ 가족은 같은 아파트 아래 위층에 살면서 아이를 낳고 키우는 과정을 함께하며, 서로 보살핌을 주고받는 관계 속에서 지역화폐 두루를 교환한다.

이와 같이 지역화폐 교환 거래에서는 시장화폐와는 달리 서로의 관계 속에서 상호 보살핌을 주고받는 것들이 교환의 가치로 표현될 수 있는 여지가 있다. 대가를 바라거나 아니거나를 떠나서 보살핌을 받는 쪽에서는 지역화폐 두루로 그 고마움을 표현하고, 미안함을 덜 수 있다. 애정과 봉사라는 미명 아래 행해지는 '무상노동'이나 그에 따르는 '심리적 빚'도 지역화폐에서는 줄어들 가능성이 있다(가라타니 고진, 2002). 이렇게 거래되는 지역화폐 두루는 결국 공동체 내에서 보살핌을 순환시키는 연결고리가 된다.

---

11 2007년 7월 19일, 망○, 한밭레츠 홈페이지 "거래했어요" 중에서.

지역화폐와 여성주의─한밭레츠의 경험에서 길을 찾다

민들레돌보미께 100,000두루 드립니다. 저희 어머니 간병에 정성을 다해준 민들레돌보미께 현금 외에 따로 드리고 싶습니다. 무뚝뚝한 며느리만 대하다가 상냥한 돌보미들을 보니 퇴원하기가 싫으셨나봐요.^^ 요즘은 민들레의료생협 덕을 톡톡히 봅니다. 자○~ 시아버지가 검사받다가 더럽힌 속옷 빨아주느라 고 생했어. 나는 솔직히 자○처럼 그렇게 못했을 거야. 고마워요…[12]

윤선희는 시어머니가 편찮으셔서 민들레의료생협의 치료를 받는 동안 보살펴주고, 시아버지가 검사받는 동안 친절하게 대해준 돌보미들에게 두루를 주었다. 그녀와 민들레돌보미 사이의 두루 거래는 시장에서 돈을 주고받는 것처럼 단지 지역화폐가 왔다갔다 하는 것이 아니라 서로의 관계와 보살핌의 가치를 나누는 것이다. 가족도 하기 힘든 보살핌노동의 수고에 대한 감사의 표현이다. 또한 보살핌노동을 주고받는 사람이 평소 공동체 내에서 같이 활동하는 회원이나 그 가족들이기 때문에 편하게 믿고 맡길 수 있다.

그런데 면접과 참여관찰을 통해 확인한 사실은 상호관계 속에 이루어지는 보살핌행위를 얼마만큼 어느 선에서 가치화할 것인가는 그리 쉬운 문제가 아니라는 것이다. 면접 참여자들은 물론이고 한밭레츠 회원들은 이와 관련해서 당혹스런 경험을 하는 경우가 많았다.

뭔가 대가를 바라고 하는 일은 아니잖아요. 마음을 주는 건데… 그 사람은 고마워서 (두루를) 주는 거지만 당혹스러울 때가 있어요. 레츠 회원들과 같이 앉아서 얘기하다 보면 한 번쯤은 당혹스런 그런 경험을 말하게 되는 거 같아요.
— 조미향

조미향이 앞의 사례에서 언급한 바 있는 소○○○의 출산과정을 도운 것은

---

12 2005년 5월 24일, 왜○○, 한밭레츠 홈페이지 "거래했어요" 중에서.

뭔가 대가를 바라고 한 게 아니었다. 마음을 나누고, 시간을 함께 한 것이었는데 감사의 마음을 담은 두루를 받고는 처음에 조금 당황스러웠다고 한다. 지속적인 관계 속에 보살핌이 체화된 사람들은 이웃이나 주변 사람들과 어울려 살면서 다양한 보살핌을 연속적 혹은 자주 경험하게 된다. 보살핌을 받을 때마다 매 순간 지역화폐로 고마움을 표시하는 것은 현실적으로 힘든 일이다. 지역화폐를 받게 되는 상대방 역시 당황스러울 수 있다.

대체로 한밭레츠에서 보살핌이 가치화되는 순간은 급하거나, 절실하거나 매우 필요한 상황에서 보살핌을 받았거나, 지속적인 도움을 받고 있는 등 조금 특별한 보살핌의 경우가 많았다. 물론 예외도 있다. 또한 보살핌을 주는 상대방이 처한 현실과 지역화폐 보유 잔고가 참고가 돼 보살핌에 대한 고마움을 표현하기도 한다. 몇 번의 당황스런 경험을 하고 거래와 활동을 지속하다보면 지역화폐로 고마움을 표현해야 하는 순간을 감으로 느끼기도 한다.

보살핌을 어떻게 지역화폐로 환산하는가의 문제는 이를 도입하는 곳마다 겪게 되는 고민 지점이기도 하다. 특히 지역의 의료생협, 여성 공동체 등 평소 보살핌과 나눔이 습관화된 지역 공동체의 경우에 더욱 그러하다.[13]

이를 종합해보면 지역화폐는 보살핌을 가시화시키고 가치화시키거나 그럴 가능성이 있는 것은 분명하다. 그런데 어떻게 어느 선에서 할 것인가는

---

13 이에 대해 회원 D는 한밭레츠처럼 처음 시작할 때부터 지역화폐를 쓴 게 아니라, 몇 년 동안 공동체를 지속하다가 중간에 지역화폐를 도입하는 경우에는 오히려 성공하기 힘들지 않을까라는 의견을 내기도 했다(2011년 5월 4일, 도○○, 한밭레츠 비전워크숍). 평소에 보살핌과 도움을 주고받는 관계가 지속된 경우에는 어느 날부터 이를 지역화폐로 환산하는 것이 쉽지 않다는 것이다. 품앗이가 잘되고 있는 농촌지역에서 지역화폐를 도입하기 쉽지 않은 것과 비슷한 맥락이다.

지역화폐와 여성주의─한밭레츠의 경험에서 길을 찾다

실제 교환 거래에서 혼란스런 지점도 있으며, 계속해서 고민되고 실험돼야 할 부분이기도 하다.

2) 공동체 내에서 순환되는 보살핌

사실 한밭레츠 공동체 내에서 보살핌은 지역화폐 두루로 가시화되지 않더라도 그 가치가 인정된다. 그만큼 많은 회원들이 보살핌을 내면화하고 생활화하고 있기 때문이다. 예를 들어 윤선희는 외부 사람들을 접할 기회가 적고 차가 없는 송미란과 아이들을 데리고 음악회나 다른 지역 여행을 함께 간다. 또 송미란은 자취생활을 하고 있는 필자의 먹거리를 걱정하며, 쌀을 선물하거나 맛있는 음식을 해놓고 초대하곤 한다. 맛깔스런 점심은 기본이고 수확한 고추를 한 아름 안겨주며 더 줄 게 없는지 이리저리 살펴보던 임서현, 유기농 달걀을 챙겨주며 금산에서 대전까지 차량으로 동행해준 한영석의 가족들, 이렇게 참여자들은 바쁜 일정 속에서도 서로를 배려하고, 하나라도 더 나누려고 했다.

이러한 관계 속에 이루어지는 보살핌과 상대에 대한 고려가 앞서 얘기한 것처럼 매번 지역화폐로 환산되지는 않는다. 상대의 보살핌이 고마워서 지역화폐를 주는 경우도 있지만, 그러한 배려를 기억했다가 그 회원의 농산물이나 물건을 구입하기도 한다. 받은 농산물을 옆집이나 친구와 나눠먹음으로써 그들에 대한 고마움을 조금 갚기도 한다. 다시 말해 A에게 받은 보살핌을 지역화폐를 통해 갚기도 하지만 다른 회원 B나 C 혹은 다른 주변 사람들을 보살피고, 도움을 줌으로써 갚기도 한다. 즉 보살핌의 가치를 소중하게 여기고 이를 실현하려고 노력하는 회원들에게는 보살핌 가치와 행위 자체가 공동체 내에서 다자간 교환되고 있는 셈이다.

이처럼 관계 속에서 보살핌의 가치와 행위가 순환되고 있는데, 굳이 지역화폐라는 매개가 필요할까? 앞서 지역화폐 교환에서 설명한대로 품앗이처럼 일대일만이 아니라 상황과 형편에 따라 다른 사람에게 돌려줄 수 있는 다자간 교환 시스템 덕분에 공동체 내에서 보살핌의 순환고리가 훨씬 더 자연스러워진 면이 있다. 또한 한밭레츠 회원 O의 말처럼 상호관계에서 한쪽이 일방적으로 보살핌을 주기만 하면 그 관계가 기울어지고, 평등이 깨지기 쉬운데, 그러한 경우 지역화폐가 관계를 재정립할 수 있는 기회가 되기도 한다.

> 내가 상대에게 1이라는 보살핌을 주었으니 그 1만큼 꼭 되돌려 받겠다, 그런 마음은 대부분 아닐 거예요. 그 1에 대한 보상이 마음과 시간일수도 있고, 나에 대한 지지나 신뢰, 아니면 다른 뭐가 될 수 있다고 생각해요. 그런데 상대에게 전혀 아무것도 받지 못한다고 생각되고, 그 관계가 지속되면 불편해지기 마련이죠. 균형도 깨지고요… 그니까 지역화폐는 고마움에 대한 보상의 한 가지 표현방식인거죠… 이를테면 지구의 자전과 공전처럼 개인 간에 상호 주고 받는 보살핌이 있고, 전체로 보면 원을 그리며 공동체 안에서 순환하게 되는 거죠. 근데 말이 되나? 하하하…[14]

회원 O의 말처럼 보살핌을 줄 때 똑같은 내용과 크기로 상대에게 보상받기 원하는 것은 아니다. 아무런 대가를 바라지 않는 경우도 많다. 하지만 서로의 관계 속에서 보살핌이 일방통행되면 그 관계는 불편해지기 쉽고, 지속되기 힘들 수 있다. 관계로서 연결되는 지역화폐는 보살핌에 대한 보상의 한 방법이다. 우리 사회에서는 보살핌 자체가 교환가치로 인정되지 않는

---

14 2009년 12월 17일, 한밭레츠 회원 O와의 대화 중에서.

지역화폐와 여성주의–한밭레츠의 경험에서 길을 찾다

경우가 많기 때문에 지역화폐는 이를 가시화시키는 하나의 방법으로 유용할 수 있다. 그렇게 교환 거래되는 지역화폐는 한 곳에 머무르는 게 아니라 지역 공동체에서 돌고 돈다. 결국 보살핌의 가치와 행위가 순환되는 효과를 낳게 된다.

3. 호혜시장과 여성노동의 재평가

지역화폐를 매개로 한 한밭레츠 교환 거래는 자본주의 시장 외부인 비시장 혹은 기존과 다른 가치들이 작동하는 시장 내부를 넘나들면서 대안경제와 새로운 시장의 가능성을 모색하는 과정이다. 자본주의 너머를 상상하는 지역화폐 새로운 시장은 상호 도움을 주고받으며, 서로를 살리는 호혜성에 기반을 두고 있다. 또한 역사적으로 경제에 존재해 왔던 '호혜-재분배-교환'의 기능 중에서 호혜와 재분배의 기능을 되살려 놓음으로써 사회와 자연을 지키려는 전략이다(김성훈, 2010). 사람들이 상호 보살피며 배려하고 살아갈 수 있도록 하는 것으로 탈자본주의적 호혜시장의 실험이기도 하다.

경제적 소수자들이 소외되지 않아야

호혜시장 실험의 주체는 여성, 노인 등 그동안 기존 시장에서 소외돼 왔던 경제적 소수자들일 가능성이 크다. 특히 한밭레츠의 경우 여성들의 거래가 중심이 되고 있으며 노인들의 활동도 일부 확인되고 있다. 그런데 여기서 생각해봐야 할 것은 기본적으로 자발성에 근거한 지역화폐운동에 있어 지역의 구성원이기도 한 빈곤계층, 장애인 등 또 다른 경제적 소수자들의 지역화폐 거래 참여도가 매우 낮다는 것이다.

이는 지역화폐 자체가 갖는 한계[15]라기보다는 참여자들의 구성과 거래가 작동하는 현실적 상황과 조건의 한계로도 볼 수 있다.[16] 예컨대 한밭레츠 등록소 인근의 영구임대아파트는 분리적 시혜적 행정편의적 복지정책의 산물로써 지역 내의 차별과 배제의 공간으로 낙인찍히며, 자녀교육·치안·문화·보건 등 모든 분야에서 차별과 소외가 대물림되는 슬럼가가 돼가고 있다(충북참여연대, 2010).[17] 이러한 현실 속에서 거주 주민들이 자발성과 자치의 힘을 갖기가 그만큼 어려운 게 사실이다. 또한 3층에 위치한 한밭레츠 등록소는 엘리베이터가 없고 계단으로 오르내려야 하는 건물에 위치에 있어 휠체어나 목발을 사용하는 지체장애인들이 이용하기에는 한계가 있다.

---

15 한편 회원 D는 지역화폐는 기존 화폐와는 분명 다르지만 이 역시 교환 등의 기능이 있는 화폐 자체가 갖는 본질적 문제가 있는 것은 아닌지 생각해봐야 한다고 말했다(2011년 5월 4일, 도○○, 한밭레츠 비전워크숍).

16 비정규직 여성노동자들로 대부분 구성돼 있는 단체에서 활동하는 이정현은 한밭레츠 활동이 많은 참고가 되고 지지가 되는 것은 사실이지만 한편에서 비교해보면 조건의 다름이 각 공동체마다 상당히 달리 작용하고 있다고 지적한 바 있다. 그녀가 있는 D단체는 구성원들이 낮에 직장을 다니거나 일을 하고 있기 때문에 밤이나 주말시간을 주로 이용하게 되는데, 바쁘고 피곤한 일정 속에서 거래할 수 있는 시간 자체를 확보하기가 힘들며, 품목도 다양하지 않다. 따라서 전업주부가 많은 한밭레츠와는 기본적으로 다를 수밖에 없다. 물론 D단체 구성원들은 주어진 조건 속에 여러 가지 방법을 시도하면서 자신들의 상황에 맞는 지역화폐 거래를 실험하고 있는 중이다.

17 1989년 저소득층의 주택문제 해결을 위해 도입된 영구임대아파트의 경우 주민복지가 매우 열악한 가운데 정부가 주민들을 100% 수급권자로 채우며, 특정 지역 밀집화 등의 정책을 고수하고 있다. 지역의 다른 주민들은 영구임대아파트가 들어서는 것을 꺼리고 심지어 자녀들이 학교에 함께 다니는 것까지 경계하는 소위 님비현상 등을 보이며, 갈수록 도심 속의 섬으로 슬럼가가 돼가고 있다. 송미란에 따르면 대전 모 지역에서는 영구임대아파트에 살고 있는 아이들이 자신의 자녀와 같은 초등학교에 다니는 것을 반대하는 학부모들의 집단적인 움직임까지 있었다고 한다.

지역화폐와 여성주의–한밭레츠의 경험에서 길을 찾다

장애인들의 상황과 조건에 맞는 거래는 어떻게 해야 하는지 이에 대한 고민은 많이 되지 않고 있다.

사실 성별, 계층, 장애유무, 연령, 사는 동네 등이 복잡하게 얽혀 있는 지역주민의 현실 속에서 지역화폐를 통해 각자 상황에 맞는 실효성 있는 대안으로 풀어나가기 쉬운 문제는 아니다. 참여자마다 해법에 차이가 있었다. 송미란은 한밭레츠 참여자들이 이를 해결하기 위해 적극 나서야 한다고 말했다.[18] 윤선희는 참여자들 중에서 문제의식을 느끼는 그들 스스로가 나서서 새로운 시도를 해야 한다고 했다. 정민초는 구성층의 한계가 있는 어느 한 공동체가 모든 것을 다 포함하기에는 현실적으로 어려우므로 필요성을 느끼는 사람들이 자신의 상황에 맞는 대안을 찾을 수 있도록 한밭레츠는 네트워크나 연대 혹은 다른 방식으로 함께 할 수 있는 길을 모색하는 것이 효과적이라고 말했다. 어쨌든 잊지 말아야 할 것은 자본주의 시장의 경제적 소수자들이 대안경제를 모색하는 호혜시장의 실험에서 소외되지 않아야 한다는 것이다. 그들이 주체로 나설 수 있도록 고민은 지속돼야 하며, 이를 위한 다양한 실험들이 시도돼야 한다.[19]

지역화폐와 기존 시장의 가치화는 어떻게 다른가

지역화폐를 통한 호혜시장의 실험에서 크게 주목되는 부분인 여성들이 수행해왔던 노동 재평가에 대해 검토가 필요하다. 앞서 살펴보았듯이 지역

---

18 송미란은 2010년 한밭레츠를 탈퇴하면서 그 이유로 지역의 빈곤 소외계층들을 위한 거래와 활동이 별로 없고, 중산층 위주로 지역운동이 전개되는 점 등을 들었다.

19 한밭레츠뿐만 아니라 국내 지역화폐운동이 아직까지 계층 등 지역주민의 차이 문제를 포함하지 못하고 있다는 일부의 비판은 대안운동에서도 마찬가지로 적용될 수 있다. 이는 지역주민의 내부 차이를 세밀하게 보지 못한 이 책이 가지는 한계이기도 하다.

화폐 교환 거래의 효과로 그동안 여성들이 주로 담당해왔던 가사, 보살핌 등의 노동이 가시화되고 재평가될 가능성이 있다는 데에는 재론의 여지가 없다. 하지만 관련 일과 노동이 갈수록 시장상품화되는 현실 속에서 지역화폐 거래는 이와 어떻게 다르며, 그 유용성은 어떻게 설명할 수 있을지, 한계 지점은 없는지 등을 살펴볼 필요가 있다. 이는 지역화폐 호혜시장의 실험에서 여성들의 노동이 가시화되고 재평가될 때 탈자본주의적 의미성을 살리면서 실효성을 담보할 수 있도록 하는 모색의 과정이기도 하다.

관련해서 먼저 고려할 것은 가사와 보살핌 등의 일과 노동이 여성들에게 강요돼온 사회문화적 맥락이다. 여성주의에서 문제 제기해온 것처럼 그동안 여성들이 주로 수행해왔던 일들은 사랑과 모성의 이름으로 당연시되고, 대가를 바라거나 돈으로 거래할 수 없는 신성한 것으로 위치되었다. 이는 관련된 여성들의 일과 노동이 무급으로 강요당하거나(우에노 치즈코, 1994) 혹은 저평가되는 효과를 낳았다. 사랑과 보살핌이 거래되면 그 가치와 품위가 손상된다는 믿음과 남을 보살피는 것 자체가 기쁨과 보람의 보상적 성격을 가지는 것으로 보상이 적더라도 그것을 상쇄할 수 있다는 주장은 상대적으로 보살핌노동의 임금을 낮추게 하는 요인이 되었다(김경희, 2010). 아이를 양육하는 무급노동이 유급노동이 되었을 때 아이를 보살피는 노동의 낮은 시장가치는 한층 더 낮아졌다(혹실드, 2000: 284). 또한 관련된 여성의 노동은 저절로 혹은 별 노력 없이 습득되는 비숙련노동으로 취급되어 저평가되었다. 이처럼 성역할에 근거한 남성 중심적인 가부장적 기획은 여성이 수행해온 노동을 사적 영역으로 분류하고 비가시화시키거나 혹은 시장상품화될 때 저평가하면서 자본주의 경제를 지탱하는 하나의 축이 되었다. 이는 신고전주의 및 주류 경제학자들의 주된 논리(폴브레, 2007)로써 관련된 일을 하는 여성들과 그 연장선에 있는 모든 여성들의 지위를 낮추게 만들었으며(혹실드, 2000: 284) 우리 사회 전반에 걸쳐 깊숙이 깔려 있는 통념으로 작용하고 있다.

이와 비교해서 한밭레츠 지역화폐는 어떻게 작동하고 있는지 몇 가지 측면에서 살펴보고자 한다. 첫째, 지역화폐를 통한 여성노동의 가시화와 시장 상품화를 통한 여성노동의 가시화는 어떻게 다른가? 가시화란 측면에서는 같지만 그것이 작동하는 체계는 상당히 다르다. 예컨대 가사, 보살핌 등의 노동이 기존 시장에서 가시화될 때는 혹실드(Hochschild, 2009)가 간파한 것처럼 관련된 일은 감정노동을 포함하는데 이는 조직 혹은 고용주에 의해 관리당하며, 제조업에서와 마찬가지로 소외를 경험하게 된다. 시장과 관료주의 힘이 점점 더 커지면서 보살피는 사람들은 표준화되고, 시간제한적인 방식으로 보살핌을 제공하도록 압력을 받으며 통제당하게 된다(혹실드, 2000: 272). 또한 이윤추구가 목적인 상품화과정에서 관련된 여성들의 노동 역시 생산과 효율성의 논리로 경쟁을 수반하며 도구화, 수단화되고 결국 이를 수행하는 노동자 여성 자체가 상품화되고, 등급화된다.

반면 지역화폐 호혜시장에서 가사, 보살핌 등 관련 노동의 가시화는 앞서 가치화과정에서 살펴본 것처럼 기존 시장과는 다른 가치들이 개입되면서 여성 스스로가 자신의 노동을 관리할 수 있고 자율적이 된다. 그만큼 노동과정에서 소외가 발생할 가능성이 줄어든다. 예컨대 회원 A는 회원 B의 아이를 돌봐주고 지역화폐 두루를 벌고, 회원 B는 회원 C의 생일파티 음식을 만들어 주고 두루를 벌게 될 때 회원 A, B, C 사이에는 육아와 음식 만들기에 대한 품이 거래되면서 가사와 보살핌노동이 가시화된다. 세 사람은 서로 필요에 의해 자발적으로 거래를 하면서 관리당하거나 도구화되지 않으며, 노동과정에서 소외를 경험할 가능성이 크지 않다. 회원 N이 등록소 책장을 정리하고 청소하는 일도 비슷한 과정이다. 연주현과 최자영이 공연이나 모임을 함께 다니면서 차량을 비롯한 마음써준 보살핌이 지역화폐 두루로 거래되며 가시화되는 경우 역시 마찬가지이다. 즉 가사와 보살핌 등 관련된 여성노동의 지역화폐 가시화과정은 기존 시장의 상품화과정과는 다르게 호혜적이며, 소외되지 않고 자율성이 확보될 가능성이 크다.

둘째, 지역화폐 거래과정에서 보살핌 등은 보상을 바라고 한 행위가 아니라고 인식되는 경향이 있는데, 이는 기존 여성들의 관련 노동이 대가를 바라지 않는 사랑의 행위로 인식되는 것과 어떻게 다른가? 먼저 지역화폐는 기존 자본주의 시장가치를 지양하고 이를 넘어서고자 하는 것이므로 여성노동에 대한 보상에 있어서도 이를 등가적으로 비교하는 것은 무리가 있다. 또한 지역화폐 거래에서는 여성과 남성의 구분 없이 이웃과의 나눔과 사랑의 실천에 대해 기본적으로 대가나 보상에 대한 기대가 크지 않다. 예컨대 감사의 표시나 나눔의 의미로 지역화폐 두루 선물[20] 거래가 많고, 순수 증여[21]로 볼 수 있는 거래가 종종 발생하는 것을 보더라도 알 수 있다. 기존의 여성에게만 강요되는 것과는 다른 형태이다. 앞서 살펴본 바와 같이 한밭레츠 참여자들은 대가를 바라고 한 행위가 아니었음에도 불구하고 예상치 못한 두루를 받고 당황스러웠던 경험을 대부분 한 번씩 가지고 있다. 관련해서 어떻게 얼마만큼 지역화폐로 가치화할 것인가는 계속해서 고민되는 부분이기도 하다.

또한 무엇보다 시장화폐와 차이나는 것은 한밭레츠 참여자들은 보상에

---

20 거래품목을 살펴보면 돌, 생일, 결혼 등 축하할 일이 있을 때 지역화폐 두루를 선물하는 경우가 많고, 특별한 일이 없더라도 평소 느끼고 있던 감사의 마음을 두루로 담아 선물하는 경우가 종종 있다.

21 교환 거래 중에는 신입 회원들이나 (−) 두루가 많은 회원들에게 상당량의 두루를 지불하는 일종의 순수증여 형태의 거래가 가끔 발생한다.

지역화폐와 여성주의−한밭레츠의 경험에서 길을 찾다

대한 기대는 크지 않지만 보살핌과 마음을 쓰고 나누는 일들에 대한 대가를 지역화폐로 표현하는 것은 당연하게 여기며 되도록 많은 거래가 발생할 수 있도록 권하고 있는 것이다. 보살핌 등을 지역화폐 두루로 주고받게 되면 감사의 마음은 표현되고, 미안한 마음은 줄어 들 수 있어 상호 호혜적인 평등한 관계 유지에도 도움이 될 수 있다. 이처럼 지역화폐는 모성과 사랑 등에 대한 보상이 기쁘고 행복한 마음뿐만 아니라 지역화폐 가치로 환산되고 거래로 이루어지는 것 자체에 대해서 거리낌이 없다. 오히려 다자간 품앗이로 보상을 권장하는 시스템이다. 다만 지역화폐와 기존 시장은 가치와 작동 방식 면에서는 다르다고 하더라도 이를 실천하는 사람들이 기존 체계나 통념으로부터 완전히 자유로운 것은 아니므로 보살핌과 사랑의 행위 등이 여성에게만 강요돼온 사회문화적 맥락에 영향을 받을 수도 있다는 것을 배제할 수는 없다.

셋째, 기존 시장에서 저평가된 가사와 보살핌 등 관련된 여성노동이 지역화폐를 통해서는 어떻게 재평가되고 있는가? 이에 대해서는 한마디로 단정하기 어려우며 몇 가지 측면이 함께 작용하고 있다. 지역화폐 교환 거래는 서로의 상황과 조건이 고려되거나 유용성과 쓰임새 등 필요에 의해 교환 거래 가치가 발생되는 경우가 있기 때문에 기존 시장과는 다르게 재평가될 수 있다. 예컨대 심은숙이 김치와 밑반찬을 만들어주는 회원 D에게 지역화폐 두루를 지불하게 될 때 두루 (−)가 많은 D의 상황 등이 참고가 돼서 50만 두루를 줄 수가 있다. 이는 기존 시장 교환가치와 비교했을 때 D의 노동이 매우 높게 재평가되는 것이다. 또한 편집 일을 하는 윤선희가 명함이 필요한 회원 E와 F에게 이를 만들어 주고 자신에게 필요한 음식 만들기와 사무실 청소라는 품을 E와 F에게 각각 제공받게 되는 경우는 기존의 시장가치와 비교했을 때 높거나 아니면 낮게 재평가될 수 있다. 그런데 그 기준 자체가 서로 필요에 의한 것이므로 시장가치 평가와는 다르다고 볼 수 있다.

하지만 한밭레츠 시스템이 1,000두루=1,000원으로 지역화폐 가치화 수량 면에서는 기존 시장가치 기준이 참고가 되기 때문에 관련된 여성노동이 가치화될 때 시장 가격이 의식되거나 비슷한 경우가 생기게 된다. 예컨대 회원 G가 최자영에게 정성껏 간병 서비스와 보살핌을 받고 그 대가를 지역화폐로 지불하게 될 경우 고마운 마음은 표현할 수 없을 만큼 크지만 실제 거래되는 두루는 시중에서 간병인에게 지불되는 것과 비슷할 수가 있다. 따라서 기존 시장에서 낮게 평가되는 관련된 여성노동의 가치가 지역화폐 거래의 양적 가치에도 그대로 반영되는 경우가 생기게 된다. 이는 지역화폐에서 관련된 여성노동이 그 가치를 인정받고 있음에도 불구하고 기존 시장과 비슷하게 평가되며, 여성노동의 임금이 낮은 시장의 가치체계를 벗어나는 데 걸림돌로 작용할 수 있다. 따라서 공동체 안에서 관련된 여성노동이 지역화폐로 수량화되며 재평가될 때는 기존 시장과는 전혀 다른 방식과 시장과 비슷하게 평가받는 것이 함께 존재한다. 전자가 A, 후자가 B라면 현실적으로 A와 B 사이를 왔다갔다 하거나 그 사이 어느 지점에서 여성노동이 재평가된다고 볼 수 있다.

정리해보면 가사와 보살핌 등 그동안 여성들이 주로 수행해왔던 관련된 여성노동이 지역화폐를 통해 가시화되고 재평가되는 것은 가치체계와 방식 면에서 기존 시장과는 분명 다르고 차이가 있다. 특히 주목할 점은 지역화폐 거래과정에서 여성노동에 대한 가치가 인정되며, 남성과 비교해서 가치가 낮다는 사회적 편견과 통념을 어느 정도 개선시키는 효과가 있는 것이다. 이러한 여성노동 가시화와 재평가의 효과는 한밭레츠 참여자 여성은 물론 남성들에게도 영향을 미치게 된다. 하지만 기존의 시장체계로부터 완전히 자유로운 것은 아니며 특히 재평가될 때 영향을 주기도 한다. 이는 1,000두루

=1,000원이라는 한밭레츠 지역화폐 가치 수량화 시스템과 관련이 있으며, 현실 속의 참여자들이 기존 시장체계와 통념으로부터 자유롭지 못하기 때문인 것으로 보인다.

4. 화폐 성별성의 해체 가능성

기존 시장에서 교환 거래의 가치화과정이 성별에 따라 다르게 경험되고 여성을 차별하는 방식으로 작동하게 되는 성별성은 가치가 수치로 환산되는 기존 화폐가 가지는 성별성이기도 하다. 즉 화폐에도 여성과 남성이 구분되는 성별이 존재한다. 사실 화폐 자체가 성별화돼 있다는 직접적인 언급은 아직까지 별로 없으며, 언어화도 거의 돼있지 않다.[22] 하지만 화폐를 매개로 한 자본주의 시장 거래가 남성 중심적이고, 성차별적이며 교환가치 측면에서 여성이 배제, 분리되었다는 것은 여성주의에서 꾸준하게 제기돼온 이슈였다(Mies, 1988; Spivak, 1993; 우에노 치즈코, 1994; Jacobsen, 1994; Blau, Ferber, Winkler, 1998; 이리가라이, 2000; 미즈, 쉬바, 2000; 폴브레, 2007; 헨더슨, 2008).

자본주의 시장화폐가 가지는 성별성은 크게 세 가지 형태로 나누어 볼 수 있다. 기존 화폐는 여성들을 배제하는 방식으로 작동하면서 차별하는 것과 동시에 여성들을 가급적 화폐 거래망 안으로 유입시켜 상품화하는 과정에서 대상화하거나 성별화시킨다. 여성들이 시장의 화폐적 교환으로 유입된

---

22 2009년 발행된 5만 원권 지폐의 인물로 논란 속에 신사임당이 선정되었다. 선정 결과에 대한 적절성 시비는 논외로 하고, 국내 최초로 화폐의 인물이 여성이 되는 일련의 논의과정에서 표피적인 문제 제기이지만 기존 화폐의 성별성 문제가 일부 제기된 바 있다.

후에는 여성노동 등의 교환가치가 낮게 책정되는 경우가 많은데 이는 기존 화폐체계 안에서 성별분리를 재생산한다. 다시 말해 화폐는 배제와 유입 분리 사이에서 성별화되었다. 그렇다면 지역화폐는 기존 제도화된 시장화폐가 갖는 성별성을 해체할 수 있을까?

여성을 배제시키는 화폐성별성의 해체 가능성

첫째, 시장의 화폐가치가 절대화되면서 비시장 비화폐 부분에 포함될 가능성이 많은 가정과 공동체 내 여성의 무임금노동과 보살핌 활동 등이 가시화되고, 가치화될 수 있다는 측면에서 여성을 화폐 밖으로 밀어내고 배제시키는 성별성은 해체 가능성이 보인다. 이는 앞서 지역화폐 교환 거래의 효과로 가치화되는 비시장영역과 탈자본주의 시장의 가능성에서 살펴본 바와 같다.

자본주의 시장을 유지하는 가부장제의 전략은 여성을 화폐로부터 배제하는 것이다. 우리 사회를 지탱하는 커다란 축인 가정과 동네 그리고 지역 공동체에서 수행되는 일과 노동 그리고 보살핌 관련 활동들을 비가시화시키고 가치매김하지 않는 것이다. 공동체를 살리기 위한 활동은 기존 시장에서는 드러나지 않는 가치 없는 것으로 위치한다. 시장의 권력을 갖기 위해 고군분투하는 주류 남성들은 공동체 활동에서 점점 자취를 감추었다. 반면 지역화폐 교환에서는 시장에서 배제된 가사노동과 지역 공동체 관련 활동들이 교환가치로 환산되거나 가치화될 수 있다. 물론 모든 일과 활동이 지역화폐로 가치화되는 것은 아니지만 될 가능성이 있다. 그만큼 의미부여가 되고 가치의 재평가가 이루어질 수 있다. 관련 분야에서 여성만 활동하는 것은 아니지만 현실적으로 여성들이 많이 참여하고 있기 때문에 여성의 일과 노동 그리고 보살핌이 가시화되고 제한적이지만 재평가될 여지가 있다.

자본주의 시장교환 시스템은 성인 남성을 기준으로 돌아가며 화폐적 교환 역시 마찬가지이다. 경쟁 속에서 생산성이라는 잣대는 사회적 편견과 차별 속에 놓여 있으며 성인 남성을 제외한 여성, 노인 등 경제적 소수자를 배제시킨다. 하지만 경쟁과 생산성 중심이 아니라 신뢰관계 속에서 필요에 의해 상대방의 상황과 조건을 고려하는 지역화폐 교환에서는 그러한 소수자의 일과 노동을 소외시키지 않고, 다른 노동력과 같이 대우하며, 가치를 인정하게 되는 경우가 많다. 따라서 소수자의 일과 노동이 가치매김될 수 있다. 이를 통해 화폐 밖으로 밀려났던 여성의 일과 노동이 가시화될 수 있다.

여성이 화폐로부터 배제되는 것을 극복하는 방법으로 화폐 안으로 유입되는 즉 시장 안에서 임금노동을 보다 많이 하게 요구하는 것이 그동안 여성운동의 전략이었고, 일반 여성의 경우도 마찬가지였다. 하지만 그렇게 한다고 해서 문제가 다 해결되지는 않는다. 여성은 시장 내에서도 여전히 차별받고 있다. 기본적으로 가부장적인 시장방식 메커니즘의 한 축은 어떤 형식으로든 여성을 배제시키려고 한다. 따라서 기존 시장방식이 아닌 다른 방식으로의 모색이 필요하다. 그러한 측면에서 지역화폐를 매개로 한 호혜시장의 실험에서는 시장으로부터 여성을 배제시키는 고리를 느슨하게 하거나 해체시킬 가능성이 보인다고 할 수 있다.

유입과 분리과정에서 생기는 화폐 성별성의 해체와 한계

둘째, 자본주의 시장에서 행사되는 가부장적 전략은 화폐교환을 기준으로 여성을 배제시키기도 하지만 동시에 화폐 교환체계 안으로 여성을 끌어들이게 된다. 이 경우 시장과 지역화폐를 비교해보면 화폐로 환산할 수 있는 것들을 가능한 한 교환 거래로 유입시키려 한다는 측면에서는 같다고 볼수 있다. 하지만 어떻게 유입되는지 그 방식은 전혀 다르다. 시장화폐 교환은 돈을 벌고 이윤을 얻기 위한 유입으로 재생산, 섹슈얼리티, 성별화된 여성성 등 가능한 모든 것을 상품화시키며 그 과정에서 여성이 대상화되기도 한다. 근대 이전부터 존재하던 재생산과 섹슈얼리티 등을 둘러싸고 이루어진 여성 교환과 화폐 거래가 근대 자본주의 시장체제 이후에는 훨씬 다양한 형태의 상품 거래로 극대화되었다. 이리가라이(Irigaray)는 우리의 사회 문화는 여성의 교환 위에 세워졌고, 여성을 거래하는 것은 남성집단 사이에서 '부'의 교환을 수반하며, 교환은 남성의 일이라고 말한 바 있다(이리가라이, 2000: 223~231). 이러한 여성 교환과 상품화는 여성을 화폐 거래의 시장 안으로 유입시키는 요인이 된다.[23]

그런데 기본적으로 지역화폐 교환 거래는 시장의 돈을 벌고 이윤을 추구하기 위한 상품화와 다르기 때문에 교환의 내용과 형태가 상이하다. 한밭레츠 지역화폐 거래에서는 당연한 얘기지만 섹슈얼리티가 거래된 경우는 없으며, 성별화된 여성성의 거래 역시 거의 찾아보기 힘들다. 기존 시장의 기준에서 재생산으로 분류되는 가사, 육아 등과 관련된 일과 노동은 지역화폐로 유입돼 거래되고 가시화되는데, 그 과정에서는 앞서 살펴본 바와 같이 수단화되거나 소외가 발생할 가능성이 적다. 따라서 지역화폐 호혜시장의 실험에서는 거래가 자율적으로 이루어질 가능성이 크기 때문에 유입의 과정에서 여성이 대상화되거나 차별받을 가능성이 그만큼 적다고 볼 수 있다.

셋째, 여성들이 시장의 화폐적 교환으로 유입되는 경우, 노동 등의 교환가치가 낮게 책정되는 경우가 많은데 지역화폐 교환 거래에서는 이와 같기

---

23 예컨대 섹슈얼리티, 즉 성을 사고파는 시장의 경우 우리나라 성산업 수는 약4만 6천여 개소, 성매매에 종사하는 여성 수는 약 27만 명(한국여성개발원, 2007)으로 2004년 성매매방지법 시행 이후에도 큰 변화가 없는 것으로 나타났다.

도 하고 다르기도 하다. 즉 시장화폐 기준이 참고가 되거나 비슷하게 낮게 가치매김되는 경우도 있지만 그와는 다른 가치체계와 방식이 작동해서 기존 시장보다 높거나 유용성과 쓰임새 등 다른 기준으로 가치가 재평가되는 경우들이 있다. 이는 앞서 여성노동 재평가에 대한 검토에서 살펴본 바와 같다.

또한 한밭레츠 지역화폐 거래에서 살펴봐야 하는 것은 여성과 남성의 성역할 분리에 따른 분리구조가 시장과 마찬가지로 여전히 남아 있는 점이다. 두루로 교환되는 가정과 공동체의 일과 노동, 그리고 보살핌노동과 관련 활동을 성별로 살펴보면 여성이 압도적으로 많다. 기본적으로 구성원 중 여성이 65% 이상을 차지하고 있기 때문에 여성이 많은 것은 당연하다. 하지만 이를 감안하더라도 여성 쏠림 현상이 뚜렷하다. 이는 참여자들의 거래내역을 비교해보면 쉽게 알 수 있다. 2008년 한 해 동안 비슷한 두루 거래건수와 거래액을 보인 여성인 연주현과 남성인 문정훈을 비교해 보면 우선 연주현은 주로 공동체 자원 활동, 음식준비, 행사준비 및 참여, 아이 돌보기 등의 순으로 두루를 벌었다. 이에 반해 문정훈은 급여의 일부, 유기농 배 판매, 행사 참여 등의 순으로 두루를 벌었다. 이처럼 차이가 나는 이유는 우리 사회 자원 활동의 성별분업구조와 비슷한 측면이 있다(노옥재, 1997). 즉 사회복지 분야의 자원 활동과 마찬가지로 지역화폐 거래에서는 여성과 남성의 참여 분야가 다른 경우가 꽤 생긴다. 또한 여성은 전업주부가 많지만 남성은 직장을 다니기 때문에 거래와 활동에 있어 시간적 심리적 제약을 많이 받게 돼서 차이가 생기는 면도 상당 부분 있다.[24]

---

24 여성의 자원 활동 참여는 사회복지 분야를 중심으로 이루어지고, 남성의 경우는 그 외 분야에서 활발하다. 활동 내용의 경우에도 여성은 일반적인 서비스 제공이 많고 활동빈도도 정

앞서 한밭레츠 거래분석에서도 살펴보았듯이 여성의 경우 두루를 쓴 구매, 즉 소비가 65.4%로 두루를 번 판매(생산) 24.8%에 비해 훨씬 많았다. 남성은 두루를 쓴 것과 번 것이 비슷한 추이를 보였다. 물론 두루와 시장 교환의 소비를 같은 의미로 비교할 수는 없으며, 지역화폐에서 소비와 생산은 연결돼 있다. 생산과 지역화폐 거래를 촉진하는 소비의 가치 역시 인정돼야 할 것이다. 그럼에도 불구하고 여성이 남성과 확연히 다른 거래구조를 보이고 있다는 것은 주의할 필요가 있다. 실제로 4명의 면접 참여자 남성 중 오규성과 한영석은 생산자이고, 김현성과 문정훈 역시 두루 후원을 제외하면 두루를 번 거래건수와 금액이 쓴 것보다 훨씬 많음을 확인할 수 있었다.

> 여성이 지역화폐 활동에 많이 참여하고 거래가 많은 것은 당연하고 자연스러운 현상이죠. 살림은 여성들이 잘하고 여성들의 영역이라고 볼 수 있으니까요…
> ― 박규식

경험상 여성이 살림을 더 잘 할 수 있는 가능성은 많고, 일상에서 교환되는 지역화폐 거래이기 때문에 여성들이 많이 참여하는 것은 어느 정도 짐작할 수 있는 부분이다. 하지만 그렇다고 해서 살림이 여성의 일로 인식된다거나 지역화폐 거래가 일상에서 이루어지기 때문에 여성이 주로 참여해야 한다는 식의 논리는 기존의 성역할 고정관념과 다르지 않다고 볼 수 있다. 이처럼 한밭레츠 거래는 품목별로 성별분리가 나타나고 있을 뿐만 아니라 면접이나 참여관찰과정에서 성역할 고정관념을 확인하게 되는 경우도 상당

기성을 띤다. 반면 남성의 경우는 직장 단위의 일회적 자원 활동 참여율이 높다고 할 수 있으며 직장을 다니는 시간적 제약으로 인하여 자원 활동 참여가 어려운 실정이다. 참여한다 하더라도 사회복지 분야의 자원 활동은 참여가 저조하고, 다른 분야에서의 활동이 상대적으로 높음을 알 수 있다(노옥재, 1997: 31~32).

지역화폐와 여성주의―한밭레츠의 경험에서 길을 찾다

수 있었다.

결론적으로 배제와 유입 그리고 분리 사이에서 다중화된 화폐의 성별성은 지역화폐의 경우 여성배제와 유입의 측면에서는 해체의 틈과 가능성이 일부 보이지만 여/남이 구분되는 분리적 측면에서는 한계가 있는 게 사실이다. 이러한 한계적 측면에는 성역할 고정관념과 성별분업이 여전히 자리하고 있음을 부인할 수 없다.

공동체와 여성주의적 해석

강정 만들기 품앗이학교를 진행 중인 한밭레츠 여성들

공동체에서의 활동은 다른 회원한테 미안해서 혼자 다 처리해버리는 것이 아니라 그들과 책임을 나누고, 함께 해결하는 게 의미 있다는 것을 느끼고, 그렇게 실천하려고 노력하는 것이죠.

공동체와 대안경제는 연결되어 있다

지역화폐의 대안성으로 대안경제와 함께 공동체가 중요한 축으로 논의되고 있다. 실제로 지역화폐의 대안경제 가능성에 대해 얘기하다보면 어느새 공동체로 연결이 되곤 한다. 참여자들과의 면접, 참여관찰 그리고 회원들과의 대화 중에도 비슷한 경험을 할 때가 많다. 사실 대안경제와 공동체는 같지 않지만 경계짓기 힘들 때가 있으며, 서로 연결되고 넘나드는 지점이 있다. 이는 공동체를 논하다 보면 돈이 없어도 함께 나누며 소박한 밥상으로 더불어 살아가는 대안경제 이야기로 자연스럽게 흘러가는 것을 보더라도 알 수 있다. 앞서 지역화폐의 대안성으로서 '가치화'에 대한 분석내용 중에서도 공동체와 연결되는 부분이 있다.[1]

이 책에서 공동체란 이미 언급한 대로 기본적으로 공통의 동기를 가진 사람들이 생활상의 필요를 집단적 협동적으로 해결하려고 만든 생활 구성체의 의미로 사용한다. 그러한 맥락에서 본다면 대안경제가 공동체의 한 부분이 될 수도 있다. 그만큼 지역화폐에서 대안경제와 공동체는 밀접하게 관련

---

1 따라서 이 장의 분석은 앞의 「지역화폐의 가치와 탈자본주의 시장」과 일부 겹치는 부분이 있다.

돼 있다. 윤선희를 비롯해서 면접 참여자들은 물론이고 상당수 한밭레츠 구성원들은 지역화폐운동을 곧바로 공동체운동으로 언명하거나 정체화하는 경우가 많았다. 우리 사회에서 공동체가 쓰이는 맥락이 광범위한 것처럼 그들이 공동체를 이해하거나 언어화하는 맥락 역시 단일하지 않고, 다양했으며 서로 다른 의미로 의사소통을 하기도 한다.[2] 그만큼 지역화폐에서 공동체는 논의되는 관점과 맥락에 따라 다양하게 해석되고, 의미 부여될 수 있다.

공동체에 대한 여성주의 논의는 공동체 내의 여성억압적 상황에 주목하며 가부장성과 성별성을 비판하는 입장과 공동체가 여성들에게 힘을 부여하기도 하며 유대를 강화시킨다는 입장 등 두 가지 상반된 방향에서 진행돼온 측면이 있다. 그러한 양가적 입장이 동시에 고려될 필요성이 제기되기도 했다(이준원, 2000). 최근 논의들은 공동체 관련 활동에서 전업주부를 비롯한 여성들의 긍정적인 경험을 가시화하고 의미화하는 분석들이 주를 이루고 있다(김종미, 2004; 이현희, 2004; 정신희, 2009). 하지만 공동체 관련 활동의 긍정적인 측면과 성별성이 어떻게 작동하며, 상호 연관이 되는지 실천 현장으로 바탕으로 한 구체적인 논의는 찾아보기 힘들다.

따라서 이 장에서는 지역화폐 대안성의 한 측면으로 운동의 효과이자 전제조건이 되기도 하는 공동체의 실천과정에 초점을 맞추되 공동체가 여성들에게 주는 힘과 성별성을 함께 주목하여 분석하고자 한다. 특히 한밭레츠는 갈수록 여성들이 많아지고 의사결정 및 거래와 활동에 있어서도 여성이 중심이 되고 있는데 그러한 과정에서 여성들은 어떻게 변화되고, 내적 외적

---

2 예컨대 한밭레츠 홍보모임 두루소리에서 지역화폐운동의 공동체에 대해 토론할 때 박규식은 철학과 가치, 윤선희는 구성원들의 관계, 심은숙은 생활 공동체의 측면, 연주현은 상호 연대에 각각 방점을 두고 이야기를 풀어나갈 때가 있다.

지역화폐와 여성주의−한밭레츠의 경험에서 길을 찾다

힘을 확장해 가며 공동체 재구성에 어떠한 영향을 미치는지 살펴보고자 한다. 또한 남성들의 활동은 어떻게 변화되고 있으며, 성역할고정관념과 성별 분업 등이 어떠한 방식으로 작동하는지 분석하고, 이러한 일련의 과정에서 지역화폐의 여성주의적 의미성과 한계 지점을 짚어보고자 한다.

제8장

공동체 속의 여성들

여성들의 활동이 중심이 되는 공동체

앞서 살펴본 바대로 한밭레츠는 참여자 여성들이 65% 이상을 차지하고 있다. 총 거래량은 여성이 남성보다 5배 이상 많고, 활동참여율 역시 거래량과 비슷한 비율의 맥락을 보인다. 한밭레츠에서 여성들의 활동이 부각된 것은 창립 후 3년이 지난 2003년부터로 볼 수 있다. 당시부터 2011년까지 거래량, 활동과 프로그램 참여율, 의사결정구조 등을 고려해 볼 때 한밭레츠는 여성들의 활동이 중심이 되는 지역화폐 공동체로 볼 수 있다. 그렇다면 어떻게 해서 한밭레츠는 여성들의 활동이 중심이 되는 공동체가 되고 있는가?

첫째, 한밭레츠 참여자 남성들은 대체로 대안경제와 사회적 이슈 등을 중심으로 접근하는 경우가 많은 반면 참여자 여성들은 지속적인 일상의 생활운동으로서 활동하는 경우가 많기 때문으로 볼 수 있다. 이는 성별 가입추이만 봐도 쉽게 유추할 수 있는 부분이다.[1] 1999년 창립부터 2001년까지는 대체로 여성과 남성의 가입비율이 비슷한 추세를 보이다가 2002년부터 여성들이 훨씬 많아지기 시작했다. 2006과 2007년에는 남성가입자가 극소수에 불과하며 2008년부터는 남성가입자가 다시 서서히 늘고 있다. 몇몇 남성

---

1 앞의 〈표 5〉 한밭레츠 회원의 연도별 · 성별 가입추이 참조.

들이 창립을 주도한 1999년은 한국이 IMF 금융위기를 맞아 경제위기감이 사회 전반적으로 고조된 때이며, 남성가입자들이 다시 늘기 시작한 2008년은 국제 금융위기 여파로 경제위기감이 다시 조성된 해이다. 정리해보면 한밭레츠 참여자 남성들은 경제위기 등 사회적 이슈에 따라 활동의 부침이 심하며 민감하게 반응하고 있다. 그에 반해 참여자 여성들은 사회이슈에 대한 부침이 크지 않고 비교적 지속적, 안정적으로 활동에 참여하고 있다. 특히 지역화폐 거래와 활동은 먹을거리, 의류, 생활용품 등 일상에서 필요한 것들을 나누며 보살핌, 노동 등을 품앗이하는 생활 속 운동이기 때문에 경험적으로 여성들이 참여할 확률이 높기도 하다. 따라서 대안경제운동일 뿐만 아니라 일상을 나누는 생활운동이기도 한 한밭레츠 지역화폐에 있어 사회이슈에 영향을 받고 유동적인 남성보다 상대적으로 그렇지 않은 여성들이 공동체를 지속시키고 확장하는 데 중추적 역할을 하게 되었다.

둘째, 핵심 활동가들과 리더그룹이 누구이며 어떤 성향을 갖느냐에 따라 공동체는 영향을 받을 수 있다. 한밭레츠의 경우 2003년부터 주부 자원 활동가들을 비롯한 여성들이 그 역할을 하고 있으며 이후 여성들의 활동이 더욱 활발해졌다. 지역화폐운동 입문서에 보면 통상 하나의 레츠 시스템을 운영하는데 3~6명의 인력이 필요한 것(박용남, 2009: 80)으로 나타나 있듯이 한밭레츠의 운영방식은 특히 실무자의 역할이 중요하다. 회원들 서로간의 교환 거래를 취합하고, 계정관리 시스템을 관리하는 것뿐만 아니라 실제로 교환 거래가 이루어질 수 있도록 중간에서 매개자 역할을 하는 실무 활동가가 없으면 지속적인 거래 자체가 힘들다. 따라서 앞서 살펴본 대로 창립을 주도했던 초창기 핵심 활동가 남성들이 민들레의료생협 쪽으로 옮겨간 후 2003년에는 실무 활동가 두루지기의 공백이 생기게 되자 한밭레츠 활동에 큰 위기가 찾아온 것은 당연한 일이었다. 당시 전업주부였던 심은숙을 비롯해서 여성들이 나서지 않았다면 한밭레츠는 문을 닫을 수도 있었을 것이라는 평가가 괜한 말이 아니다. 여러 차례의 시행착오를 거쳐 한밭레츠 거래 등록소는 2011년, 상근 활동가 1명, 반상근 활동가 1명, 자원 활동가 4~5명으로 운영되고 있다. 이들은 모두 여성이다.[2] 또한 공동체 활동의 근간을 이루는 수십 명의 자원 활동가들이 거래와 활동에 있어 주된 역할을 하고 있는데 90% 이상이 여성이다.

이 같은 흐름 속에 참여자 여성들은 자원 활동에서부터 실무 활동가 그리고 의사결정구조인 운영위원회에 이르기까지 지역화폐 공동체에서 중심적 역할을 하게 되었다. 참여자 여성들의 활동과 변화는 공동체의 형식과 내용을 재구성하는 원인이자 결과가 되며 상호 영향을 주고받게 된다. 참여자 여성들의 변화 중에서 단연 눈에 띄는 것은 바로 주체가 되어가는 과정이다.

1. '관계적 주체'[3]가 되어가는 여성

면접과 참여관찰을 통해 만난 한밭레츠 참여자 여성들은 활동과 교환 거래의 과정에서 개인과 공동체의 유기적인 관계망을 인식하며 주체가 되거나 그러한 과정 속에 있는 경우가 많았다. 특히 관계는 한밭레츠 참여자들의 언어에서 자주 발견되는 것으로써 지역화폐가 관계성을 기반으로 한다는 인식의 표현이다. 상호 호혜성에 근거한 거래와 활동이 관계망으로 연결

---

2 상근 활동가의 급여 중 20%가 지역화폐로 지급되며, 등록소에서 일하는 자원 활동가는 매월 20만 두루 이상을 지급받는다.

3 관계는 쓰이는 맥락과 관점에 따라 다양하게 해석될 수 있다. 이 책에서는 지역화폐 거래를 관계라고 말하는 한밭레츠 참여자들의 언어와 인식에 기반해서 사용하며, 그 연장선에서 '관계적 주체'라는 표현을 쓰고자 한다.

된다는 것을 경험적으로 알아가는 과정 중에 있음을 나타내는 것이기도 하다. 따라서 한밭레츠 참여자들 중에는 상호 호혜적으로 연결되는 수평적인 관계[4]와 관계성을 기반으로 한 주체, 즉 관계적 주체가 되거나 되어가는 과정 속에 있는 여성이 특히 많았다.

한밭레츠 참여자 여성들이 이 같은 관계적 주체에 이르는 과정은 크게 세 가지의 흐름을 보이고 있다. 첫째, 개인적인 관계망에 머물며 존재감이 없던 여성이 개인과 공동체의 관계망 안에서 주체가 되며 역량을 확장해가는 것이다. 둘째 개별화된 독립적 주체를 지향하던 여성이 관계망을 인식하며 관계적 주체가 되어가는 것이다. 셋째, 이미 관계적 주체로서 살고 있거나 그러한 과정 속에 있는 여성이 공동체 안에서 지지를 받으며 이를 강화해가는 것이다. 특히 이 세 번째의 흐름은 첫 번째와 두 번째 변화과정에 놓여 있는 여성들도 함께 경험하는 것이다.

1) 개인에서 공동체적 관계망으로

면접 참여자나 회원 중에는 한밭레츠를 통해 사회 활동을 처음 시작한 여성도 있고, 공동체운동이나 조직 활동을 처음 경험한 여성도 상당수 있다. 이는 대부분의 참여자 남성들이 다른 단체나 조직에서 어느 정도 활동 경험을 쌓았던 것과 비교되는 지점이다. 따라서 참여자 여성들에게는 한밭레츠에서의 교환 거래와 활동들이 비로소 자신의 역량을 발견하고 확장해가며 공동체

---

4 여기서 상호 호혜적으로 연결되는 수평적인 관계란 교환 거래의 호혜성을 근간으로 상호 연결성을 인식하고 행동하는 평등한 관계를 말한다. 쌍방이 아닌 일방적인 관계, 한쪽으로 기울어진 의존적인 관계, 위계적인 관계, 의존성에 치우친 관계중독 등은 포함되지 않는다.

지역화폐와 여성주의−한밭레츠의 경험에서 길을 찾다

의 관계망 안에서 주체가 되어가는 시공간이 되기도 한다.

　　저 같은 경우는 학교생활하다가 일찍 결혼한 케이스라 사회생활에 대해서 좀
　많이 부족하죠. 관계 맺는 거에 대해서 조금 어리숙했던 거 같아요. 근데 여기
　와서 많은 사람들 보면서 관계 맺는 거에 대해서 좀 편안해지고, 이렇게 나를 열
　어 보이면 되는 거구나를 알게 된 거 같아요.
　　　　　　　　　　　　　　　　　　　　　　　　　　　　　— 조미향

　　대학졸업 후 곧바로 결혼해서 아이 셋을 낳고 10년 가까이 전업주부로 살
았던 조미향은 한밭레츠가 사회로 나가는 출구가 되었다. 다른 사람들과 어
울리는 것에 서툴고 남 앞에 나서는 것을 좋아하지 않았던 그녀는 아는 사
람의 소개로 회원이 된 후 얼마 동안은 농산물 구매 정도만 하고 활동을 거
의 하지 않았다. 지역화폐나 공동체에 대한 관심도 그리 크지 않았다. 그러
다가 회원이 된지 한 1년 정도 지났을 때 집이 등록소 근처 법동인데다 전업
주부로서 시간을 낼 수 있는 점이 고려돼 두루지기로부터 제의를 받고 자원
활동을 시작하게 되었다. 일주일에 한두 번 시간을 내 거래내역을 입력하는
것이 주된 일이었다. 그 외 등록소 일을 도와주거나 만찬이나 특별 프로그
램이 있을 때 함께 했다. 이를 계기로 등록소에 자주 드나들고 이 사람, 저
사람 하나둘 알게 되면서 회원들과의 관계가 익숙해져갔다. 오전 한나절 정
도면 그날 맡은 일은 끝낼 수 있다. 하지만 회원들과 수다 떨며, 함께 점심
먹고, 품앗이학교도 참여하다 보면 하루가 금세 갔다. 자원 활동으로 버는
두루로 농산물은 물론 아이들 옷과 다양한 물품을 사거나 활동 프로그램을
이용하면서 거래도 활발해져갔다. 생산자 소모임 두루베이커리에 참여했
고, 사회적 일자리 두루잔치 팀장으로 활동하기도 했다. 일련의 과정 속에
서 그녀는 지역화폐운동이 지향하는 바를 차츰 내면화하고, 생활 속에서 익

숙해졌으며 사람들과 관계 맺고 어울리는 법을 배웠다. 직장도 안 다녔고, 사회생활이 처음이라고 할 수 있는 그녀에게 한밭레츠는 사회로 나가고, 세상과 소통하는 통로가 되었다. 이는 등록소에 가면 자주 만나게 되는 B 등 일부 여성 회원들의 경우도 마찬가지이다.

> 개인적으로 에너지가 밖으로 나가는 사람인데, 집에서 애만 보고 있는 게 사실은 즐겁지 않았어요, 굉장히… (취직을 하려고 해도) 아줌마의 장벽을 곳곳에서 많이 느끼잖아요…
>
> ― 최자영

쾌활하고 활동적인 성격의 최자영은 유치원 교사를 하다 결혼 후 전업주부가 되면서 집에만 있다 보니 많이 답답하고 힘들었다. 민들레의료생협과 한밭레츠를 통해 자원 활동을 하면서 차츰 삶의 활력도 찾게 되었다. 거리 검진 등의 자원 활동에 적극적이었던 그녀는 사회적 일자리 차원에서 재가 노인 간병 서비스 일도 경험하고 한밭레츠에서 건강관리 프로그램을 맡아 자원 활동을 하면서 어르신을 비롯한 회원들과 구체적으로 어떻게 관계를 맺어야 하는지 고민하게 되었다. 시행착오를 거치면서 사람들과 더불어 살아가는 법을 터득해가고 있는 중이다. 치료 레크리에이션 과정을 배우고 있는 그녀는 그동안의 자원 활동 경험을 살려 노인요양기관이나 복지센터에서 프로그램을 진행하면 좋겠다는 전망을 갖고 있다.

결혼과 함께 금융계통 일을 그만두고 전업주부가 된 민연아는 아이들이 커가면서 이대로 늙는 게 아닐까라는 초조함이 있었다. 한밭레츠 활동을 시작으로 천연비누 생산자 소모임을 하고, 회원들의 지지와 격려 속에 새로운 일에 도전해서 천연화장품 생산자가 된 그녀는 일반 고등학교 특수반에서 천연비누를 만드는 교사로도 활동하고 있다. 처음 얼마간은 지적장애를 가진 친구들과 비누 만들기를 매개로 소통하며, 어울리는 게 힘들었지만 차츰 시간이 지나면서 익숙해져가고 있다. 지식을 가르치기보다는 체험 활동을 통해 장애 학생들과 친구가 되고, 그들이 무엇보다 그러한 과정을 즐겼으면 하는 바람을 갖고 있다. 또한 앞으로 허브 등 화장품 관련 분야를 좀 더 다양하게 공부해서 활용하고픈 생각도 있다.

이처럼 직장생활을 하다 결혼과 함께 전업주부가 된 한밭레츠 일부 여성들은 가족관계 안에만 머물다가 공동체 활동을 통해 새로운 사람들을 만나고 관계를 맺으며 일자리를 찾기 힘든 우리 사회 현실 속에서 자신의 일을 발견하게 되었다. 그녀들은 공동체관계 안에서 삶의 전망도 함께 고민하고 세워 가면서 스스로의 주체적 역량을 키워나가게 된다.

> 행사 근처에도 안 가본 아줌마들이 이거(한밭레츠 10주년 기념행사) 다 준비하고 대단하지 않아? 언제 우리가 이런 거 해봤겠어… 어젯밤에는 설레고 걱정도 돼서 그런지 잠이 안 오더라고…
>
> — 연주현

2009년 4월 어느 토요일, 한밭레츠 10주년 기념행사 준비를 위해 분주히 움직이던 연주현이 흥분된 표정으로 이와 같이 말했다. 행사장 입구 쪽에는 형형색색 풍선장식이 분위기를 돋우고, 로비 벽면과 난간에는 한밭레츠가 걸어온 길을 한눈에 볼 수 있는 대형 현수막 사진들이 죽 걸렸다. 한쪽에는 10년의 역사가 고스란히 담긴 자료집과 책자들이 진열돼 있었다. 10주년 행사준비위원회[5]가 꾸려진 후 몇 개월 동안 준비하고, 행사 전 며칠 동안은 잠

---

5 한밭레츠 공동체 활동에 부합하는 주요 활동과 프로그램을 준비하고 개최하는 역할을 하는 행사준비위원회는 보통 5~10명으로 꾸려지며, 총회에서 결의를 하거나 상황에 따라 연중에

까지 설쳐가며 회원들과 함께 마련한 준비물품들이 하나씩 펼쳐져 제자리를 찾아갈 때마다 준비위원장이었던 그녀의 감회는 그만큼 특별했다. 그녀의 말처럼 준비위원 중에는 다른 공동체나 사회단체에서 활동하거나 실무를 진행해본 참여자가 거의 없었기 때문에 더욱 그랬다. 평소에도 크고 걸걸한 목소리가 더욱 커지면서 이리저리 왔다갔다하며 실무를 총괄하던 심은숙, 사회적 일자리 두루잔치에서 준비하는 저녁만찬 음식을 만들고 나르느라 정신없는 조미향 등도 감격스럽기는 마찬가지였다. 물론 행사를 치르는 동안 아쉬운 점이나 개선할 점이 없는 것은 아니었다. 하지만 무엇보다 주부 회원들이 중심이 돼 스스로의 힘으로 아무 탈 없이 10주년 축하 자리를 마련하여 지역화폐운동의 의미를 나눈 것에 대해 뿌듯해하며 서로를 격려했다.

이처럼 활동의 경험이 없고 개인적 관계망 안에 머물던 여성들이 비슷한 처지의 여성들과 함께 모여서 프로그램과 일을 기획하고, 진행하는 과정에서 자신감을 얻고, 자신도 몰랐던 재능을 발견하게 되기도 한다. 혼자서는 엄두가 나지 않는 일을 함께 준비하면서 서로가 서로에게 필요한 존재임을 느끼게 된다. 자신들이 하는 활동이 가치 있는 일임을 인식하게 되고, 힘을 주고받는 관계 속에서 주체적인 역량을 키워나가게 된다. 정민초의 표현처럼 이러한 과정에서 세상을 바꾸는 작은 힘이 될 수 있다는 메시지가 일상에서 나눠지는 게 의미 있는 작용이며, 운동의 자원이 될 수 있다.[6]

구성되기도 한다.

6 "자신이 하는 일에 대한 자부심이나 가치를 모르고 있다가 이렇게 우리가 혼자가 아니라 함께 모여서 공동으로 뭔가를 기획해서 그걸 집행하는 그 과정 자체가 여성들에게 있어서는 굉장한 힘, 임파워먼트 과정이라고 생각해요. 거기에 플러스해서 좋은 일을 하는 과정 중에 우리가 하는 일이 얼마나 가치 있는 일인가, 세상은 우리가 바꾸는 거야, 우리가 좀 깨어 있어

지역화폐와 여성주의─한밭레츠의 경험에서 길을 찾다

이와 같이 한밭레츠 참여자 여성들이 평범한 주부에서 사회로 나오며 자아를 실현하거나 자기 일을 찾고 역량을 확장해가는 경험은 여성이 다수를 차지하고 있는 생협 공동체(이현희, 2004)나 지역의 여성 공동체(김종미, 2004)에서 비슷하게 나타나는 측면이 있다. 특히 여기에 더해서 한밭레츠 참여자 여성들은 지역화폐가 관계를 기반으로 한다는 인식 속에 일상에서 다자간 교환 거래와 다양한 품앗이 활동을 지속적으로 함께 하면서 상호 호혜적으로 연결되는 관계적 주체로서의 가능성을 보여주고 있다.

한편 관련해서 생각해봐야 할 것은 여성주의 한편의 논의가 모성을 기반으로 해서 관계적 주체가 논의되는 지점이다(양민석, 2005).[7] 한밭레츠 주부 회원의 경우 모성의 다양한 경험이 공동체관계 속에서도 당연하게 영향을 미칠 것이다. 하지만 모성의 관계 맺음만으로 관계적 주체를 설명하는 것은 한계가 있어 보인다. 다시 말해 개인적 관계망에 머물다가 공동체의 관계망으로 역량을 확장해가는 한밭레츠 주부 참여자들은 아이를 낳고 양육하는 모성의 경험뿐만 아니라 다양한 삶의 경험들이 합쳐져 서로 영향을 주고받으며 관계적 주체가 되거나 되어가고 있다. 예컨대 최자영이 공동체에서 관계를 맺고 주체적 역량을 확장해가는 데 자원이 되는 것은 아이 둘을 키운 경험뿐만 아니라 결혼 전 유치원 교사로서 일했던 경험도 포함된다. 더불어 한밭레츠에서 다양한 사람들과 새롭게 관계 맺는 과정 자체가 또 다른 자원

야 돼라고 하는 메시지들이 일상에서 같이 나눠지고 이러는 게 대단한 작용이고, 그게 운동이라고 생각해요." -정민초

7 이에 대해 양민석(2005)은 자신의 존재성을 인정하는 직장과 가정에서의 관계 맺음, 또는 사적 영역의 울타리를 벗어나서 공동체적 관심과 과제를 공유하고 도모해가는 모성의 관계 맺음은 다층적인 관계적 자아로서 모성적 자아의 특성을 보여주며, 모성에서 비롯된 관계적 주체의 모습을 보여준다고 설명한다.

으로 작용한다. 일련의 과정 속에서 그녀는 관계적 주체로서 체화의 경험을 하게 되는 측면이 있다.

2) 개별화된 주체에서 '관계적 주체'로

우리 시대를 관통하는 근대적 패러다임은 인간의 생존조건을 독립[8] 혹은 자립으로 상정한다(허라금, 2006). 개인과 사회에 흐르는 독립의 코드는 여성이 독립생활을 하기 힘든 성차별의 현실 속에서도 끊임없이 독립하라는 메시지를 전송한다. "무소의 뿔처럼 혼자서 가라"는 유명소설의 제목처럼 근대교육[9]의 세례를 받은 많은 여성들은 그 실현 여부와 상관없이 당당하게 자신의 삶을 개척하며 스스로 독립된 주체로 설 수 있기를 희망한다. 그런데 근대의 독립적 주체가 우리 사회에서 발현될 때는 주체들의 유기적인 관계성에 주목하기보다 개별화되기 쉽다. 또한 서로 도움을 주고받는 존재로 상대를 인식하기보다 주변의 도움 없이 모든 것을 스스로 해결하려는 개

---

8 독립은 논의되는 지점에 따라 다양하게 이야기될 수 있다. 예컨대 경제적 독립이나 주체의 의미로 사용되기도 한다. 독립은 관계와 상호 배타적인 개념은 아니지만 근대적 패러다임에서 독립이 논의되거나 생활 속에서 실현될 때는 사람들의 유기적인 관계성에 주목하지 않을 때가 많다.

9 면접 참여자들은 물론 한밭레츠 회원들과 성차별의 경험에 대해서 이야기하던 중에 상당수는 가족 내에서 다양한 여남 차별을 경험했음에도 불구하고 교육에서 만큼은 남자형제들과 다를 바 없었다고 말했다. 이는 참여자들이 대부분 대졸 이상의 학력을 가지고 있는 것과도 연관이 있겠지만 손연주 경우처럼 어머니가 자신의 뒷바라지만을 하길 바라는 매우 가부장적인 아버지라도 자녀 교육에서 만큼은 차별을 두지 않고, 딸이 당당하게 자기 일을 하며 전문직 여성으로 성공하길 바라는 이중적 태도를 갖는 게 우리 사회 한편의 현실이다.

지역화폐와 여성주의–한밭레츠의 경험에서 길을 찾다

별적 주체로서 면모를 보일 때가 많다.[10] 따라서 근대의 패러다임을 내면화한 독립적 주체는 관계망 안에 있기보다 개별화된 주체로 존재할 때가 많다. 같은 맥락에서 한밭레츠 참여자 여성들과 회원 중에는 근대적 패러다임을 내면화하고 개인과 사회적 공간에서 이를 지향하며 개별화된 독립적 주체로서 살다가 공동체 활동과 지역화폐 거래를 통해 서서히 관계망 안으로 이동하는 경우가 상당수 있었다.

> 대전의 문화유적지 특징 중의 하나가 산성하고 돌장승이 많은 것이죠.… 레츠에서 그때 여러 소모임들이 좀 있었는데요, 당시(2003년) 어떤 게 있었냐면 정월 대보름 조금 지나서 대전에 문화유적 특징 중 하나인 돌장승을 쭉 둘러 봤어요. 가족들이랑 레츠 회원들이랑 같이. 저도 여기 출신이 아니거든요… 서울에서 살아도 마찬가지였겠지만 내가 땅에 발을 딛고 산다 그런 개념이 없잖아요. 늘 바쁘게 아침에 출근해서 밤늦게 들어가고, 이웃과 교류가 있고, 그런 생활이 그때만 해도 안 하고 있었죠. 특히 대전이라고 하는 데가 굉장히 편안하기는 해도 그런 일상의 교류들이 없는 그래서 약간 부평초 같은 그런 느낌으로 살고 있었는데, 대전의 돌장승 유적지를 찾아서 이렇게 발로 다녔던 경험 이후에는 정말 내가 대전에 살고 있구나 하는 느낌을 받았어요…
>
> — 정민초

세상을 들었다 났다 하는 기분으로 치열한 20대를 살았고, 지역 노동운동의 연장선에서 대전으로 이사를 오게 된 정민초에게 한밭레츠 회원들과 함께한 역사 소모임은 수많은 관계 속에 자신이 존재함을 느끼게 되는 하나의

---

10 근대의 주체는 타자와의 연결·연대를 파괴당한, 원자처럼 분리된 "계량 가능한 인간의 개인성"을 지닌다(미셸 푸코, 1994: 276~287; 김정희, 2002: 250에서 재인용)고 논의되기도 한다.

계기가 되었다. 대전에서 흔히 볼 수 있는 돌 하나가 그냥 스쳐가는 돌이 아니라 아스라이 먼 옛날 옛적부터 있어 왔다는 게 가슴으로 확 다가왔다는 그녀에게 돌장승은 과거의 이름 없는 수많은 사람들과 현재 같은 공간에서 함께 존재하는 사람들이 연결돼 있다는 인식을 갖게 했다. 유적지 탐방 참가비 일부는 당연히 지역화폐로 지불했다. 누구보다 당당하고 주체적으로 살아왔다고 자타가 공인하는 그녀는 지역 공동체 활동을 통해 이웃에 대한 존재와 관계에 대해 성찰을 하게 되었다. 물론 지역여성단체 리더로 활동하고 있는 그녀에게 한밭레츠의 경험이 결코 전부는 아니지만 개별화된 독립적 주체에서 관계적 주체로 나아가는 통로의 한 부분이 된 것만은 분명하다.

> 살다 보면 인생의 굴곡이 많이 있잖아요. 나 역시도 살다보니 도저히 찾아올 거 갖지 않던 일도 생기고, 그런 일이 생길 때 레츠에서 사람들을 못 만났더라면 그런 시기들을 어떻게 극복했을까, 내 형제들은 서울에 살고 멀리 사니까 내가 당장 아파서 쓰러져도 보이지 않잖아요. 내가 말하기 전에는… 아무튼 살다보니까 그런 어려운 시기에 내 가까이 있었던 레츠 사람들이 형제 대신 부모 대신 울어주고 기운 없으면 와서 밥해주고 그런 사람들이 내 주변에 있다는 게 너무나 고마웠죠.
> — 손연주

서울이 고향인 손연주는 아버지가 자식들에게는 딸 아들 구분 없이 비교적 평등하게 대하시면서 약대를 나온 엄마에게는 집에서 살림만 하길 바라는 등 너무나 부당한 요구를 하는 것을 보면서 어린 시절부터 나는 저렇게 살지 말아야지라고 결심했다. 아버지에게 반항도 하면서 스스로 강해지려고 노력했다. 자기 의사표현이 확실했고, 스스로 당당하고 독립적이 되고자 애썼다. 대전으로 이사 올 당시 몸이 아팠던 그녀는 아는 사람이 거의 없었던 낯선 지역에서 터를 잡고, 활동할 수 있었던 것은 전적으로 한밭레츠 회원들 덕택이라고 이야기했다. 무엇보다 몸 아프면 기꺼이 달려와 밥해주고, 힘든 일이 생기면 위로해주며, 차 마시면서 동무가 되어준 이웃이 있었기 때문에 기운 차리고 힘을 낼 수 있었다. 대전에 와서 이웃사촌이라는 말을 실감하게 됐다는 그녀는 아픔과 힘듦을 함께 나누었던 그들이 너무나 고마웠고, 이 시기를 극복하게 되면 누군가에게 내가 받은 것들을 주면서 살면 좋겠다는 생각이 점점 들면서 한밭레츠와 민들레의료생협의 핵심 활동가가 되어갔다. 이 같은 일련의 과정 속에 누구보다 당당했던 그녀는 비로소 관계적 주체로서의 경험을 쌓아가게 된다.

생협 실무자로 활동하는 홍혜진, 진보성향의 정당 활동을 하면서 대안적인 새로운 일들을 만들어 가고 있는 회원 D 역시 위와 비슷한 맥락에서 개별화된 독립적 주체에서 관계적 주체로 나아가는 변화과정을 경험하고 있었다. 특히 이들이 경험하는 것은 친구, 이웃, 공동체 구성원들이 서로 연결돼 있고 상호 보살피는 존재라는 관계망에 대한 인식이다. 또한 그러한 인식이 관념이나 결의로 그치는 것이 아니라 구체적인 일상생활 속에서 관계 맺음의 시행착오까지 포함한 역동적인 실천의 과정으로 경험되는 것이다.

이처럼 한밭레츠 일부 여성들은 개별화된 독립적 주체에서 관계적 주체로 나아가는 변화과정을 겪고 있는 중이다. 관계적 주체가 되었거나 되고 있는 여성들은 지역화폐 공동체뿐만 아니라 자신의 활동공간에서 상호 관계성에 대한 감수성을 가지며, 혼자서 독단적으로 일을 만들거나 일의 성과를 독점하지 않는다. 구성원들이 함께 성장할 수 있는 방안을 모색하기 위해 노력한다.

3) 상호 지지망으로 역량을 키워가는 여성

참여자 여성들과 면접이나 대화를 하다 보면 레츠가 아니었으면 젊은 시절 품었던 나눔과 공동체적 가치를 지금처럼 실현하면서 살고 있었을지 의문이라는 말을 종종 들을 때가 있다. 그만큼 상당수 한밭레츠 참여자 여성들에게 공동체 활동은 자신이 지향하는 가치를 지키며 살아가는 데 든든한 배경이 되기도 한다.

> 학교 다닐 때는 서로 공유하는 부분이 많았다가 결혼하고 나서 특히 애를 키우는 엄마 입장에서 확연하게 의견이 다른 걸 느끼거든요. 친구들은 학교 다닐 때는 서로 생각하는 것이 비슷비슷하다가 결혼해서 애 낳고 애를 최고로 키우고 싶은 거예요. 자기 형편에 어떻게 보면 도를 넘을 정도로. 그래서 그런 것에 조금 부딪힐 때가 있어. 근데 적어도 레츠 안에서는 비슷비슷하거든요. 그래서 애들을 보통 공동육아를 보내고, 어릴 때부터. 초등학교도 대안학교를 보내고, 가급적 중학교도 대안 중등학교 보내려고 하는 그 마음들이… 그 부류에 있을 때는 내가 특이하다는 걸 못 느껴요. 근데 여기서 한발 빼면 하다못해 내 여동생들, 친정식구, 시댁식구, 내지는 동창들 하고 얘기를 하면 벌써 답답해요. 얘기가 안 돼요….

— 윤선희

윤선희는 젊은 시절 사회 부조리에 대해 함께 울분을 나누던 친구들이 결혼하고 아이를 키우면서 여느 부모와 마찬가지로 자식이 공부 잘하고 주류에서 뒤처지지 않도록 전력투구하는 모습을 지켜보면서 벽을 느꼈으며 답답했다고 한다. 이는 개인의 문제이기에 앞서 경쟁을 부추기는 사회구조가 더 큰 문제라고 생각하지만 그래도 실망스럽고 씁쓸한 건 어쩔 수 없었다. 하지만 한밭레츠 안에서는 세상의 잣대에 맞춰 기를 쓰고 성공하려고 하기

지역화폐와 여성주의-한밭레츠의 경험에서 길을 찾다

보다는 경제적으로 풍족하진 않지만 비슷한 가치관 속에 아이를 키우고, 학교를 보내며 서로 공유할 수 있어서 위안이 되고, 힘이 된다. 물론 회원들 모두가 공동육아 어린이집과 대안학교를 보내는 것은 아니다. 각자의 상황과 형편, 그리고 아이의 의사에 따라 다르며 교육방식에 이견이 있을 수도 있다. 대안교육 역시 한계가 있다고 지적하며 공교육의 개혁을 위해 투쟁하는 회원도 있다. 하지만 적어도 내 아이만 잘하면 된다는 식은 아니다. 문제의식을 서로 나누며, 조금이라도 다른 방식을 고민하면서 함께 시도해볼 수 있는 꺼리를 찾으려고 노력한다. 이는 단지 아이 양육과 교육의 문제만이 아니라 먹을거리, 환경 그리고 그러한 문제의 접합점인 돈의 경우도 마찬가지이다.

윤선희는 한밭레츠 활동을 통해 뭔가 크게 변화됐다기보다는 젊은 시절 사회문제에 눈뜨면서부터 어떻게 살아야겠다라고 마음속에 품었던 것들을 놓지 않고 살 수 있었던 것이 무엇보다 큰 소득이었으며, 그게 변화라고 설명한다. 또한 한밭레츠가 아니었으면 자신도 어떻게 변질됐을지 모른다고 말한다. 사실 그녀의 성향상 한밭레츠가 아니어도 어떤 형태로든 공동체적 가치를 추구하며 살고 있었을지도 모른다. 하지만 분명한 것은 그녀의 표현대로 비슷한 가치관을 나누며, 서로 의지가 되고 지지망이 되어준 한밭레츠 회원들이 살아가는 데 큰 힘이 되고, 버팀목이 된 것만은 사실이다. 앞서 한밭레츠 회원들의 참여동기에서 살펴보았듯이 대안적 삶이나 나눔, 생태, 공동체 등에 관심이 있는 사람들이 지역화폐운동에 참여하게 되는 경우가 많기 때문에 그녀뿐만 아니라 다른 참여자 여성들도 이와 비슷한 경험을 할 때가 많다.

…토요일 밖에서 해야 하는 업무를 마치고 사무실에 들어와 보니, 웬 배추다발과 상추가 한 박스이다. 미치겠다. 고마워서… 학부모께서 직접 기른 거라고 가져다 주셨다는데… 이건 정말 마음으로부터 우러나오는 선물이다… 몸이 불편하신 두 부모님께서 직접 기르는 동안을 생각하고, 우리한테 당신들의 아이를 잘 부탁드린다는 인사와 함께 놓고 가셨을 것을 생각하면 눈물이 날 것 같은… 하지만 토요일 오후에 사무실 한자리를 차지하고 있는 배추와 상추는 나에게 눈물 날 만큼 큰 감동의 선물이기도 하지만… 아직 살림살이를 제대로 못하는 나로선 큰 애물단지이기도 했다… 순간 소름끼치도록 내 머릿속을 자극하는 한 사람의 이름이 있었으니… 그건 바로… 레츠에 김치를 담아서 파는 난○~!!! 결국 난○에게 전화를 걸어 상황을 이야기하고 배추를 집 앞에 던져주고 왔다… 새벽 1시가 훨씬 넘어서 문자 하나를 받았다. "김치 완료, 약 10킬로 일욜 오전 중으로 오삼. …" 내가 미쳐… 이 늦은 시간까지 김치 절여서 담게 만들어 놓은 미안함~ 어제 아침 아이들 수업을 마치고 난○집에 쳐들어가 수다 떨면서 이 음식 저 음식 맛보고… 김치를 가지고 왔다. 양념값도 안 받구, 오히려 다른 음식까지 싸서 보내주는 그 넓은 마음에 참 흐뭇하고, 좋았다… 꼭 맛있는 김치를 담가서 아이들에게 저녁식사 중에 이 김치 **이네 부모님께서 길러주신 배추로 담근 맛있는 김치야~라고 말하면서 **이에게 자신감을 주고자 했던 내 프로젝트는 레츠, 즉 난○ 덕에 이렇게 멋지게 해결됐다….[11]

사회복지기관에서 청소녀와 청소년들을 위한 교육 프로그램을 진행하고 있는 회원 Y는 자신의 아이를 잘 돌봐줬다는 고마움의 표시로 **부모님으로부터 배추와 상추를 선물받았다. 이를 회원 난○가 맛있는 김치로 담가줘서 아이들과 함께 나눠 먹으며 평소 자신감이 없는 **에게 힘을 실어준 체험담을 한밭레츠 회원들과 나눈 적이 있다. 사회복지 관련 활동을 하는 Y는 이 같은 경험을 종종 하게 된다. 이는 평소 자신이 지향하는 나눔의 가치를

---

11 2010년 6월 7일, 연○, 한밭레츠 홈페이지 "품앗이 사랑방" 중에서.

지역화폐와 여성주의–한밭레츠의 경험에서 길을 찾다

한밭레츠 관계망과 거래를 통해 실천하고 더욱 확장하는 계기가 된다. Y에게 지역화폐 공동체는 구성원들과의 다양한 관계 속에 자신이 추구하는 가치와 꿈을 지지받는 공간이기도 하다.

> 제가 다른 나라(우즈베키스탄)에서 와서 그렇게 (한국) 음식도 만드는 것 좀 보고 싶고, 잘됐어요. 여기 와서 사람들도 많이 알고 그랬어요. 저 그전에 한국 사람들 잘 알고 지낸 사람들 없었어요… (우즈베키스탄 발효빵) 여기 사람들 다 좋아하고 맛있게 먹어서 저도 기분이 너무 좋았어요…
>
> — 마리아

마리아는 우즈베키스탄에서 대학원 과정을 공부하는 남편을 따라 대전에 온 지 2년이 되었다. 처음에는 대전에 먼저 와서 자리 잡은 우즈베키스탄 친구들하고만 어울렸다. 그러다가 동네 이웃인 한밭레츠 회원 K의 권유로 지역 어린이도서관에 가서 영어동화를 읽어주는 자원 활동을 하게 됐고, 그 후에 한밭레츠 활동에 참여하게 되었다. 한국에 와서 지역화폐 이야기를 처음 들었다는 그녀는 영어 품앗이학교를 열어 강사로 활동하고, 우즈베키스탄 특유의 발효빵을 만들어서 판매도 했다. 여름방학 때는 초등학생을 대상으로 영어캠프를 열었는데, 아이들과 함께 지역화폐놀이도 하고, 우즈베키스탄 전통만두도 함께 만들어 먹었다. 특히 캠프 마지막 날 아이들이 칠판에 "○○○선생님, 사랑해요. 감사해요." 등등의 낙서를 한가득 써놓은 걸 보면서 무척 행복했다고 회상했다. 열심히 거래한 만큼 그동안 쌓인 두루를 활용해서 고향에 계신 부모님 한약이나, 건강식품을 사드리고 싶다는 말도 했다. 사실 영어 석사학위를 가지고 있어 학원 강사를 하기 위해 알아봤지만 그녀를 받아준 곳은 한 군데도 없었다. 아무리 영어를 잘해도 원어민이 아니라는 이유에서다. 마리아가 한밭레츠에서 활동한 지는 1년이 채 안

됐지만 그동안 한국의 음식과 문화도 배우고 말도 많이 늘었다. K를 비롯한 회원들과의 지속적인 관계 맺음과 교류 속에 낯선 이국땅 대전에서 사는 게 조금은 더 편안해졌다. 무엇보다 믿고 지지해주는 이웃을 얻었고, 자신도 그러한 이웃이 되었다.[12]

우리는 살면서 옆에 있는 누군가의 존재 자체만으로 힘을 얻기도 하고, 비슷한 생각이나 가치관을 갖고 있다는 것이 위안과 격려가 되기도 한다. 더구나 그러한 이웃들과 하루하루 관계 맺음 속에서 소소한 일상을 나누고 공유하다 보면 가치관과 생활방식에 영향을 주고받으면서 상호 동화되기도 한다. 이러한 일련의 삶의 과정에서 사람과 사람 사이에 만들어진 지지 망은 공동체성을 실현하며, 공동체를 결속시키고, 움직이게 하는 동력이 될 수 있다. 한밭레츠 회원들 사이에 형성된 지지망 역시 같은 맥락에서 설명될 수 있다. 특히 지역화폐운동을 일상의 관계 속에 실천하고 있는 여성들의 상호 지지망은 개인의 역량과 공동체를 확장해가는 데에 있어 커다란 디딤돌이 되고 있다. 또한 관계적 주체가 되었거나 되어가는 과정 중에 있는 여성들에게 관계성과 주체적 역량을 더욱 강화시키는 기제로 작용한다.

---

12 마리아는 2010년 초에 수원으로 이사를 가면서 아래와 같이 남아 있는 두루를 한밭레츠와 연결고리가 된 회원 K에게 후원했다.

　　○○○○이 다녀갔어요

　　"…1월에 우즈베키스탄으로 갔다가 2월이나 3월경 다시 온답니다. 남편이 한국에서 직장을 얻었대요. 수원에. 축하해야겠죠… 두루를 정리하려고 들렀어요. 얼마 전 꽃○○에게 유모차를 3만 두루에 샀답니다. 여름에 ○이 책을 많이 줘서 고맙다고 1만 두루 주었어요. 나머지 두루는 감○○에게 후원했네요"(2009년 12월 15일, 바○, 한밭레츠 홈페이지 "거래했어요" 중에서).

지역화폐와 여성주의―한밭레츠의 경험에서 길을 찾다

2. 여성들의 리더십

면접과 참여관찰 중에 만난 한밭레츠의 상당수 여성들은 자신들의 활동을 여성운동으로 정체화하지 않았으며, 여성주의자로 자처하지도 않았다. 오히려 여성운동 혹은 여성주의에 대해 어려워하거나 거부감을 표시하는 경우도 있었다. 이는 다른 공동체에서 환경운동을 하는 활동가 여성들 사이에서도 찾아볼 수 있는 현상이기도 하다(이영숙, 2002).[13] 특히 한밭레츠 참여자 여성들은 사회운동 경험이 없는 상태에서 공동체 활동을 시작한 경우가 많기 때문에 용어에서부터 활동방식에 이르기까지 낯설며, 그에 대한 부담감이 상대적으로 큰 것도 사실이다. 그런데 관계적 주체로서 공동체 내 핵심 활동가가 된 후에도 일부는 계속해서 거부감을 갖고 있었다. 기존의 사회운동방식에 대해 회의나 반감을 갖는 것과 같은 맥락에서 여성운동 혹은 여성주의를 인식하는 경향성을 보이기도 했다. 또한 여성운동단체에 실망한 경험을 바탕으로 사회나 여성의식이 높은 사람들이 개인과 집단의 권리는 강하게 주장하지만 그에 따른 책임성이 낮은 것을 문제 제기하는 경우도 있었다.[14]

---

13 환경운동을 하는 활동가 여성들이 여성주의에 대한 거부감을 갖는 이유에 대해 이영숙(2002)은 다음과 같이 세 가지로 분석했다. 첫째, 여성주의에서 여성들의 남성에 대한 성적 평등 주장은 상호성의 원리를 중심으로 하고 있는데, 이 상호성은 한국 여성의 정서이면서 또한 한국인 일반이 현실을 극복하고 살아가는 심리적 기제에 상반되기 때문이다. 둘째, 여성주의는 여남 사이 권력관계의 분석에 기초하므로 여성주의의 인식론이 지향하는 반이분법적 입장에도 불구하고 분석의 단계에서 여남은 분열되고, 이분화된 언어를 사용하게 되기 때문이다. 셋째, 성 인지적 관점에서 여성의 활동이 가시적이 되어야하고 자기 주장이 강조되는데, 자발적 조직 내에서는 조직원 사이의 조화가 공동체 유지의 중요한 요소가 되기 때문이다.

14 윤선희는 현재 대전의 여성단체에서도 활동하고 있지만 과거 10년이 넘게 여성단체를 멀리

다시 말해 한밭레츠 참여자 여성들이 여성운동에 갖는 거부감은 기존 여성운동을 포함한 구조주의 사회운동의 실천과정에서 집단의 권익과 제도화에 집중되는 것에 대한 반감이 크게 작용하고 있었다. 일상의 변화로 이어지는 생활운동으로 나아가지 못한 데 대한 문제의식도 포함하고 있다. 이는 실제로 참여자 여성들이 여성운동단체인 대전 여민회와의 연계에서 성인권, 폭력 관련 활동은 별로 없지만 지역여성들 중심의 생활운동이기도 한 어린이도서관 짜장과의 연계는 훨씬 더 많이 되고 있는 것에서도 알 수 있다.

한밭레츠 여성들이 갖는 리더십은 여성주의 가치관에 기반을 둔 여성주의 리더십으로 보기에는 한계가 있다. 여성주의 리더십이란 기본적으로 가부장적 사회구조와 문화 변화를 목적(조형 등, 2005)으로 하는 실천 활동이며, 여성주의 가치를 실현하는 일련의 과정이기 때문이다. 하지만 여성이 다수이나 의사결정과 핵심 활동에서 배제 또는 소외되는 다른 지역 공동체[15]와는 달리 참여자와 집행자 구조가 일치하며 국내에서 가장 오래된 지역화폐 공동체를 위기로부터 지키고 확장하는 데 중추적 역할을 한 한밭레츠 여성들의 실천역량은 지역여성의 리더십을 이해하는 데 시사점을 줄 수 있다. 또한 대안운동에서 여성주의 리더십을 모색하는 데 참고가 될 수 있을 것이다.

개인과 공동체의 성장이 함께 간다

리더십에 있어 무엇보다 중요한 것은 행위주체자들이 인식하는 가치이

했던 경험이 있다. 그 이유로 말과 주장에 비해 책임성 있는 행동이 따라주지 않던 일부 활동가들의 모습을 보고 크게 실망했기 때문이라고 이야기했다.

15 예컨대 이현희(2004)의 「여성주의 정치학으로서 생협운동의 가능성에 관한 연구」에서 사례로 든 H생협, 한밭레츠와 연계된 활동을 하고 있는 Y의료생협 등이 여기에 포함된다.

지역화폐와 여성주의−한밭레츠의 경험에서 길을 찾다

다. 2003년부터 한밭레츠 활동을 이끌고 있는 주부 중심의 참여자 여성들이 추구하는 가치는 나눔과 상호 보살핌 그리고 대안적인 삶과 공동체성의 실현 등 지역화폐운동이 갖는 가치이다. 평등, 평화, 연대 역시 한밭레츠가 지향하는 것[16]으로서 거래와 활동에 있어 바탕이 되는 것들이다. 이는 여타의 대안운동 현장에서 추구하는 가치들과 비슷한 측면이 있다. 참여자 남성들의 경우도 마찬가지이다. 그런데 현실에서 가치의 실현이 구성원들과의 구체적 관계 속에 리더십의 발현에까지 일관적으로 적용되기는 쉽지 않다. 따라서 여기서 주목하고자 하는 것은 그 가치가 어떠한 방식으로 실천되고 있느냐이다. 이를 통해 한밭레츠 여성들의 리더십을 파악하고자 한다.

한밭레츠 핵심 활동가나 리더그룹이 활동해온 과정을 들여다보면 앞서 이야기한 관계적 주체로서 면모, 즉 상호 관계성을 기반으로 주체적 역량을 확장해가는 과정이 기본적으로 깔려 있다. 그러한 기초 위에 대부분의 여성들은 공동체 안에서 성장하여 핵심 활동가와 리더가 되었다. 개인과 공동체의 성장이 함께 가고 있다.

> ○○○가 (한밭레츠 활동) 2년차 중반쯤 돼서 너 옛날에 비하면 진짜 많이 변한 거 아냐? 그랬어요. ○○○도 (나를) 봤을 때 옛날에 비하면 용됐다 그럴 정도로… (한밭레츠와 내가) 같이 성장한 거지. 특별한 계기가 있었던 게 아니라 자잘하게 부딪히면서 나도 모르게 성장한 거 같아요.
>
> — 심은숙

대학 졸업 후 자주 갔던 만화가게를 우연찮게 인수해서 운영하기도 했고,

---

16 2011년 5월 4일 열린 한밭레츠 비전워크숍에서 확인한 공동체의 가치는 나눔, 평등, 평화, 연대 등이었다.

홈패션을 배워 몇 년 동안 가게를 한 적이 있는 심은숙은 한밭레츠가 한참 힘들던 실무자 공백기에 자원 활동을 했다. 이를 계기로 주변의 적극적인 권유 속에 실무 활동을 하게 되었다. 아이가 아프거나 사정이 생기면 등록소에 아예 데리고 나올 정도로 마음과 시간을 냈으며, 그만큼 활동하는 게 좋았다고 말했다. 한밭레츠 실무 활동이 의미 있고 재미있게 할 수 있는 일이어서 선택했지만 처음 경험하는 공동체이고 일이다 보니 힘든 점도 많았다. 자신은 하느라고 열심히 했는데 운영위원회 회의에서 문제를 제기하면 붉으락푸르락 표정에 표시가 났고, 다른 사람들의 의견을 수용하기가 쉽지 않았다고 당시를 회상했다. 활동을 시작한 지 2, 3년 후에 외부로 사례 발표를 나갈 때쯤에는 자신의 성장을 보면 한밭레츠의 성장이 보인다고 말할 정도로 스스로 변화를 실감했으며, 주위 사람들로부터도 그 같은 말을 자주 듣곤 했다. 특히 그녀는 일을 처리하고 진행해나가는 데 다른 의견이나 문제 제기를 수용하고 받아들일 수 있는 측면에서 자신이 많이 다듬어지고 변했다고 말했다. 특별한 기회나 고비가 있었다기보다는 다양한 사람들을 만나고, 활동할 사람들을 찾아다니며 발굴하고, 거래와 활동거리들을 만들어가면서 관계 맺음을 하다보니 자신도 모르게 차츰 변화됐다고 설명했다.

연주현 역시 시나브로 차츰 변화된 것 같다고 표현했다. 미술을 전공해서 관련 학원을 운영한 경험은 있지만 공동체나 단체 활동 경험은 전혀 없었던 그녀는 민들레의료생협 소식지 편집위원부터 시작해서 다양한 자원 활동을 열심히 했고, 이사로도 활동하게 되었다. 맡은 것은 최선을 다해야 하고, 거절을 잘 못하는 성격상 자신의 상황과 조건이 안 되는데도 과도한 책임감에 시달리며 활동을 한 적도 있다. 한밭레츠 소모임을 하다가 자신이 참여를 권유한 절친한 선배와 갈등이 생겨 큰 상처를 받고 힘든 시기를 보낸 적도 있다. 그러한 과정 속에서 다른 공부를 한다는 명목으로 한동안 활동을 적극적으로 못한 적이 있다. 그 당시 거리를 조금 두면서 자신을 돌아보고 성찰해보는 시간을 갖게 되었다. 한밭레츠와 의료생협 활동이 자신에게 얼마나 의미 있었는지를 절실히 느끼게 되었다. 그 후 한밭레츠 운영위원회 위원을 하겠다고 스스로 자원했다. 레츠와 의료생협이 커지고 바빠지면서 갈수록 소통이 잘 안 되는 측면이 있는데 이를 조율할 통로가 필요하다고 느꼈으며, 자신이 그 역할을 조금이나마 할 수 있지 않을까라는 생각으로 자원하게 되었다. 한밭레츠와 의료생협에서 책임 있는 역할을 맡아서 힘에 부칠 때도 있지만 예전처럼 과도한 책임감에 고민하기보다는 자신의 상황에서 할 수 있는 만큼만 최선을 다하겠다는 마음이기 때문에 조금 편안해졌다. 2011년 의료생협의 상임이사까지 맡고 있는 그녀는 외부 연대회의에 참석해보면 아무런 경험 없이 자원 활동부터 시작해서 공동체를 대표하게 된 경우는 자신이 거의 유일해서 다른 공동체 참석자들이 놀라고, 부러워한다고 말했다.

잘 몰라도 필요하면 우선 부딪혀보며 치밀하게 준비하는 성격이 아닌 심은숙과 스스로를 우유부단하다고 표현하며 과도한 책임감에 시달릴 정도로 성실한 연주현은 성격이나 일을 추진하는 스타일은 다르지만 한밭레츠 활동을 통해 차츰 변화되고 역량이 크게 확장되었으며 리더가 되었다. 사실 개인과 공동체는 상호 영향을 주고받으며 변화, 성장하는 게 당연하다. 공동체와 조직의 역사가 쌓이면서 내부에서 성장한 사람들이 리더가 되기도 하는데, 한밭레츠 참여자 여성들의 경우는 특히 그러한 경향성이 뚜렷하다. 2011년의 경우 14명의 운영위원 중 9명이 여성이며 이 중에서도 윤선희와 회원 D를 제외한 7명의 여성이 자원 활동부터 시작해서 한밭레츠 활동을 통해 성장하고 핵심 활동가가 된 경우이다. 한밭레츠의 대내외적인 대표를 맡고 있는 운영위원장 H 역시 마찬가지로 사회적 명망가가 아니라 전업주부로 있다 평범한 회사원이 되었으며, 공동체 활동을 통해 지역사회에 알려지게 되었다.

한밭레츠 여성들이 핵심 활동가나 리더가 되는 과정을 보면 일상의 거래와 활동을 통해서 서서히 차츰 변화되는 것을 볼 수 있다. 이는 일부 다른 지역여성들이 지역의 현안문제나 이슈를 함께 해결하는 과정에서 역량이 확장되고 리더가 되어가는 경험을 하는 것과 다소 차이를 보인다.[17] 예컨대 정민초의 말처럼 한밭레츠 여성들은 바느질, 김치, 절음식, 떡 만들기, 다도, 영화보기 등 다양한 취미와 관심사를 함께 나누는 과정에서 누군가 먼저 가지고 있는 재능을 나누고 그걸 배운 사람이 또 나눠주며 교육문제, 가족 간의 문제와 일상적 이야기를 나누게 된다. 그러한 교류의 과정이 교육이 될 수 있으며, 그러한 나눔이 쌓여서 상호 변화되고 일상성을 바탕으로 한 리더십이 발휘될 수 있다.

수평적 관계와 비교적 민주적인 공동체 문화

이러한 흐름 속에 한밭레츠 여성들은 활동방식에 있어 몇 가지 특징을 보인다. 첫째, 수평적 관계 속에 리더그룹과 일반 회원의 경계가 거의 없으며 비교적 민주적인 공동체 문화를 만들어가고 있다. 지역화폐에 관심을 갖고 활동을 하고자 등록소를 방문하게 되면 한밭레츠 역사와 거래방식에 대한 설명을 듣고 곧바로 회원이 될 수 있다. 거래, 자원 활동, 프로그램 개설 등 조건만 맞으면 자신이 원하는 것들을 무엇이나 할 수 있다. 등록소에 가면

---

17 예컨대 김종미(2004)의 「중산층 주부의 여성주의 정치학과 사회자본 창출에 관한 연구」에 보면 M여성단체 D지회의 경우 지역의 골프장 건립반대운동, 초안산 지키기 운동 등 지역 현안문제를 적극적으로 해결해가는 과정에서 여성들이 역량과 리더십을 강화해가고 있다.

지역화폐와 여성주의-한밭레츠의 경험에서 길을 찾다

열심히 수다 떨고 의견을 내며 아이들을 데려와 품앗이방을 차지하고 있는 회원 N과 B 등을 만날 수 있다. 이들이 운영위원이거나 활동한 지 오래된 회원일 것으로 당연히 생각되지만 실은 활동한 지 6개월도 채 되지 않은 신입 회원이라는 사실에 놀라기도 한다.

일반 회원도 본인이 원한다면 운영위원회 회의에 참석하고 의견을 낼 수 있다. 일반 회원인 필자 역시 운영위원회 회의에 참관할 수 있었다. 예민한 주제나 공동체의 문제점을 토론하는 광경도 아무런 제약 없이 볼 수 있었다. 물론 아무리 열린 구조라고 해도 많은 시간과 품을 내는 회원과 그렇지 않은 회원의 차이는 있을 것이다. 하지만 면접과 참여관찰을 통해 경험한 한밭레츠는 거래와 활동 그리고 의견 제시 등에 있어 신입 회원/오래된 회원, 운영위원·핵심 활동가/일반 회원 등의 구분이 비교적 뚜렷하지 않았다.

또한 등록소에는 주방시설이 갖춰져 있다. 실무자, 자원 활동가, 활동과 거래 참여자 및 등록소에 방문하는 사람들은 누구라도 시간대가 맞으면 함께 식사를 할 수 있다. 주 메뉴는 심은숙이나 반상근 활동가 B, J 등 실무자들이 마련하는 편이지만 인근에 사는 회원들이나 프로그램 참여자들이 자발적으로 만드는 경우도 많다. 설거지나 뒷정리는 또 다른 회원의 몫이 되며 자연스럽게 일의 분담이 이루어진다. 함께 준비해서 식사를 하고 차를 마시며 한바탕 수다판이 벌어지는 사이에 회원들 간의 경계는 그만큼 허물어지고, 공동체 구성원으로서의 정체감은 다져지게 된다.[18] 다른 단체를 보면 식사를 주문하거나 먹는 문화에 있어서도 지위, 경력, 나이 등에 따라 경

---

18 누구라도 출입이 가능한 문턱이 낮은 한밭레츠의 주방은 회원들 간에 벽을 허물고, 갖가지 음식 품앗이와 일자리가 만들어지는 출발점이 되기도 하며, 공동노동의 실습장이기도 하다. 이처럼 주방은 참여자 여성들이 관계를 맺고 소통하며 역량을 확장해가는 일상과 노동의 공간이자, 정치적 공간이 되기도 한다.

계가 생기고 구분이 지어질 때가 많은데, 한밭레츠의 경우는 비교적 그렇지 않다. 이는 리더그룹이 그만큼 권위적이지 않다는 것을 보여주는 예이기도 하다. 생활운동으로서 먹고 나누며 관계를 맺는 것이 공동체 활동에 있어 중요하다는 것을 인식하고 있기 때문이기도 하다.

이러한 수평적인 관계 맺음이 가능한 요인 중에 하나는 운영위원과 핵심 활동가 중에 아무런 경험 없이 전업주부로부터 출발한 경우가 많기 때문이다. 리더그룹이라고 해서 특별하게 생각되지 않고 누구나 열심히 활동하면 그렇게 될 수 있다는 생각을 자연스럽게 갖게 된다. 또한 공동체의 주체는 모든 회원이라는 것이 기본적으로 깔려 있으며, 이는 회원들과의 소통과 일을 만들어 가는 데 있어 영향을 미치게 된다.

양적 성과보다는 사람과 질에 가치를 둔다

둘째, 양적 성과 중심의 활동을 하지 않으며 비교적 느리고 느슨한 조직 형태를 보인다. 심은숙과 연주현 등은 한밭레츠가 빡빡하고 틀에 꽉 맞춰진 공동체가 아니었기 때문에 자신들이 핵심 활동가가 되지 않았을까라는 의견을 말하기도 했다.

> 내가 생각해봐도 아마 대개 빡빡한 조직이었으면 내 성질이 더러워서 그 초반에 많이 힘들어하지 않았을까 싶어요. 그나마 레츠니까 버텨가면서 조금씩 내가 변화되는 어떤 시간적 여유를 갖게 된 게 아닐까…
>
> — 심은숙

심은숙의 지적처럼 활동의 경험이 없는 개인이 차츰 변화되고 성장하는 데는 조급해하지 않고 기다려주는 여유와 틈이 그만큼 필요하다. 자신들이 그렇게 성장했기 때문에 특별히 노력하지 않아도 새로운 회원들을 그와 같은 마음가짐으로 대할 수 있다. 24시간이 모자랄 정도로 바쁘게 움직이는 지역의 다른 단체나 공동체 그리고 한밭레츠 일부 회원들로부터 느리게 간다는 평가를 듣기도 하지만 크게 개의치 않는다. 우리 사회뿐만 아니라 기존의 사회운동 역시 너무 바쁘고 정신없이 돌아가는 시스템이 문제적이라고 느끼고 있다. 따라서 등록소 실무자인 심은숙은 웬만해선 야근을 하지 않는다. 물론 직장 다니는 참여자들을 고려해서 회의가 저녁에 있거나 주말에 행사 일정이 잡히는 경우도 있고, 일을 처리하다 보면 밤을 새워야 할 때도 있다. 하지만 되도록 시간 외 일을 하지 않으려고 노력한다. 새로운 일을 두려워하지 않고 추진력이 강하다는 평가를 듣는 그녀지만 준비가 안 된 상태에서 일을 벌이는 것 또한 경계한다.

특히 사회적 일자리 차원에서 만들어진 '두루잔치'가 정리되는 과정[19]에서 놀랐던 것 중의 하나는 어느 정도 사업결과물이 있었기 때문에 다른 단체라면 많은 경우 무리를 해서라도 지속하려고 할 텐데 한밭레츠는 과감히 사업중단을 선택한 점이다. 두루잔치를 지속하면 눈에 보이는 가시적인 성과가 상당하고, 경제적인 면에서도 크게 도움이 될 테지만 사업 참여자들 스스로 준비시간이 부족했고, 등록소와 사업공간이 겹쳐서 회원 활동을 오히려 위축시킬 수 있다는 자체 진단이 있었기 때문에 내실을 기하기 위함이었다.

또한 회원 R을 대하는 태도 역시 한밭레츠 참여자들의 활동성향을 여실히 드러내는 지점이다. 대안운동 현장에서 활동하고 있는 회원 R은 몇 년 전에 한밭레츠 품앗이 거래를 만화로 만들기로 했고, 그에 대한 예산도 지

---

19 노동부 사회적 일자리 공모사업으로 시작한 두루잔치는 2009년 3월부터 2010년 2월까지 1년 동안 활동했다. 관측에서는 계속에서 진행할 것으로 권유했으나 한밭레츠 내 자체평가를 통해 사업을 정리하게 되었다.

원받은 바 있지만 아직까지 결과물이 나오지 않고 있다. 이에 대해 말할 때 윤선희를 비롯한 한밭레츠 참여자 여성들은 "…하하하 ○○○(회원 R)이 아이디어는 참 많은데, 그 결과가 나오기까지 시간이 한참 걸리지… 하하하." 이처럼 가볍게 혹은 유머로 표현하곤 했다. 게다가 참여자들은 변함없는 애정을 보이며 문화운동을 병행하는 R을 위해 십시일반 돈을 거둬 활동을 지원하기도 했다. 결과물이 나오지 않을 때 비판은 물론 심하게는 매장되는 경우도 있는 기존의 운동 현장에서는 찾아보기 힘든 광경의 하나이다. 조직의 활동과 성과 그 자체보다는 이를 실천하는 사람에게 더 가치를 두고 있는 참여자들의 지향점이 그대로 녹아 있는 것이다. 이는 결과보다는 과정, 양적 성과보다는 질과 공동체적 가치에 집중하는 한밭레츠 참여자 여성들의 활동방식이 토대가 된 것이기도 하다.

책임과 성과를 함께 나눈다

셋째, 과정에 대한 책임을 함께 나누며 결과를 공유하려는 경향성이 크다. 다른 단체나 공동체 활동을 살펴보면 상당 경우 일부 활동가들에게 모든 일이 편중되는 것을 볼 수 있다. 이는 시민 없는 시민운동이라는 비판으로 이어졌다. 한밭레츠 참여자 여성들의 경우 핵심 활동가들이 많은 일을 담당하고 있긴 하지만 일을 만들어가는 과정에 있어서 회원들 스스로가 자발적으로 참여할 수 있도록 노력하고 있다.

> 무엇보다 공동체에서의 활동은 다른 회원한테 미안해서 혼자 다 처리해버리는 것이 아니라 그들과 책임을 나누고, 함께 해결하는 게 의미 있다는 것을 느끼고, 그렇게 실천하려고 노력하는 것이죠.
>
> ─ 연주현

지역화폐와 여성주의─한밭레츠의 경험에서 길을 찾다

단체나 조직에 몸 담아본 사람이라면 치열하고 바쁘게 활동하는 것보다 다른 사람들의 상황과 조건을 고려해가며 천천히 느리게 활동하고, 혼자서 빨리 처리하는 것보다 여러 사람들과 책임을 나누며 공유하는 것이 쉽지 않고, 얼마나 마음을 써야 하는 일인지 한 번쯤은 경험해봤을 것이다. 연주현은 민들레의료생협 회지 편집 자원 활동을 처음 시작했을 때 다른 회원들이 바쁘니까 미안한 마음에 밤을 세워가며 혼자 편집 일을 다하곤 했다. 하지만 상황은 개선되지 않았다. 어느 순간부터 편집위원 중 자신만 움직이고 있는 것을 발견하게 되면서 공동체 정신에 얼마나 반하는 것인지를 깨닫게 되었다. 이제는 활동과정에서 회원들과 책임성을 나누도록 의식적으로 노력하고 있다. 사실 그녀처럼 누구보다 책임감이 강하고 성실한 활동가들이 의도하지는 않았지만 결과적으로 혼자 일을 독점하게 되는 경우를 종종 보게 된다. 공동체 활동에서 중요한 것 중의 하나는 구성원들의 상황과 조건을 고려하되 일에 대한 책임을 함께 나누는 것이다. 그렇게 될 때 활동에 대한 결과와 운동의 성과 역시 함께 공유할 수 있다. 한밭레츠 참여자 여성들은 이를 잘 알고 있었다.

이처럼 한밭레츠 참여자 여성들이 책임성을 함께 나누는 것은 등록소 사무실을 마련하는 과정에서도 잘 들어난다. 민들레의료생협과 사무실을 함께 사용하다가 공동체 규모는 확장되는데 활동공간이 비좁아 교육이나 프로그램 공간은 다른 곳을 유료로 사용하고, 심지어 충원된 의료생협 활동가 책상이 들어갈 공간도 없게 되자 운영위원회 회의에서 등록소 독립을 결의했다.[20] 출자금은 한 구좌당 십만 원이었으며, 한 명의 출자금이 전체 총 금

---

20 한밭레츠의 꿈을 이루어 봅시다!!!
  "2002년부터 한밭레츠는 의료생협과 함께 했습니다. 공간이 비좁아도 엉덩이 부비며, 나누

액의 1/5를 넘지 않는 것으로 하여 일부 회원에게 집중되는 것을 방지하고, 되도록 많은 회원이 참여하도록 권장했다. 2개월이라는 짧은 기간에 50여 명의 회원이 출자금을 내고, 그 외 축하 후원금을 보내주어 2007년 7월 독자 적인 등록소 사무실 공간을 마련하게 되었다. 일련의 과정에서 리더십을 발 휘하며 실무를 진행했던 심은숙은 한밭레츠 회원들이 십시일반 함께 나누 었기 때문에 가능한 일이었다고 당시를 회상하며 감회에 젖기도 했다.

경험과 지속적 실험이 우선시 된다

넷째, 학습보다는 경험이, 즉각적인 평가보다는 지속적인 실험이 더욱 고 려된다. 한밭레츠의 경우 신입 회원이 될 때 공식적으로 한 번의 교육을 받 고 그 뒤로는 별도의 회원교육 프로그램을 찾아보기 힘들다. 따라서 의식 을 변화시키고 내적 힘을 기르는 교육과 학습을 지속적으로 하는 단체나 공 동체 활동에 익숙한 일부 회원들은 불만을 갖기도 한다. 그런데 엄밀히 따 져보면 교육이 없다기보다는 거래와 활동 프로그램에 지속적으로 참여하는 자체가 바로 교육이며 실습이고 학습의 효과를 갖는다. 다시 말해 교재와 강의 중심의 이론교육이나 학습은 이루어지지 않지만 구체적인 관계 맺음

며… 사무실 공간이 좁아지고, 사랑방 공간이 좁아져 사랑방 구실을 제대로 못해, 회원들이 찾아와 엉덩이 붙일 공간이 없어… 이에… 운영위에서는 다음과 같이 의결하였습니다.
1) 한밭레츠는 독립한다.
2) 보증금과, 공사비를 포함 2,000만 원을 목표로 출자금을 모은다.
3) 1구좌가 10만 원이며, 전체 총 출자금의 1/5을 넘지 않도록 한다.
4) 출자한 후 3년 안에는 출자금 반환이 불가하다.
5) 3년 후에 출자금 반환을 원할 시에는 2개월 전에 요구하도록 한다.
6) 한밭레츠의 총회와 함께 출자금에 대한 총회를 하도록 한다."
(2007년 5월 23일, 한밭레츠 홈페이지 "품앗이 사랑방" 중에서).

지역화폐와 여성주의–한밭레츠의 경험에서 길을 찾다

속에서 실전 경험을 쌓아가며 학습하고 체화로 연결되기도 한다. 특히 신입 회원 모임이나 외부 교육 프로그램을 진행할 때 참여자 여성들이 주로 하는 것은 '품앗이놀이학교'이다. 거래를 즐기면서 직접 해보는 체험 위주의 교육이 여기서 이루어진다.

또한 활동 프로그램에 참여하게 되면 당연히 평가 시간이 따로 있겠지라는 생각을 하게 되는데, 한밭레츠 활동에서는 그렇지 않은 경우도 있다. 예컨대 가족 단위로 농부 회원의 밭에 가서 포도따기 체험 프로그램을 하게 되면 활동을 마무리할 즈음에 돌아가면서 소감을 나누고 평가를 하게 되는 게 일반적인 경우라면 한밭레츠의 경우는 체험 활동에 집중하고 소감나누기와 평가 등은 돌아오는 차 등에서 자연스럽게 수다 떨며 진행되는 경우가 있다. 다시 말해 활동 자체에 집중하면서 평가 등의 시간을 의무적으로 갖기보다 뒤풀이처럼 자연스럽게 이야기할 수 있는 분위기를 만드는 것에 치중한다. 그러다보니 여건이 안 되면 평가 시간이 아예 주어지지 않을 때도 있다. 사실 평가를 하는 것은 다음 활동에 참고하고 개선을 하기 위함인데 한밭레츠 여성들이 주도하는 프로그램의 경우는 즉각적인 평가로 개선이 이루어지기보다 장기적인 흐름 속에 평가 역시 느리게 진행되는 편이다. 윤선희나 심은숙이 자주 사용하는 말처럼 '실패하더라도', 당장은 좋은 평가가 되지 않고 시행착오를 거치더라도 지역화폐의 장기적 전망 속에 실험이 지속돼야 한다는 인식을 갖고 있다.

여성주의와의 연결지점과 리더십의 실험

정리해보면 한밭레츠 여성들의 활동방식은 관계적 주체로서의 역량과 일상성을 기반으로 하며 참여자 여성들의 경험을 중시하고 있다. 또한 비교적 수평적이며 민주적인 공동체 문화가 형성되고, 양적인 성과나 평가보다는 질과 책임성 및 공동체성을 우선시한다. 따라서 여성주의라는 말을 사용하지 않고, 의식하거나 의도하지는 않았지만 활동과정에서 발휘되는 한밭레츠 여성들의 리더십은 여성주의가 추구하는 가치와 상호 작용할 수 있는 연결 지점들이 있다. 여성주의적 가치가 실현되는 여성주의 리더십은 리더가 여성이라는 성별, 여성적 리더십 즉 리더십의 성별이 아니라 리더십 발휘방식에서 기존의 어떤 리더십 유형과도 다른 차별성 갖는 것이기도 하다(윤혜린 등, 2007). 따라서 한밭레츠 여성들의 활동방식을 통해 살펴본 리더십은 여성들에 의한 여성적 리더십이라는 것보다는 그 실천방식의 차이 혹은 차별성 면에서 여성주의와 연결될 가능성이 있는 점에 특히 주목된다.[21]

한편 앞서 살펴본 대로 한밭레츠는 탄생을 주도했던 사회운동 경험을 가진 초창기 그룹과 민들레의료생협을 만든 후 등록소가 법동에 위치하면서 유입된 지역주민들, 그리고 거래와 활동을 활발하게 하고 있는 전업주부를 포함한 여성 등 세 층위가 공존하고 있다. 이는 공동체 확장의 요소가 되기도 하지만 갈등[22]과 막힘의 요소가 되기도 한다. 초창기 핵심멤버와 영구임

---

21 한편 김정희(2007)는 지역에서 활동하는 풀뿌리여성들의 리더십을 초록리더십으로 명명했다. 그 특징으로 누구에게나 잠재하는 리더십, 파트너십을 형성하는 리더십, 최고 리더십으로서의 무위(사사로움이 없이 만물을 생성하고, 양육하나 거느리지 않는 리더십, 도를 따르기 위해 힘껏 노력하며 능력을 갖춘 리더십) 등을 들고 있다. 또한 김영남은 처음에 풀뿌리여성들은 리더라는 말에 부담을 느끼고 자신과는 먼 이야기라고 여기게 되지만 차츰 여성주의 리더십을 경험하게 된다고 말했다. 즉 풀뿌리여성운동에서 강조하는 리더십이 혼자 주도하는 기존의 위계적 리더십이 아니라 관계성을 기반으로 하여 각자의 장점이 잘 어우러지는 수평적이고 통합적인 리더십이라는 것을 인식하면서부터는 훨씬 더 편안하게 자신의 장점을 발휘하고 서로를 인정하는 여성주의 리더십의 경험을 하게 된다는 것이다(김영남, 2012: 91).

22 면접과 참여관찰을 토대로 보면 한밭레츠에서 두드러지는 갈등의 요소는 자발적 가난과 강요된 가난의 차이 즉 계층의 문제와 구성원들의 활동 위치가 이동하고 바뀌면서 겪게 되는

지역화폐와 여성주의-한밭레츠의 경험에서 길을 찾다

대아파트에 거주하는 회원들이 현재 한밭레츠를 이끌고 있는 여성들의 활동방식과 리더십에 대해 불만을 갖거나 답답해하는 경우도 있다. 자원 활동이 가능한 주부 중심의 활동이 이루어지다 보니 직장인이나 비혼, 젊은 여성들의 참여가 저조하다. 송미란의 지적처럼 먹고 살 만한 중산층 여성들, 그녀들만의 잔치라는 일부의 평가가 있는 것도 사실이다.[23] 거래 시스템이 안정화에 접어들면서 회원들의 참여방식이나 활동 밀도가 예전같이 않다는 말이 나오고 있다. 물론 확실치는 않지만 변화가 되고 있는 것만은 분명하다. 그런데 그 변화가 구체적으로 어떠한 영향을 미칠지 아직은 상황을 지켜보며 판단을 유보하고 있는 상태이다.[24]

이러한 흐름 속에 2011년 들어서 한밭레츠 거래와 활동 상황을 점검하고 평가하며 지역화폐 공동체로서 장기적 전망을 세워보자는 취지의 비전워크샵을 지속적으로 열고 있다. 심은숙과 연주현 등은 비전워크샵의 주체로 적극 참여하고 있으며, 원하는 회원들은 누구라도 참석하여 의견을 공유할 수 있다. 공동체 안의 차이와 갈등, 변화에 대한 요구들을 수렴하고 활동에 반영하며 향후 지역화폐운동의 전망을 어떻게 세워갈지 한밭레츠 참여자 여성들의 리더십은 계속해서 실험되고 있는 중이다.

입장의 차이 등이었다.

23 특히 송미란은 법동에 위치한 영구임대아파트 지역주민들 중에는 한부모가정, 장애인 등이 많은데, 이들은 지역화폐를 거의 사용하지 않는다고 지적했다.

24 예컨대 서서히 가시적으로 보이기 시작하는 변화 흐름 중 하나는 회원들 중에 농산물, 생산품 등 주로 필요한 거래만을 하며 일상적인 관계 맺음을 거의 하지 않는 경우가 점점 늘고 있다. 이에 대해 심은숙은 3, 4년 전에 서울에 있는 지역화폐 공동체에 갔을 때 그곳에서 이와 비슷한 종류의 고민을 하는 것을 봤으며, 이제 한밭레츠도 한편에서 그 같은 흐름이 생기는 것 같다고 말했다.

3. 연결망을 통한 공동체의 확장

한밭레츠 참여자들 중에는 공동체 활동에 동화돼가며 스스로가 거점이 돼서 가족들은 물론 공동체 외부 지역운동 현장과 연결망을 이루어 지역화폐운동의 가치와 실천역량을 차츰 확장해가는 여성들이 상당수 있다. 참여자 여성들은 아이들, 남편 등과 함께 변화의 과정을 경험하기도 한다. 지역단체들과 현안 이슈나 사회문제 사안에 대해 연대하는 방식보다는 공동체에서 체화된 것들을 토대로 외부와의 연결을 통해 지역화폐나 새로운 주제의 대안운동을 모색하는 방식의 활동을 하기도 한다.

1) 가족과의 연결망

참여자 여성의 가족과의 연결성은 조미향처럼 남편이 반대는 안 하지만 활동에 소극적인 경우도 있고, 임서현처럼 아이들이 아직은 참여하지 않는 경우도 있어서 사례에 따라 다를 수 있다. 하지만 가족 단위 참여가 많기 때문에 본인은 물론 가족들과 함께 변화의 과정을 겪기도 한다.

> 우리 ○○(딸)이 **품앗이 운영위원이잖아. 지역화폐에서 고등학생이 운영위원이 된 건 아마 처음일걸… 사무실도 예쁘게 꾸며놓고, 운영위 회의도 참석하고 나름 열심히 하는 모양이여…
>
> — 윤선희

윤선희는 자신의 딸 ○○이 다니고 있는 대안고등학교 인근 지역에서 새로 만들어진 지역화폐 공동체 활동에 적극 참여하고 있으며, 운영위원이 되었다는 말을 하면서 무척 흐뭇해했다. ○○은 어려서부터 엄마, 아빠와 함께 한밭레츠 활동에 참여하곤 했다. 농부 회원들의 밭에 가서 고구마도 심고, 농사일을 거들며 두루를 벌기도 했다. ○○이 어렸을 적 한때는 형편상 엄마 아빠와 떨어져 살 때가 있었는데, 비혼여성인 회원 W가 ○○과 함께 동거하며 기꺼이 가족이 되기도 했다.[25] 대안중학교를 졸업한 후 곧바로 고등학교에 진학하지 않고 양재를 배운 적이 있는 ○○은 양재와 디자인을 배워 그 방면의 전문가가 되고 싶은 꿈을 가지고 있다. 고등학교 졸업자격 검정고시를 준비한 지 몇 개월 만에 합격하기도 했다. 부모나 선생님이 옆에서 공부하라고 했으면 죽어라 안 했을 텐데 본인이 스스로 원해서 하니까 열심히 했고, 금방 합격한 거 같다며 윤선희는 대견해 했다. 한밭레츠 활동에 참여하면서 ○○을 무척 따르는 동생들도 생겼다. 송미란의 유치원생 큰아이는 한밭레츠 모임이나 행사가 있을 때 ○○이 언니 오냐고 먼저 물어봤다. 레츠 식구들과 함께 지리산 쪽으로 농촌체험을 다녀온 적이 있는데, 송미란의 아이들은 ○○이 언니를 만나 함께 놀 수 있어서 무엇보다 신나했다. 이러한 레츠에서의 경험을 토대로 고등학생인 ○○은 새로 시작하는 **품앗이의 의

---

25 ○○와의 동거 6개월

"추동 작은집에서 지내시던 ***네는 시부모님을 모셔야 하는 상황이 되서 시내로 이사를 하게 되었다. ***막내… ○○, 추동 동명초등학교 6학년, 도시학교로 전학을 하기에는 아이에게도 ***에게도 부담이었으리라… 이쯤 원○○은 추동으로 방이 2개, 거실 1개, 부엌 1개, 욕실 1개… 짜리 독캣집으로 이사를 하게 됐다. ***네 소식을 들은 원○○은 생각할 것도 없이 ○○이와 같이 살아보겠다고 이야기를 건넸다. 원○○이 ○○이와 살고 싶은 이유 1. 원○○은 아이들을 좋아한다. 2. 원○○은 외롭다. 3. 원○○은 번듯한 직장이 없어 돈을 벌어야 한다.(하숙비를 현금과 두루로 받기로 결정…) 4. 원○○은 ***를 좋아한다. 이렇게 쉽게 우리의 동거가 시작됐다. 수줍게 말도 없었던 이 녀석이 언젠가부터 나를 놀리기 시작한다. 퇴근해 돌아오는 나를 보면 방구석에 숨어 있다가 갑자기 소리 지르며 뛰쳐나오거나, 능구렁이처럼 코믹한 말로 나를 놀린다…"(2005년 7월 14일, 원○○, 한밭레츠 홈페이지 "품앗이 사랑방" 중에서).

사결정기구인 운영위원회 위원이 되었다. 이처럼 지역화폐 공동체 안에서 ○○은 윤선희의 딸이나 가족으로만 머무르지 않는다. 스스로 활동의 주체가 되고, 새로운 가족과 이웃을 만나 서로 힘을 주고받기도 하며, 자신의 꿈을 지지받으면서 성장해 간다. 또한 한밭레츠와 다른 공동체를 연결하는 통로가 돼 그만큼 지역화폐운동을 확장시켜나가고 있다.

> 우리 남편이 6개월 동안 내가 하는 거를 딱 보더니 어느 날 그렇게 순진하고 착한 사람들이 거기 가면 수백 명이 모여 있단 말이야, 그러면서 여길 들어온 거예요. 자기도 사람들을 만나고는 확 마음이 끌렸던 거지. 아, 진짜 내가 생각했던 거랑 다른 사회가 있구나… 공유된 기본 생각들을 가지고 모인다는 게 되게 신기했나봐… 그러면서 이제 애들을 공동육아 보내니까, 결혼해서 애 낳았으면 부인이 키우고, 뭐 나는 밖에서 돈 벌어오고 이렇게 생각했던 사람인데, 와가지고 아이 키우는 거는 끊임없이 부모들이 공부하면서 그래야 된다는 걸 여기 와서 알았고…
>
> — 손연주

손연주를 통해 한밭레츠에 가입하게 된 남편은 주위 사람들로부터 많이 변했다는 소리를 종종 듣는다. 직장의 회식보다는 레츠 모임을 더 좋아한다. 주말에 혼자 등산 가는 대신 아이들과 공차기를 하며 공동육아모임에도 적극 참여하고 있다. 심은숙의 남편은 처음에는 회원들과 어울리기 힘들어하고 소극적이더니 어느새부턴가 매실 따기 등 계절 활동이나 체험 프로그램 있을 때에 남성 회원들에게 먼저 전화해서 참여를 유도한다. 차량운행 등 자원 활동도 당연히 할 줄 알고 시간을 비워둔다.

손연주의 열두 살 큰아들은 어느 날 잡지에서 "세상을 바꾸는 멋진 사람들"이라는 제목의 글을 보자마자 "이거 딱 우리 엄마 얘기네 뭐, 엄마처럼 살면 되는 거잖아"라고 말해서 그녀를 흐뭇하게 했다. 연주현의 딸로 중학생이 된 강윤희는 4학년 도덕시간에 공동체 봉사 활동을 공부하면서 선생님과 친구들에게 한밭레츠를 소개해주었고, 자기도 커서 엄마처럼 되겠다고 해서 연주현의 기분을 붕 뜨게 만들었다. 엄마처럼 살고 싶다는 말은 세상 엄마들에게 최고의 찬사가 아닐 수 없다. 그 아이들이 앞으로 어떠한 모습으로 자라게 될지 알 수는 없지만 분명한 것은 엄마가 하는 활동의 가치를 느끼고 있으며, 어려서부터 지역화폐 공동체 활동에 알게 모르게 익숙해져가고 있다는 것이다.

그러한 아이들의 체화과정은 심은숙의 딸처럼 동시로 표현되기도 한다.[26] 손연주의 아들처럼 산에 가면 벌렁 누워서 하늘이 예술이라고 읊조리며 남자가 바느질하고 뜨개질하는 것에 대해 거부감이 없는 아이로 자라게 한다. 회원 J의 초등학생 아들은 밥상을 주제로 일기를 쓰며, 두 살 터울의 여동생은 물론 레츠에 놀러오는 다른 동생들을 잘 돌봐준다.[27] 이처럼 아이들은 양성적으로 자라기도 한다. 옷이나 책, 장난감 등을 교환하는 거래 활동, 풍물과 연극 활동 및 다양한 교육 프로그램을 통해 지역화폐가 너무나 당연한 것으로 인식하게 된다. 한밭레츠 참여자 여성들의 꿈 중에 하나는 아이들이 자라서 지역화폐 활동가가 되는 것이다.

이처럼 한밭레츠 참여자 여성들은 아이, 남편 등과 함께 거래와 활동에

---

26 우리들

"우리들은 구멍 뚫린 청바지 같은 거야. / 왜냐구? 구멍 뚫린 곳을 바늘로 꿰메듯, / 우리들도 부족함을 바늘로 꿰메야 하니까"(2003년 11월 13일, 심은숙의 딸 ○○○이 초등학교 4학년 때 쓴 시, 한밭레츠 홈페이지 "품앗이 사랑방" 중에서).

27 오락가락 오늘 밥상

"오늘 아침 고구마줄기 국밥 / 오늘 아침 고소한 밥상 / 오늘 점심 라볶이 / 오늘 점심 매운 밥상 / 오늘 저녁 인절미, 콩설기 / 오늘 저녁 쫀득 쫀득 밥상"(2009년 8월 23일, ○○○의 일기, 한밭레츠 홈페이지 "품앗이 사랑방" 중에서).

참여하는 경우가 많아서 정도의 차이는 있지만 가족들의 변화를 체감하며 지역화폐 공동체를 확장해 간다. 이는 개인적 관계망에서 공동체 관계망으로 확장된 참여자 여성들이 다시 공동체와 가족을 연결하면서 지역화폐의 지평을 그만큼 넓히고 있는 것이다.

2) 지역운동과의 연결망

마을도서관과의 연계

한밭레츠에서 민들레의료생협이 만들어질 당시 핵심역할을 한 회원들이 주로 남성들이었다면 여성들의 경우는 마을 어린이도서관을 만들고 지역화폐와 연결시키고자 하는 시도들이 눈에 띤다.

> 레츠 활동하면서 제일 고마웠던 건 끊임없이 내가 사는 사회나 나에 대해서 돌아볼 수 있는 반성의 계기, 이런 것들을 내 주변 회원들이 나한테 잊을만 하면 화두를 던져준다고 할까. 그렇게 살면 아니지 않냐, 이 정도면 살 만해 매너리즘에도 빠지고 열심히 하다보면 그게 그거네 이럴 때쯤 새로 일을 도모하면서 뭔가를 새롭게 만들어내는 회원들이 있고, 그런 회원들이 있어서 아, 그게 아니었구나 반성하게 되고, 그럼 또 힘을 내서 또 다른 일을 하게 되고, 그런 게 제일 고마웠었고…
>
> — 손연주

손연주는 함께 활동하는 한밭레츠 회원들이 의료생협과 대안학교 등 새로운 일을 도모하고 확장해가는 것을 보면서 자극을 받고, 자신의 상황 속에서 할 수 있는 일을 찾아나갔다. 그러한 과정에서 자신이 살고 있는 동네에서 주민들과 함께 하고자 반장을 맡기도 했다. 2007년부터는 마을 어린이도서관 준비모임을 가졌는데, 외부의 아무런 지원 없이 맨주먹으로 시작하다 보니 어려움도 많았다. 처음에는 마땅한 공간이 없어 자신의 집을 개방해서 도서관 장소로 사용했다. 방과 거실에다 책을 진열해 놓고 엄마와 아이들이 함께 이야기 나누고 쉴 수 있는 자그마한 공간도 꾸몄다. 다행히 비어 있는 집을 도서관으로 사용해도 좋다는 마을 주민이 나타나 장소문제는 해결되었다. 그녀와 도서관 추진위원들에게는 "어떻게 내 이웃들과 함께 행복한 도서관을 만들 것인가?"가 무엇보다 큰 화두였다. 결론은 머리로 판단하는 도서관이라는 목표가 아닌 가슴을 움직여 서로 보살피게 하는 관계 맺음이 가장 중요하다는 것으로 정리되었다.[28] 어린이도서관 참여 엄마들이 가슴을 맞대고 아이디어를 내서 학부모를 대상으로 하는 마을학교인 인문학강좌를 열어 인기를 끌었다. 지역의 아이들과 함께하는 일일장터를 열어 성황리에 마치기도 했다. 2009년 가을에는 아이들 교육이 아닌 어른들을 위한 마을학교를 열어 호응을 얻었으며, 한밭레츠 회원 Y, D, S 등도 함께 한 바 있다.

사실 손연주는 뜻하지 않게 집문제 때문에 충남의 다른 지역으로 이사를 가야 했다. 그녀의 말처럼 나 아니면 안 된다고 생각하지 않았다. 떠날 때가 될 만하다 싶으면 떠날 수도 있고 다른 곳에 가서 공동체운동을 다시 시작할 수도 있다. 하지만 마을 어린이도서관의 대표 활동가 임기가 남아있고, 아직 더 기반을 다져야 하는 상황에서 그녀는 난감할 수밖에 없었다. 40km가 넘는 거리를 오가며 나름대로 열심히 활동했지만 아무래도 자주 왕래가 힘들고 불편한 상황에서 그녀는 다시 이사 나올 궁리를 했다. 1년 만에 소원대로 도서관 근처로 이사를 하게 되었다. 이사문제로 고민하는 그녀를 지켜보면서 아파트가 많고 주거가 불안정한 우리 사회 현실 속에서 이사는 도시

---

28 2007년 12월 13일, ○○○, 한밭레츠 홈페이지 "품앗이 사랑방" 중에서

공동체운동의 중요한 변수가 될 수 있음을 다시 한 번 실감했다.[29] 구성원들의 이동이 잦다보면 공동체운동이 뿌리 내리기가 그만큼 쉽지 않다. 더구나 핵심적인 역할을 하는 회원들이 갑자기 빠져나가 버리면 위기 상황이 발생할 수도 있다.

물질적 손해를 감수하면서 손연주가 마을로 다시 돌아온 데에는 마을 어린이도서관과 함께 지역화폐운동에 대한 전망이 있었다. 한밭레츠 농부 생산자들과 도서관 이용자인 소비자들을 연결시켜 거래를 시도하고 있다. 거리문제도 있고 생각만큼 거래량이 늘지 않는 등 결코 쉬운 건 아니었다.[30] 하지만 포기하지 않고 한밭레츠와 마을 어린이도서관을 연계해서 어떤 형태로든 지역화폐 거래를 지속하고 싶은 게 그녀의 꿈이다. 정민초 역시 그녀와 마찬가지로 자신이 살고 있는 마을과 지역화폐운동을 연결시키고자 한다.

동네 단위 지역화폐가 있었으면 좋겠다고 평소 생각한 정민초는 자신이 활동하는 여성단체와 연계된 마을 어린이도서관으로 지역화폐 거래를 확장했다.[31] 새로운 돈의 이름을 줌으로 정하고 유기농 달걀부터 거래를 하기 시

---

29 "무슨 운동하신 분인가 하여튼 그분 얘기 들으니까 운동이 무너지는 게 이사 가면서 무너진다 그러더라고요. 애들 크면서 큰 아파트로 가버리든가 다른 동네로 가버리면 운동이 무너진다고… 그래서 굉장히 공감한 적이 있는데… 많이 들락날락하니까… 더구나 대전은 전부 아파트, 그러니까 쉽지가 않아요…." -권민석

30 "○○동 아파트 살 때(3년 전)는 우리 집 거점으로 받아가지고 착착 걸어 5분 거리에 사니까 나눠줬었는데, 내가 이사를 오면서 걸어올 수 없는 거리가 되면서 그 역할을 못하는 거예요. 레츠 회원들한테는 거의 중간에서 공급해주는 거 못하고, 도서관 회원들이 비회원들이면서 한밭레츠 농산물을 사먹게 그것만 요새는 하고 있어요. 어쨌든 회원으로 가입해주면 좋겠으나 그것도 마음내기가 쉬운 게 아니어서…." -손연주

31 "레츠가 취지가 좋고, 다른 지역보다는 한밭레츠가 잘되고 있다고는 하지만 안타까운 게 범위가 너무 넓다 보니까 이게 제대로 긴밀하게 안 되는 것들 생각을 했고, 그래서 동네 단위 레츠라면 나름대로 할 수 있겠다 생각을 해왔었죠. 여기 (마을 어린이)도서관 이렇게 형성이

작했다. 도서관 이용은 무료지만 지속가능한 운영을 위해 후원 회원을 받고 있다. 우선 그 회원들에 한해서 줌 거래를 하고 있다. 지역화폐 거래를 하고 보니 회원들은 믿을 수 있는 농산물을 사먹을 수 있어서 좋고, 후원 회원이 늘어 도서관 운영에도 도움이 되며, 농사짓는 분들은 판매망을 얻어서 도움이 되는 일석삼조의 효과가 있다고 그녀는 설명했다. 또한 도서관 소모임 중에서 엄마들이 모여 공부한 후 아이들과 함께 문화유적 여행을 다니는 체험 동아리가 있다. 여행을 떠날 때 후원 회원에 한해서 일정 부분 줌 거래를 시작했다. 거래를 하고 보니 비록 줌의 금액은 많지 않지만 회원들에게 지역화폐가 확 다가가는 것 같았다. 자원 활동하는 회원들에게 줌을 주기도 한다. 생각만큼 줌 거래가 늘지 않는 면도 있고, 어떤 방식으로 줌을 적용해야 할지 아직 해결하지 못한 과제도 갖고 있다. 하지만 급하게 서두르지 않는다. 그녀는 마을도서관에서 다시 여성단체로 자리를 옮겨 더욱 눈코 뜰 새 없이 바쁘지만 한밭레츠와 연계해서 거래를 꾸준히 하고 있다. 무엇보다 지속적인 거래가 중요하다고 생각하기 때문이다.

또한 정민초가 관련된 어린이도서관 활동가 중에는 지역화폐 교육을 받고 이를 연계할 회원들이 성장해가고 있다. 민들레의료생협의 조합원 공모 사업에 선정돼서 마을 어린이도서관 회원들을 대상으로 품앗이교육도 실시한 바 있다. 품앗이교육과정에는 한밭레츠 회원 C가 프로그램 준비에서부

되고 하면서 아, ○○동에서 그런 부분으로 해볼 수 있겠다 그래서 올해(2008년) 초에 한밭레츠의 ○○○○ 활동가 모셔다가 저희 엄마들이랑 공부도 같이하고, 이러면서 우리도 한번 해보자 해서 줌이라는 단위를 쓰고 있어요. 한 줌 두 줌할 줌… 레츠 생산자 유기농 계란을 납품하시는 그분을 통해 거래를 하죠. 실제 제가 회원이다 보니까 제 이름으로 레츠에서 오는 계란을 받아서 계란을 먹을 사람들한테 나눠주고, 일주일에 한 번씩 계란을 먹고 있거든요." -정민초

터 적극적으로 참여했다. 민들레의료생협의 이사이기도 한 회원 P는 건강 강좌를 통해 마을에서 주민들이 함께 건강을 지키는 활동에 대한 전망을 공유했다. 윤선희와 심은숙도 빠질 수 없는 품앗이 강사들이다. 이러한 일련의 과정은 지역화폐운동과 여성운동, 여성운동과 지역화폐운동이 만나 서로의 영역이 확장되는 것이기도 하다.

대전 지역단체 풀뿌리사람들에서도 단체 활동가를 대상으로 지역화폐 기초교육을 실시했으며, 한밭레츠 여성 활동가들이 품앗이놀이를 직접 진행한 바 있다. 지역화폐 거래방식을 쉽게 이해시키고 지역에서 시작할 수 있도록 자원을 제공했으며, 대전 지역 N품앗이가 자리 잡을 수 있도록 멘토링 역할을 하기도 했다.

원도심레츠와 마을카페로

많은 참여자들이 얘기하듯이 2012년은 한밭레츠에 있어서 새로운 전환점이 되는 해였다. 그 변화의 바람은 참여자 여성들로부터 시작되었다. 먼저 중구 대흥동에 원도심레츠를 만들어 또 하나의 지역화폐 거점을 확보한 것은 무엇보다 큰 성과였다. 한밭레츠는 등록소가 위치한 법동의 지역적 한계로 마을 단위 레츠에 대한 필요성이 지속적으로 제기돼 왔다. 또한 갈수록 줄어들고 있는 20대 이하의 젊은 층과 어떻게 소통하고 만날 것인가는 당면한 과제였다. 이러한 흐름 속에 중구 지역에 살고 있거나 뜻을 같이하는 회원들 중심으로 준비모임을 갖고 십시일반으로 공간기금을 마련하여 2012년 6월에 원도심레츠가 문을 열게 되었다.

대전 중구의 대흥동, 은행동, 선화동 등의 원도심은 문화예술자원이 풍부하고 젊은 층이 많이 활동하는 곳이다. 문화의 거리 원도심에서 지역화폐로 밥을 먹고, 차를 마시며, 솜씨 있는 회원들의 프리마켓이 열리고, 다양하고 소박한 공연과 작품전시공간도 될 수 있는 열린 공간이 바로 원도심레츠이다(『원도심좋은이웃』 창간호, 2012: 4). 여기서는 윤선희, 연주현 등 참여자와 자원 활동가 여성들이 주축이 돼 활동하고 있다.

> 레츠가 원도심에 자리를 잡으며 저의 삶이 약간 바뀌었습니다. 원도심은 활동지라는 생각이 강했는데, 레츠가 들어온 이후 '우리동네' 같다는 생각으로 바뀌었습니다. 바○○ 선생님이 쓰신 글처럼 '이모같이, 엄마같이'라는 말이 떠오릅니다. 대흥동에는 언니, 오빠, 삼촌 친구는 있어도 엄마, 이모는 없었나봅니다. 원도심에 레츠가 더해지니 2%가 채워진 모습이 되었습니다.[32]

레츠가 대흥동에 들어서면서 일터가 동네 같다는 생각을 하게 되었으며, 마을 공동체 느낌이 피부에 와 닿았다고 고백하는 문화 활동가들이 늘고 있다. 원도심레츠가 이렇게 지역 속으로 친숙하게 다가가게 된 매개체로는 '현미채식으로 차리는 건강한 밥상'이 있다. 월, 수, 금 점심시간에 맞춰 원도심레츠에 가면 지역화폐를 포함한 저렴한 가격에 한 끼만 먹어도 일주일을 버틸 수 있는 비타민 건강밥상으로 불리는 맛있는 밥을 먹을 수 있다.

> 원도심레츠가 무엇을 했으면 좋을까를 물었을 때 대흥동에서 다양한 형태의 문화공간을 만들고 활동을 해가고 있는 청년문화작업자들이 요청한 게 바로 밥이다. 집밥, 엄마가 해 주는 밥, 건강한 밥, 가난한 청년들의 가벼운 주머니를 배려해주는 밥, 함께 먹는 밥… 이런 바람들을 담아 월, 수, 금 점심 현미 밥상을 차리기 시작했다.[33]

---

32 서은덕(2012), 「원도심에 레츠가 더해지니…」, 『원도심 좋은이웃』 창간호.

33 민양운(2012), 「나의 힐링캠프, 원도심레츠 월요협력두루지기의 세계」, 『원도심 좋은이웃』 제2호.

원도심레츠 협력두루지기로 활동하며 현미밥상을 차리고 있는 정민초는 밥을 차리는 사람이나 밥을 먹으러 오는 사람이나 서로에게 고맙고 감사한 관계가 참 좋다고 말한다. 시간당 8천 두루를 벌며 원도심 부엌에서 협력두루지기들과의 우정도 쌓고 있다. 그녀는 원도심레츠가 한밭레츠운동의 시즌 2를 열어가는 활동이라고 평가했다. 젊은이들이 원도심을 찾아와 놀고, 다양한 품앗이교실이 열리며, 문화, 시민단체들이 연대하고, 누구든 편하게 올 수 있는 사랑방이 돼가고 있다(한밭레츠, 2013). 동 단위 레츠를 거점으로 세대를 아우르는 마을 공동체가 될 수 있는 가능성을 보여주고 있다.

또한 한밭레츠 등록소가 위치한 법동 지역에서 2012년 7월에 문을 연 마을카페 '좋은이웃'은 한밭레츠가 지역에 한발 가까이 다가가 지역화폐를 알릴 수 있는 장이 되었다(한밭레츠, 2013). 각종 커피, 수제쿠키, 김밥 등과 가방, 주머니 등 수제품을 지역화폐와 현금으로 판매하며 쿠키, 바느질 등 품앗이학교를 열어 주민들과 소통하고 있다. 그동안 두루베이커리, 두루잔치 등 음식 만들기를 통해 쌓은 참여자 여성들의 노하우가 바탕이 되었다.

마을카페 좋은이웃은 준비할 시간을 충분히 갖지 못한 탓에 진행상 어려움도 있었다. 하지만 한밭레츠의 또 하나의 작은 매장의 역할과 회원들의 가맹점이자 사랑방, 지역주민들과 연대하고 소통할 수 있는 교두보가 될 수 있는 장소로 기대되고 있다(한밭레츠, 2013). 이러한 마을카페를 통한 지역화폐의 확산 역시 참여자 여성들이 주축이 되고 있다.

원도심레츠와 마을카페 좋은이웃 활동은 행정안전부의 마을기업 보조금 지원 속에 진행되었다. 하지만 그 운영 원칙과 철학은 한밭레츠가 공동체 경제를 만들고 확산하고자 했음을 분명히 보여주었다. 향후 지역주민들과 함께하며, 지속가능성을 어떻게 확보할 것인지 마음을 내고 힘을 합해야 할 과제를 안고 있다(한밭레츠, 2013). 이러한 일련의 과정 속에 정민초의 표현처럼 같으면서도 다르게 레츠운동을 더욱 다양하고 풍부하게 열어가는 참여자 여성들은 성장해갈 것이다.

한편 앞서 살펴본 대로 한밭레츠 회원들의 직업 분포를 보면 여성은 주부 다음으로 NGO 활동가들의 비중이 높다. 구체적으로는 시민사회와 복지단체, 어린이도서관 지역 활동가 등이 포함돼 있다. 이처럼 지역단체나 기관에서 활동하는 여성들이 한밭레츠 회원이 됨으로써 그들의 전문성과 노하우가 지역화폐운동과 접목되기도 한다. 예컨대 녹색연합 등 환경단체 회원들이 한밭레츠 참여자가 되면서 지역화폐운동과 생태문제가 좀 더 긴밀하게 연결된 측면이 있다. 손연주를 비롯해서 2대 두루지기 N 등 일부 회원들이 여기에 해당된다.

또한 참여자 여성 중에는 생명평화결사 모임 회원들도 상당수 있다. 윤선희나 회원 ○○는 참여 순서로 따지면 한밭레츠가 먼저인데, 주변 회원들과 함께 생명평화결사 모임에 적극 참여하고 있다. 그 모임을 주도한 실무자가 지역화폐운동에 참여하는 데에 매개역할을 하기도 했다. 한밭레츠가 주최한 제1차 품앗이놀이학교에 생명평화결사 모임 회원들이 여러 명 참석한 바 있다. 이러한 연결성이 열매를 맺어 윤선희의 고등학생 딸 ○○이 운영위원으로 있는 **품앗이가 탄생하게 된 것이다.

이와 같이 한밭레츠 참여자 여성들은 공동체 내부에만 머물지 않고 체화된 경험을 바탕으로 마을 어린이도서관, 원도심레츠, 마을카페 등 새로운 일을 만들며 지역화폐운동을 확장해가고 있다. 또한 공동체 내부와 외부를 연결시켜나가며, 각 공동체나 단체가 추구하는 가치와 활동이 만나 영향을 주고받으면서, 서로 변화되고 성장해가는 데 디딤돌 역할을 하고 있다. 다시 말해 한밭레츠 내부에서 외부로, 외부에서 내부로 회원들의 넘나듦을 통해 다른 지역운동이나 공동체와 연결망을 이루며 가치를 실현하고, 결과적으로 지역화폐 공동체 외연을 확장시키게 된다. 물론 이러한 과정에서 여성들만이 주체가 되는 것은 아니다. 참여자 남성 일부도 그러한 연결망에 동참하고 있다. 하지만 분명한 것은 일상의 거래와 변화를 추구하는 지역화폐운동에 활발하게 참여하고 있는 여성들이 지역 공동체 연결망 형성과정에도 주도적으로 참여하고 있거나 그렇게 될 가능성이 많다는 것이다.

지역화폐와 여성주의—한밭레츠의 경험에서 길을 찾다

제9장

성별에 따른 공동체 활동

앞서 살펴본 바대로 한밭레츠에서는 여성들의 참여가 활발한 만큼 상호 관계 속에 여성들이 주체적으로 역량을 강화해가며 지역화폐 공동체의 확장에 크게 기여하고 있다. 반면 남성들의 참여가 일부를 제외하고는 점점 줄어들고 있다. 지난 10년간의 진행과정을 살펴볼 때 이러한 여성과 남성의 분리구조는 고착화될 가능성이 있으며, 쉽게 바뀌지 않을 것으로 보인다. 이에 한밭레츠 참여 남성들의 활동과정이 어떻게 변화되고 있는지 살펴보고, 성역할 고정관념과 성별분업이 어떻게 나타나고 있는지를 분석 검토하고자 한다.

1. 남성들의 활동 경향 [1]

거래와 활동에 참여하는 남성들의 방식

한밭레츠 참여자 남성들이 공동체 활동을 하면서 어떻게 변화되고 인식이 바뀌는지를 파악하기는 쉽지 않다. 활동참여율이 낮기 때문에 참여관찰을 통해 만날 기회가 적은 데다 구성원들의 층위가 다양한 만큼 변화의 내

---

1 이 장의 분석은 면접과 참여관찰은 물론 필자가 제안한 한밭레츠 내부 워크샵(2011. 5. 23)에서 논의된 내용을 포함하고 있다.

용도 다를 수 있으며, 사람들의 행동방식이 일관적이지 않을 때가 있기 때문이다.[2] 따라서 참여자 남성 개인의 변화과정에 초점을 맞추기보다는 남성들의 활동 경향성과 참여도를 중심으로 논의하고자 한다.

한밭레츠 참여자 남성들이 거래와 활동에 참여하는 방식은 대략 네 가지 정도로 나눌 수 있다. 자발적으로 적극 참여하는 경우, 자발적 참여는 적고 가족과 함께 참여하는 경우, 활동가 남편의 정체성을 갖고 참여하는 경우, 소극적이거나 아예 관심이 없는 경우 등이다.

첫째, 자발적으로 적극 참여하는 경우로는 운영위원이거나 농부 등 생산자인 일부가 포함된다. 2011년 한밭레츠 운영위원은 12명 중 4명이 남성인데, 비교적 오래된 회원들로서 활동과 거래는 남성들 중에서도 가장 활발한 편이다. 문정훈 등이 여기에 해당된다. 천연비누 생산자인 오규성과 농부인 한영석 역시 생산품과 달걀 및 농산물을 상당량 거래하고 있다. 학원 강사로 시간을 비교적 자유롭게 쓸 수 있는 김현성은 자원 활동을 하며 지역화폐 거래를 하고 있다. 거래와 활동량을 볼 때 이들은 한밭레츠 핵심 활동가 여성들에 준하는 정도에 이르고 있다. 하지만 그 숫자는 공동체 초창기에 비해 갈수록 줄어들고 있으며 현재는 몇몇 소수에 불과하다.

둘째, 자발적 참여는 적고 가족과 함께 활동하는 경우가 있는데, 이들은 만찬이나 계절 활동 등 가족 단위 프로그램에 주로 참여한다. 한밭레츠 참

---

2 예컨대 정치적으로는 진보적이지만 결혼관은 보수적이거나, 공적 공간에서는 성평등을 이야기하지만 집안에서는 가사노동과 양육에 대해 전혀 책임지지 않거나, 겉보기에는 보수적이지만 들여다보면 성의식이 높은 남성도 있다. 이는 부부가 함께 회원 활동을 하는 경우를 보면 쉽게 알 수 있다. 부인의 입을 통해 전해 듣는 남편은 평소 자신의 언행과 달리 부인이 직업 갖는 것을 탐탁지 않게 여기고 있었으며, 일을 하더라도 아이들의 교육에 방해되지 않을 만큼만 했으면 한다는 태도를 가지고 있었다.

여자 남성들 중에는 여기에 해당하는 회원들이 가장 많은 편이다. 이들은 활동 프로그램에 있어서 대부분 참여자 여성이나 아이들의 조력자 역할을 하며 혼자서는 거의 참여하지 않는다. 예컨대 회원 N과 B의 남편이 여기에 해당되며, 계절 활동과 송년만찬 등에 매번 참석하지는 못하지만 1년에 2~3번 정도 가족들과 함께 참여하고 있다. 따라서 거래 역시 직접 하는 경우가 드물다. 여기에 해당되는 남성들 역시 갈수록 줄어들고 있다.

셋째, 활발하게 활동하는 참여자 여성의 남편들 중에는 평소 적극적으로 나서지는 않지만 행사나 일이 생길 때 조력자가 되며, 활동가 여성들이 일을 하는 데 지장이 없도록 비교적 협조를 잘하는 일부가 있다. 즉 활동가 남편으로서의 정체성을 갖고 있는 경우이다. 심은숙의 남편 C는 물론이고 최자영의 남편 M의 경우도 계절 활동을 할 경우 차량 자원봉사를 자처하며, 남성 회원들에게 참여를 독려하는 전화를 돌린다. 만찬을 준비할 경우 장소 세팅에서부터 뒷정리에 이르기까지 손이 많이 가는 자원 활동을 한다. 이들은 활동과 거래를 자발적, 주체적으로 한다기보다는 주로 활동가가 일을 잘할 수 있도록 도와주는 역할에 머물고 있다. 이들은 초창기에 비해 여성 활동가들이 증가한 것을 고려해볼 때 그 숫자가 많지 않지만 꾸준히 늘고 있다고 볼 수 있다.

넷째, 공동체 활동에 소극적이거나 아예 관심이 없는 경우이다. 엄밀히 말하면 이들은 한밭레츠의 회원이라고 볼 수 없으며 참여자 여성의 가족으로 지칭될 수 있다. 조미향은 남편과 함께 가족 프로그램에 참여하고 싶지만 관심이 없는 남편과 몇 번 실랑이를 하다가 이제는 참여를 권하지도 않게 되었다. 이런 경우에 참여자 여성들은 가족이 함께 참여하는 회원을 부러워하며 남편이 활동을 반대하거나 말리지만 않아도 다행이라는 생각을 하게 된다. 여기에 해당되는 남성들도 갈수록 많아지고 있다.

또한 한밭레츠 활동에 참여하는 남성들의 성향은 대체로 다음과 같이 나눠볼 수 있다. 첫째, 적극적으로 참여하는 남성의 경우 기존 사회와 화폐 시스템에 저항적이며 대안 공동체에 대한 기대치를 갖고 있다. 이 책에서 심층면접을 진행한 참여자 남성들이 대부분 이 경우에 해당된다. 이들은 레츠 안에서 사회적 일자리를 고민하며 회원들이 공동출자해 공동매장을 만들고 대안경제 역할 부분을 강화해야 한다는 의견을 강하게 제기하기도 한다. 둘째, 대안에 대한 실험에 민감하지 않더라도 경쟁을 싫어하고 사회적 성공에 가치를 크게 두지 않는 경우가 있다. 가족 단위 프로그램에 주로 참여하거나 활동가 남편으로서의 정체성을 갖고 있는 일부 남성 참여자들이 여기에 해당된다고 볼 수 있다. 셋째, 사회의 공식적인 관계에 적극적이거나 주도적이지 않으며 체면치레와 권위 내세우는 것을 좋아하는 않는 경우이다. 김현성이 대표적인 경우로 여기에 해당되는 남성들은 참여자 여성들과 비교적 잘 어울리며 양성적이라는 평가를 듣는 경우도 있다. 넷째, 부인을 따라와서 변두리에 머물다 가는 경우인데, 여기에 해당되는 남성들은 지역화폐 거래와 활동에 있어서 소극적이며 공동체 안에서 주로 순하고 가정적이라는 평가를 듣기도 한다. 물론 한밭레츠 활동에 참여하는 남성들의 성향이 위의 네 가지로 자로 잰 듯 구분되어지는 것은 아니며 겹쳐지는 부분도 있다.

한밭레츠에서 참여자 남성들은 적극적 활동가를 제외하고는 대부분 개인 자체로 인식되기보다는 가족의 한 구성원으로서 인식되는 경우가 많다. 각자의 별칭이나 이름으로 불리기보다는 ○○의 아빠, ○○의 남편으로 지칭될 때가 많다. 일부 남성 회원 중에는 김현성처럼 아줌마로 불리는 남성 회원도 있으며 오규성과 같이 수다가 특기인 남성도 있다.

정리해보면 한밭레츠 참여자 남성들은 거래와 활동에 적극 참여하고 있는 경우와 가족들에 묻어가는 경우는 갈수록 그 숫자가 줄어들고 있다. 반면 활동가 남편의 정체성을 갖고 참여하는 경우는 일부 증가하고 있다. 소극적이고 관심이 아예 없어 회원이 아니라 참여자 여성의 가족으로 구분되는 남성들은 갈수록 많아지고 있는 추세이다. 즉 적극적으로 참여하는 몇몇의 소수 참여자들과 일부 활동가 남편들의 경우를 제외하고 한밭레츠는 대체로 남성들의 활동이 저조하며, 그 숫자가 갈수록 줄어들고 있다고 볼 수 있다. 적극적으로 참여하고 있는 소수 남성의 경우는 참여자 여성들과 지속적으로 어울리면서 대화나 회의 및 활동 분위기에 점점 동화돼 가고 있는 것을 볼 수 있었다.

참여자들이 인식하는 남성 참여가 저조한 이유

이처럼 한밭레츠는 남성들의 활동참여율은 갈수록 줄어들고 있으며, 여성들과 차이가 크게 벌어지고 있다. 그 원인에 대해서는 먼저 한밭레츠 참여자들이 인식하고 있는 것 중심으로 몇 가지 생각해 볼 수 있다.

첫째, 목적 지향적으로 활동하는 습성이 베인 일부 남성들이 활동에서 이탈하는 경우가 있다. 여기에 해당되는 남성들은 시장화폐에 대한 대안으로서 지역화폐운동의 필요성을 인식하고 초창기에는 적극 참여했지만 한밭레츠가 주부 등 여성 중심의 활동을 하고 안정기에 접어들면서 동기 부여가 잘 되지 않고 있다. 이들은 다시 사회이슈 중심의 운동단체나 다른 공동체로 활동의 거점을 옮기는 경우가 많다. 한밭레츠를 탈퇴하기보다는 회원의 신분은 유지하되 활동이 소극적으로 변한 경우가 대부분이다. 예컨대 회원 M의 경우 활동 분야나 관심사가 대안주민연대, 의료생협, 실업연대, 공동체은행 순으로 옮겨가고 있는데 자신과 한밭레츠의 관계와 지역화폐를 어떻게 연결할 것인가를 고민하면서도 실제 거래와 활동에는 거의 참여하지

못하고 있다.[3]

둘째, 한밭레츠 초기만 해도 20대 후반, 30대 초반이 많았는데 이제는 30대 후반을 넘어 40대로 접어든 남성이 많으며 사회적으로 요구되는 역할은 더 늘어나고, 직장과 사회 활동으로 바쁘다 보니 공동체 활동할 시간적 여유가 그만큼 줄어들었다. 몸도 너무 피곤해서 예전에는 밤이나 주말 프로그램에 자주 참석했지만 이제는 그럴 만한 상황이 안 되고 있다. 예컨대 몇 개의 단체 활동을 병행하고 있는 문정훈은 거의 매일 피곤에 찌들어 있으며, 예전만큼 체력이 따라주지 않아 힘들다고 말하곤 한다. 한밭레츠 참여 남성들을 보면 직장과 활동단체를 포함해서 적게는 서너 가지에서 많게는 다섯 가지 이상의 일과 활동을 병행하는 경우도 있다.

셋째, 여성 중심의 활동이 증가하면서 남성들이 할 만한 거리들이 줄어들고 있어 자연히 참여율이 감소하고 있다는 지적이 있다. 예전에는 남성들이 주로 참여했던 축구, 바둑, 술모임 등 다양한 소모임들이 있었는데, 점점 모임이 없어지고 있으며 현재는 거의 없다고 볼 수 있다. 이에 대해 참여자들은 핵심실무자가 여성으로 바뀌었고 모임을 조직할 남성 활동가가 없는 것이 이유라고 설명했다. 다시 말해 남성들의 모임이 주는 것은 남성들 참여율 저조로 이어졌고, 이는 여성 활동가들의 부상과 함께 동시에 관련 모임을 조직할 남성 활동가가 없는 것이 상호 원인과 결과로 작용한

---

3 "한밭레츠를 통해서 지역의 대안경제운동과 실업문제를 조금이나마 극복해보기 위한 마음이 강했다. …실업 극복과 레츠를 어떠한 방법으로 연결시킬 수 있을까? 그래서 조금 가지고 있는 사람과 많이 가지고 있는 사람과 가진 것이 없는 사람들이 품을 내고, 가진 것을 꺼내 놓을 수 있게 하는 방법은 무엇일까? 늘 고민한다. 그런데 참 아이러니하다. … 한밭레츠에서 내가 활동하고 있는 것을 보니 난 내 품도 내놓지 않고 있지 않은가 … 그러면서 고민만 하고 있다. 지금 한밭레츠에서 나는 고민만 하고 있다.…"(2008년 3월 6일, ○○, 한밭레츠 홈페이지 "품앗이 사랑방" 중에서).

지역화폐와 여성주의-한밭레츠의 경험에서 길을 찾다

다는 것이다.

넷째, 생활주기상 아이들이 자라 공동육아나 대안학교를 가게 되면 주된 관심사가 그쪽으로 향하는 경우들이 많다. 회원 S는 의료생협 일에 주력하기 때문에 활동에 소원해진 것도 있지만 아이들이 대안학교에 가면서 학부모로서의 역할이 커져 한밭레츠 활동에 참여하기 힘들 때가 많다. 홈페이지 "품앗이 사랑방"에도 주로 대안학교 관련 글만 올리게 된다.[4] 박규식의 경우 역시 대안학교에 두 아이가 가게 되면서 레츠 활동보다는 점점 그쪽 활동에 주력하고 있다. 즉 생애사과정에서 생활주기의 변화가 공동체 활동에 영향을 미치는 변수 중에 하나가 될 수 있다는 것이다.

위에 나열한 것들은 여성과 남성을 포함해서 한밭레츠 참여자들 스스로가 인식하고 있는 공동체에서 남성들이 줄어드는 것에 대한 원인 분석이자 겉으로 들어난 요인이기도 하다. 한밭레츠에서 남성들이 점점 사라지고 있는 데에는 이 같은 이유들도 있겠지만 그 기저에 흐르고 있는 것은 개인과 가정 그리고 공동체와 우리 사회를 관통하는 성역할고정관념이었다.

2. 여성의 일과 남성의 일

여성과 남성의 역할이 구분되고 분리된다는 성역할고정관념은 성차별의 인식 속에 사회문화적으로 구성돼 온 것이다. 우리 사회 저변에 깔려 있는

---

4 "지난 3월 21일 아침 대전 푸른숲학교가 입학식을 하였습니다. 외부에 알리는 행사는 4월에 가질 예정이고, 입학식은 아이들을 맞이하는 조용하고 잔잔한 의식이었습니다. 아직도 많은 것이 부족하지만, 아이들은 너무 행복해 합니다. 이제 대전에 "대전 푸른숲학교"라는 대안학교가 있음을 기억해주세요"(2004년 3월 23일, ○○, 한밭레츠 홈페이지 "품앗이 사랑방" 중에서).

성역할고정관념에는 육아, 가사 등 사회적으로 여성에게 기대되어지는 역할과 일이 남성의 그것보다 열등하다는 차별이 전제되어 있다. 그런데 앞서 분석에서 살펴보았듯이 한밭레츠의 경우는 거래와 활동과정에서 그동안 여성들이 주로 수행해왔던 가사노동, 보살핌 등이 가시화되고 재평가되는 등 의미 있는 변화들이 진행되고 있다. 그러한 측면에서 본다면 한밭레츠 공동체 재구성과정에서 성역할고정관념은 변화, 개선되고 있는 것으로 볼 수 있다. 하지만 이러한 긍정성에도 불구하고 여성의 일과 남성의 일, 여성이 잘할 수 있는 일과 남성이 잘할 수 있는 일이 다르다는 성역할고정관념은 한밭레츠 참여자들에게 생각보다 뿌리 깊게 자리하고 있었다.

1) 살림과 보살핌이 여성의 일이라는 인식

면접과 참여관찰을 통해 확인한 사실은 한밭레츠에서는 여성, 남성 등 참여자의 성별에 관계없이 살림과 보살핌이 여성의 영역이고 여성들이 주로 하는 일이라는 성역할고정관념이 견고하게 자리 잡고 있다는 것이다. 이러한 참여자들의 성역할고정관념은 드러나는 방식에 있어서 말이나 행동을 통해 직접적으로 표현되는 경우가 많았다.

> 남자들은 직장이란 세계, 가족 부양이란 세계… 그만큼 여유가 없다고도 볼 수도 있고, 아니면 이미 그 안에서 자기가 놀 수 있는 공간이 있으니까 그게 크게 차지하지요. 근데 부모님이나 여성 분들은 우선 기본적으로 가사라던가 교육, 육아라던가 그런 게 아이가 태어나고 크고 학교 다니면 노시는 거는 아니에요 힘들긴 한데, 그만큼 시간적인 여유가 좀 있어요…
>
> ─ 김현성

예쁜 걸 좋아하고 여성 회원들과 함께 수다 떠는 걸 즐기는 등 전형적인 남성적 모습과는 차이가 있는 김현성이지만 위와 같이 가사, 육아, 교육을 담당하는 여성, 가족부양을 담당하는 남성이라는 말을 자연스럽게 하곤 한다. 결혼한 지 10년이 훨씬 넘었는데 아직까지 남편 옷을 다림질 해본 적이 없다고 말하는 심은숙이지만 맞벌이임에도 불구하고 집에서 음식담당은 당연히 자신의 몫으로 여기고 있으며, 살림은 여성이 주로 하고 잘할 수 있는 일이라는 데 이견이 없었다. 홈페이지 "품앗이 사랑방"에 많은 글을 올려서 별칭을 모르는 회원이 없을 정도인 손연주는 「가족 건강을 지키는 아줌마들 보세요」라는 제목의 글을 올리는 등 건강문제와 장보기가 당연히 여성들의 일이라는 것을 가정하고 있다.[5] 이처럼 한밭레츠 참여자들은 살림과 보살핌이 다른 일에 비해 열등하다거나 하찮을 일로 생각하지 않고 그 가치를 인정하는 편이지만 그 역할을 주로 여성이 하는 것에 대해서는 참여자의 성별과 무관하게 별 문제의식 없이 당연하게 받아들이고 있었다.

(한밭레츠와 민들레의료생협이) 일단 주부들 중심으로 되는 것은 굉장히 자연스러운 흐름이다 라고 봐요… 육아, 교육, 먹거리, 의료, 여가, 문화 이런 관련된 것, 살림살이와 관련된 담당자들이 주부들이니까 그것 위주로 무엇인가가 나누어지고 협동이 이루어지죠. 그것을 담당하고 있는 것은 주부니까, 그 사람들이 주축이 되죠. 이것은 민들레생협이나 한밭레츠의 특성만이 아니라 전 세계적으로 생협운동이 주부들이나 여성들이 많이 담당하는 면들이 있는 것인데, 이제 한편으로는 그것만으로 되냐, 보면 과제도 있는 거죠. 살림살이라고 하는 영역

---

5 가족 건강을 지키는 아줌마들 보세요
"어제 ○○○○에서 흙문화체험에 다녀왔습니다. 제가 생협을 이용한 지 2년이 되어 가는데도 어제 새로 알게 된 놀라운 사실이 있어 글 올립니다. 흙살림에서 강연 들은 건데요 친환경농법에서 말하는 농산물 분류방법을 알려드립니다. 장 보실 때 조금만 신경 써보세요…"(2002년 11월 4일, ○○○, 한밭레츠 홈페이지 "품앗이 사랑방" 중에서).

에 여성 주부들이 담당하고 있는 영역만 어떻게 보면 거래가 되고 이 안으로 들어와 있는 것이죠. 그렇지 않은 부분들이 더 개발되고 해야 다른 사람들이 들어오지 않겠어요? 그런 부분들이 개발에 소홀하게 되는 면이 있는 거죠. 이미 구성된 사람들 위주로 한다면…

— 문정훈

정치적 지향과 세계관이 진보적인 참여자 남성 문정훈은 의료교육뿐 아니라 집안 살림을 여성이 주로 담당하기 때문에 한밭레츠와 민들레의료생협이 여성 중심이 되고 있으며, 이처럼 생활운동에서 여성이 중심이 되는 것은 세계적인 흐름이라고 말했다. 물론 그가 현재 여성이 중심이 되는 활동에 대해 이 같이 분석하는 것을 두고 성역할고정관념이 있다고 보는 것은 아니다. 앞서 이야기 중에 주부들이 주로 담당하고 있는 살림살이 영역만 지역화폐 거래에 들어와 있는데 그렇지 않은 부분이 더 개발되어야 사람들이 들어오지 않겠냐는 대목에 주목할 필요가 있다. 즉 살림살이 외의 영역이 개발되어야 주부 아닌 다른 회원들이 유입될 수 있다는 말은 결국 살림살이는 주부의 영역이며 비살림살이는 비주부의 영역이라는 이분법적 해석이 가능하다. 실제로 그는 강의나 토론 시에 '그것(살림)은 여성의 일이잖아요'라는 말을 사용했으며, 이에 대한 문제의식이 별로 없었다. 이 같은 인식은 한밭레츠에서 성역할고정관념이 작동하는 맥락을 함축적으로 드러내는 것이다. 더불어 대안운동 현장에서 활동하는 상당수 남성의 인식의 단면을 보여주는 것이기도 하다.

사실 여성의 참여가 갈수록 많아지는 것 자체가 문제가 되는 것은 아니다. 앞서 분석에서 밝혔듯이 경제위기가 터졌을 때 남성의 참여가 증가하지만 여성은 일상적으로 접근하기 때문에 지역화폐 거래와 활동에 지속적으로 참여하게 되며, 이는 지역화폐운동을 지속 확장시키는 요인이 되는 등 충분히 긍정적으로 작용하고 있다. 그런데 문제는 여성은 집안 살림을 맡고 남성은 생계 책임자라는 성별분리구조가 당연시되고, 이에 대한 문제의식이 없다면 지역화폐운동의 현장에서 거래의 성별경향성[6]과 남성의 참여가 점점 줄어드는 활동영역의 성별분리는 개선되지 않고 고정화될 가능성이 있다. 이는 공동체 내에서 살림과 보살핌의 영역을 여성의 책임으로 돌리면서 결국 성역할고정관념과 성별분업을 지속시키는 요인으로 작용할 수 있다.

또한 대안운동 공동체에서 살림과 보살핌의 중요성을 언급하며 관련된 운동은 여성들이 잘할 수 있고, 여성 중심의 실천운동이 돼야 한다는 언설이 갖는 이중적 의미에 주의할 필요가 있다. 살림과 보살핌은 경험적으로 여성이 잘할 수 있고, 여성이 중심이 될 수 있다는 것은 운동의 실천에 있어 여성 주체를 상정하는 것으로써 의미 있는 표현이 될 수 있다. 하지만 동시에 남성의 책임이 간과될 위험성이 있다. 즉 여성이 잘할 수 있지만 남성들도 함께해야 하며 남성들이 변해야 한다는 이야기를 하지 않는다면 대안운동 공동체 내에서 결국 남성들은 사라지고 여성들만 남게 될 가능성도 배제할 수 없다. 여성이 주체가 될 수 있다는 것과 함께 남성의 변화와 책임성을 얘기하지 않는다면 살림과 보살핌의 영역에서 활동하지 않는 남성들의 직무유기를 대안운동 공동체에서조차 그대로 방치하고 지속시키는 효과를 낳을 수 있다.

---

6 거래의 성별현황을 살펴보면 거래 참여율에서 여성은 69.1%, 남성은 22.5%로 여성이 훨씬 많았다. 거래량에서 거래의 총량은 여성이 남성에 비해 약 5배 정도가 많았다. 이러한 거래 참여의 차이는 활동 참여의 차이와도 비슷한 맥락으로 볼 수 있다. 또한 비시장 거래에서 두루를 번 것은 여성이 남성보다 8.5배 정도 많았다. 특히 재활용품은 60배, 교육 부분에서도 10배 이상의 거래 참여율 차이를 보였다. 앞의 〈표 13〉 참조.

제4부 공동체와 여성주의적 해석

2) 주부와 자원 활동

여성의 사회참여율이 높아지면서 성별분업구조가 약화된 것처럼 보이지만 실상은 그렇지 않다. 한밭레츠의 경우 직업란에 주부라고 표시한 전업주부는 전체 여성의 33.1%로 1/3을 차지하고 있다. 이는 주부 중심의 다른 도시 공동체에서도 비슷하게 목격되는 구조이다.[7] 예컨대 임서현이 살고 있는 농촌의 경우 여성도 당연히 농사일을 해야 하기 때문에 전업주부라는 말은 있을 수 없는 것과 비교되는 지점이다. 또한 비정규직 여성 회원 중심의 D 지역 여성단체와 비교해서 전업주부가 많다는 것은 상대적으로 한밭레츠가 중산층 중심의 공동체라는 말도 된다. 그런데 자본주의 시장을 지탱하는 매개체로 작동하는 성별분업구도하에서 전업주부가 되는 맥락은 참여자 여성들의 조건에 따라 차이가 있었다.

> 보통 동네에서 만나는 엄마(전업주부)들 같은 경우는 여기 동네는 넉넉해서 남편 1인이 벌어오는 거로 생활하는 게 아니라, 애들이 어리니까 맡기는 비용보다는 알뜰살뜰 사는 게 합리적이라는 판단으로 선택을 한 거라고 생각하는데…
> ― 정민초

정민초의 지적처럼 상대적으로 소득이 낮은 계층이 모여 있는 대전의 G 동에 살고 있는 참여자 여성 중에는 어린이집을 이용하는 비용 등 육아 때문에 전업주부를 선택하게 되는 경우가 있다. 아이들의 보육료가 만만치 않아서 임금이 낮은 직장을 다녀봐야 그야말로 '똔똔'이거나 별반 차이가 없기 때문에 차라리 내 아이 안전하게 내가 키우겠다는 심정으로 직장 대신

---

7 수도권의 도시 지역에 위치한 G품앗이, 서울에 위치한 S지역 공동체 등이 여기에 해당된다.

지역화폐와 여성주의–한밭레츠의 경험에서 길을 찾다

전업주부를 선택하게 된다. 이들은 아이들이 유치원이나 초등학교에 가게 되면 다른 일을 찾게 되는데, 비정규직조차 구하기 힘든 게 현실이다. 연년 생까지 해서 아이 셋을 낳아 키우고 있는 조미향은 아이들이 어렸을 때부터 주말부부여서 남편의 도움을 전혀 받지 못한 데다 아이들의 보육료가 감당이 안 돼서 집에서 혼자 키우며, 직업을 가질 엄두를 내지 못했다. 그녀는 아이들이 초등학교에 들어간 후 직장을 구해봤지만 곳곳에서 장벽을 느끼면서 좌절한 경험을 갖고 있다.

> (직업을) 갖고 싶을 때가 있었죠. 아이들 키우면서 잠깐잠깐 생각이 들 때… 이대로 늙는 거 아니야… 왜냐하면 나이가 점점 먹으면 시켜주는 데도 없잖아요. 그럴 때 나가야 되는거 아니야, 나이 더 들기 전에… 이럴 때 있었어요. 남편이 아이들은 어쩌고, 밖에 나가려고 하냐고… 한 사람만 벌고 집에 있자, 그랬던 거 같아요… 그래서 집에서 계속 살림하고, 아이 키우면서 조금씩 자라면서 밖에 활동하기 시작했고…
>
> — 민연아

민연아의 경우는 또 다르다. 비교적 소득이 안정된 자영업을 하는 남편은 그녀가 전업주부로 살면서 아이들의 양육과 교육을 담당하고 집에서 살림만 하길 바랐다. 아이들이 초등학교에 들어가고 나서 남편의 태도는 바뀌기 시작했지만 그녀가 전업주부가 된 데에는 남편의 강한 요구가 있었다. 이에 대해 자신이 벌지 않아도 남편이 벌어오는 걸로 생활이 가능하기 때문에 크게 욕심 안 낸 것도 있다고 말하는 그녀는 아이들이 점점 크면서 자기 일을 가질 여유가 생겼다고 했다. 남편이 자기 일 갖는 것을 반대한 건 아니지만 연주현의 경우도 안정적인 직장을 다니며 생계를 책임지고 있는 남편이 있기 때문에 주부역할과 자원 활동을 병행할 수 있었다.

손연주는 아이가 생기자 자발적으로 다니고 있던 전문직 직장을 그만두게 되었다.[8] 스스로도 이야기했듯이 당시에는 별 고민 없이 아이를 낳았으면 엄마가 책임지고 키워야 한다는 생각이 강했기 때문이다. 회원 B의 경우도 이와 비슷하다. 한밭레츠에는 고학력에 영어, 일어 등 언어에 능통하고 전문적 식견을 가진 여성들이 많다. 또한 환경문제에 관심이 많고 육아 및 교육제도와 시스템에 대해 문제의식을 갖고 있는 여성들도 있다. 이들 중에는 남편의 의사와 상관없이 내 아이를 자신이 직접 안정적으로 키우겠다는 생각으로 전업주부를 선택하게 되는 경우가 있다.

이처럼 한밭레츠 참여 여성들이 전업주부가 되는 맥락은 각자의 상황과 조건에 따라 다르다. 그런데 핵심 활동가 몇몇을 제외하고는 가사와 육아에 방해되지 않는 범위 내에서 지역화폐 거래와 활동에 참여하며 자원 활동을 하는 경우가 많았다. 실제로 활동이나 프로그램 진행 시간은 아이들이 유치원이나 학교에 가 있는 오후 4시 이전이 많았다. 홍혜진은 프로그램과 회의 시간을 결정할 때 주부들이 바쁘지 않은 시간으로 조정해야 하는 게 가장 힘든 일 중의 하나라고 꼽았다. 방학 때는 활동참여율이 현저히 줄어들기도 한다. 이는 생협이나 주부 중심의 다른 공동체에서 자원 활동하는 여성들과 비슷한 측면이 있다. 사회복지 현장에서 활동하는 자원 활동가 여성들이 일하는 유형과도 비슷하다(노옥재, 1997). 물론 사회복지 현장이나 여성과 남성이 함께 섞여서 활동하는 공동체의 경우 남성이 소수일지라도 의사결정 등 영향력을 더 크게 행사하는 구조와 한밭레츠는 다르다. 하지만 상당수 여성

---

8 "그때까지는 별 생각 없었어요. 어떤 마음으로 결혼을 하고 준비를 해서 아이를 낳아야 될지 하는 생각도 없었어요. 결혼하면 당연히 아이 태어나고 그러면 부모가 되는 거고… 하던 일을 접고 일단 아이를 낳았으면 그 아이를 키워야 된다는 생각은 대개 강했어요. 결혼하기 전에는 직업여성이었었는데, 아무튼 내 아이가 가장 중요하니까 내가 태어나게 한 생명은 내가 키워야 된다 싶어서 다 접고 아이를 연년생으로 낳아가지고…." —손연주

지역화폐와 여성주의−한밭레츠의 경험에서 길을 찾다

들은 가정일을 담당하는 일차적 책임자로서 주부 역할에 방해되지 않는 선에서 자원 활동의 시간과 범위를 결정하고 있어 가정 내 성별분업 구도가 공동체 활동에 영향을 미치고 있는 것은 분명하다.

자원 활동을 포함해서 주부들이 공동체 활동을 시작하게 되면 가정일과 활동 사이에서 내적 갈등상황에 빠지는 경우가 많다. 한밭레츠 참여자 여성들의 경우도 마찬가지이다. 가족 중 갈등대상은 남편인 경우가 대부분이다. 모임이나 일상적 거래를 하면서 남편과의 갈등문제를 다른 여성들과 수다로 풀어내거나 대화 중에 스스로 해결방법을 협상해나가기도 한다. 특히 월요일 한밭레츠 등록소에 가면 남편과 싸운 이야기 등으로 수다판이 거하게 벌어진다. 연주현은 주말부부로 토요일, 일요일에 만나는 남편과 아이 교육, 품앗이 활동문제 등으로 다투고 나서 월요일 품앗이방에 누워 자신의 이야기를 쏟아놓곤 한다. 그러한 과정에서 지역화폐 활동가로서의 정체성을 확고히 하기도 하고, 가족들과 어떻게 조율해 갈 것인가를 정리하기도 한다. 하지만 그러한 경험을 여성문제나 성역할의 문제로 언어화하거나 문제시하지는 않았다.

사실 한밭레츠 참여 여성들이 겪는 성역할의 문제는 개인과 가정 차원의 문제만은 아니다. 전업주부를 선택하는 맥락은 다르지만 여성은 가정 일을 책임지고 남성은 생계부양자라는 성별분업구도의 가부장적 사회체계, 생산과 비생산을 나누는 산업구조와 자본주의 시스템 등 사회 전반의 문제와 연결된 것이다. 예컨대 가사와 양육문제가 사회화되면 상당 부분 해결될 수 있는 부분도 있다. 즉 가정과 공동체의 외부 사회구조의 영향 아래 놓여 있기도 하다.[9]

---

9 한 개인이 전업주부나 주 보살핌역할 담당자가 되기로 결정하는 것은 개인이나 가족 단위의

새로운 사회를 꿈꾸며 대안운동을 모색하는 한밭레츠는 지역화폐 공동체 운동을 통해 일상의 작은 것부터 시작해서 기존 사회 시스템을 바꿔나가고자 하는 게 지향점이다. 따라서 지역화폐 거래와 활동의 과정에서 성별분업을 포함한 사회 전반의 문제를 인식하며, 일상의 실천과 사회구조의 문제를 어떻게 구체적으로 연결시켜나갈 것인가가 지속적으로 고민돼야 할 과제이기도 하다.

3) '덜 가부장적'이라 일컬어지는 남성들의 맥락

한밭레츠 참여자 남성들은 대부분 여성과 남성의 성평등을 이야기한다. 살림과 보살핌이 여성의 일이라는 성역할고정관념을 제외하고는 성차별적인 발언을 드러내놓고 하지는 않는다. 그런데 그 속내를 들여다보면 참여자마다 조금씩 다른 형태를 보이고 있는데 몇 가지 유형으로 나눠 볼 수 있다.

첫째, 공동체와 집 밖에서는 성평등을 이야기하지만 집 안에서는 성별성을 그대로 드러내는 남성들이 일부 있다. "운동하는 남자들 가부장적이야"라는 임서현, 송미란 등의 표현을 볼 때 여기에 포함되는 남성들이 많을 것으로 예상이 되지만 실제로 면접이나 참여관찰을 통해 이를 확인하기는 쉽지 않았다. 면접을 통해서 접하게 되는 남성들의 가부장적 행태는 활동을 직접 하는 남성보다는 회원으로 보기 어려운 참여자 여성의 가족으로 머무

선호나 취향에 의한 것이기보다는 사회구조적 환경이나 문화적 조건의 결과에 의한 것이다. 즉, 노동시장 내 임금수준 및 지위, 수당 및 육아휴직제도의 소득대체율 정도, 접근이 용이하고 믿을만한 탈가족화 사회 서비스의 확충 여부, 국가의 사회적 보살핌에 대한 재정 투자 등 다양한 가족 관련 정책의 방향성이나 틀에 의해 영향을 받는다(송다영, 2011; 정영애 2011: 8).

지역화폐와 여성주의-한밭레츠의 경험에서 길을 찾다

는 경우가 많기 때문이다. 또한 부부가 함께 활동하는 참여자 여성들은 자신의 남편을 표현할 때 만족스럽거나 마음에 드는 건 아니지만 그래도 나아지고 있다에 방점을 두고 표현하는 경우가 많았다. 그런데 참여자 여성들 중에는 자신의 남편이 아닌 다른 남성을 지칭하며 '그 사람 좀 가부장적이야, 아마 집에서도 그럴 거야'라는 말을 종종 하는 경우가 있다. 그런데 지칭된 그 사람에 해당되는 남성 A가 밖에서는 성평등을 자연스럽게 말하고 있는 것을 볼 때 간접적으로 이를 확인하게 된다. 또한 회원은 아니지만 한 밭레츠 활동과 무관하지 않은 대안운동을 하는 남성들의 언행을 통해 밖에서는 성평등을 이야기하지만 집에서의 행동은 매우 가부장적인 경우를 접하기도 했다.

> 근데 그 집에 딱 갔더니 애기가 세 살인가, 네 살인가 방에서 토하니까 엄마가 걔를 뒷수습하기 정신없는데⋯ 애기 아빠가 밖에서 부르더라고. 점잖게⋯ 누구 엄마, 누구 엄마 그러더라고⋯ 애기 엄마는 애가 토하고 그러니까 왜 그러세요? 그러니까는⋯ 밖에 이불 떨어졌어요 이러는 거 (말투 흉내 내며) 빨래를 열어났는데, 바람에 날려 떨어졌거든요⋯ 자기는 손 하나 까딱 안하고⋯ (계속 흉내 내며) 이불이 바람에 날려 떨어졌거든요⋯ 저건 아닌 거다⋯
>
> — 임서현

임서현은 지역에 이름이 알려진 어느 대안운동가 남성의 실상을 경험하고 나서 화가 났다고 토로했다. 집에서는 손 하나 까딱하지 않는 그런 남성도 밖에 나가면 그럴싸한 언설로 대안운동을 논하고, 교육문제를 이야기하고, 여남 평등을 역설한다. 정도의 차이는 있겠지만 상당수 남성들이 이와 비슷하지 않겠냐는 게 그녀의 의견이다.

둘째, 여성은 생계를 책임지면서 공동체 활동을 하는데 그 남편인 남성은 대안운동에만 전념하는 경우가 있다. 즉 참여자 여성은 생계를 책임지면서 지역화폐 거래와 활동을 하고 있는 반면 그 여성의 남편인 남성은 귀농, 생태, 마을운동 등 끊임없이 새로운 현장을 찾아다니며 경제적 책임은 거의 지지 않고, 대안운동에만 집중하는 경우가 꽤 있다. 이는 소위 운동권 남성과 결혼한 여성들이 가사와 육아는 물론 생계부양의 짐까지 짊어진 데다 불효자 남편 몫의 효도까지 벌충하느라 사회운동에서 배제 혹은 극심한 갈등을 겪기도 했던 가부장적 진보운동의 맥락과 비슷한 측면이 있다(전희경, 2008: 64). 누구보다 활발하게 활동하는 윤선희는 남편이 여러 대안운동의 현장을 섭렵하는 동안 아이들의 교육비와 시부모님의 병원비는 물론 집안 가계를 전적으로 책임져왔다. 사실 그녀도 여건만 허락된다면 지금 하는 일을 접고 귀농하고 싶은 생각이 굴뚝같지만 아이들이 대학을 마칠 때까지는 어쩔 수 없이 일을 지속해야 한다고 말했다. 남편이 대안운동의 현장에서 무리하게 프로그램을 진행하다 진 빚까지 갚은 경우도 몇 번 된다. 회원 B와 M도 직장 일을 하면서 생계를 책임지고 있는데, 남편들은 지역운동에 헌신하면서 결혼해서 지금까지 생활비를 거의 벌지 않고 있다.

이 같은 흐름은 귀농자가 많은 농촌에서 자주 포착된다. 부부가 함께 귀농하면 생계적인 문제 때문에 얼마 안 있어 여성이 일자리를 구하는 경우가 많다. 한영석의 경우 부인인 회원 D와 함께 귀농을 했지만 아이들 교육비 등을 도저히 감당할 수 없어 D가 전공을 살려 학교에 취업했다. D 역시 여건만 허락한다면 농사일과 양계 일에 전념하고 싶다고 이야기했다. 부부가 함께 귀농한 임서현은 자신들은 오히려 특이한 경우로 주변의 귀농자를 보면 상당수가 여성이 일을 갖고 있다고 말했다.

이처럼 여성이 생계부양자가 되는 것은 언뜻 보면 성별분업의 해체처럼 보이지만 그 내용을 들여다보면 전혀 아니다. 즉 남성은 자신이 하고 싶은 일을 하면서 새로운 대안을 모색하는 동안 여성은 자신이 하고 싶은 일이 아니라 경제적 상황 때문에 직업을 가지고 생계를 책임지면서 가사와 양육 등에 대한 책임까지 져야 하는 무거운 짐을 지고 있다. 기존의 성별분업이 오히려 강화된 형태이다.

셋째, 자신은 가부장적이라고 인정하는 발언을 하지만 진지한 성찰로 이어지지 않아서 결과적으로 말로써 자신의 가부장성을 포장하게 되는 남성들이 일부 있다. 예컨대 회의나 일상적 대화에서 '나는 남성적이고 가부장적이다' 라고 반성하는 멘트를 날리지만 실상은 이에 대한 성찰이 별로 없고, 어떤 경우에는 습관성 발언이 되는 경우도 있다. 또한 여남 평등을 수시로 말함으로써 자신이 성평등주의자임을 드러내고 함께 활동하는 여성들에게 점수를 따는 경우도 있다. 실제 행동과는 상관없이 자신이 가부장적이라고 고백하거나 성평등주의자임을 자처하는 것 자체로 여성친화적이며 괜찮은 남자로 인정받는 경우도 있다.

넷째, '비교적' 성평등하고, '비교적' ○○하다 등의 표현으로 공동체 전체 남성을 평가하는 언어들이 자주 목격된다. 이는 그 속내와 상관없이 한밭레츠 남성들은 덜 가부장적이라는 자부심을 갖게 해준다.

> 레츠 회원들은 남자들이 대개 민주적인 사고를 갖고 있고, 가부장적인 사고를 갖고 있는 사람들이 거의 없다고 봐야 돼요. 그런 사고를 갖고 있는 사람들도 오면 바뀌어요. 왜냐면 주변이 다 그런 사람들이니까… ○○같은 경우가 그래요. ○○라고 그 사람도 레츠에 와서 많이 바뀐 사람이에요.
>
> — 윤선희

윤선희는 한밭레츠 참여 남성들은 가부장적인 경우가 거의 없고, 있더라도 공동체 활동을 하면서 바뀌게 된다고 말했다. 문정훈도 이 같이 표현을 했다. 내부 워크숍에서 여성과 남성의 활동에 대해 논의할 때도 한밭레츠 남성들은 덜 가부장이라는 말이 여러 번 나왔다. 사실 가부장성을 판단하는 기준은 그 사람의 여성주의 인식이나 관점에 따라 다를 수 있기 때문에 참여자들이 느끼는 정도와 실제 가부장성은 차이가 있을 수 있다. 그러한 측면을 감안하더라도 참여자들의 표현처럼 지역화폐 거래와 활동에 적극적인 남성들의 경우 여성과 여성의 일의 가치를 바라보는 시각 등에 있어서 정도의 차이는 있지만 변화과정에 있다고 볼 수 있다. 그런데 생각해봐야 할 것은 지역화폐 공동체 남성들이 덜 가부장적이라고 뭉뚱그려 표현되는 맥락의 이면이다. 즉 공동체 내 남성들은 그 숫자만큼이나 성평등과 가부장성에 있어 다양한 차이를 가지고 있는데, 그러한 측면이 드러나지 않고, 결과적으로 가부장성에 대한 반성과 성찰을 하지 않는 효과로 이어지기도 한다. 예컨대 임서현이 지적하듯이 대안운동 여부와 상관없이 남성들은 자신의 어머니와 누이의 삶을 바라보는 것과 부인을 대하는 태도가 다른 이중적인 면을 보일 때가 많다. 한밭레츠 참여 남성의 경우도 이와 비슷한 맥락의 태도를 보일 때가 있다. 하지만 비교적 덜 가부장적이라는 표현 속에 묻히고 드러나지 않을 때가 있다.

다섯째, 가사와 육아를 도와주는 보조자로서 위치를 갖는 남성들이 있다. 한밭레츠 남성들 중에 비교적 성평등하고 비교적 덜 가부장적이라는 표현에 가장 부합되는 경우는 공동육아를 하는 남성들일 것이다. 또한 활동가 남편이라는 정체성을 가진 몇몇도 여기에 포함된다.

> 레츠 회원들은 대부분 남편들이 밥도 더 잘하고, 살림도 더 잘해요… 우리 같은 경우도 일요일날 내가 밥을 해본 적이 없어요. 거의 토요일까지 기진맥진하고 집에 들어가니까 일요일은 12시, 1시까지 자요… 아침에 딸그락거리는 소리나면 밥해놓고 깨우고… 거의 우리뿐만 아니고 ○○○네도 그렇고 ○○○네도 그렇고, 좀 약간 권위적인 것이라고는 ○○○네가 조금 권위적이라고 할까나… 거

기는 밥 못해요… 그리고 ○○○네도 그렇고 ○○는 거의 부인을 왕비 떠받듯이 하잖아요 얘기 들었죠?…애들 똥 기저귀까지 빨아요…

— 윤선희

밥과 살림을 잘하는 참여자 남성들은 대부분 공동육아 어린이집을 경험했으며 아이들을 엄마와 아빠가 함께 키워야 한다는 인식을 어느 정도 하고 있는 경우이다. 그런데 면접과 참여관찰을 통해 확인한 것은 한밭레츠 일부 남성들은 가사와 육아를 하는데 거부감이 없고 직접 하기도 하지만 대부분 도와주는 사람, 즉 보조자로서의 역할을 수행한다는 것이다. 최자영은 이를 정확히 인식하고 있었다. 남성들은 가사와 양육에 있어 예전보다 역할이 커지기는 했지만 자기가 주된 책임자라고 생각하지도 않으며, 많이 도와주면 그야말로 좋은 남편이라는 보상이 주어진다고 지적했다. 즉 가사와 육아를 분담하는 것은 당연하며 보조자로서가 아니라 서로가 공동으로 책임을 나눠가져야 함에도 불구하고 현실은 그렇지 않다는 것이다.[10] 한밭레츠에서 가사와 육아의 보조자로서 참여하는 남성들은 좋은 남편으로 불리며 다른 가정의 부러움의 대상이 되기도 한다. 이는 가사와 육아가 남성들도 당연히 해야 할 일이 아니라 심성과 성향에 따른 선택의 문제로 인식되는 효과를 낳게 한다. 동시에 가사와 육아의 주된 책임자는 여전히 여성이라는 것을 재인식시키게 된다.

사실 한밭레츠 참여자 남성들이 갖고 있는 여러 가지 스펙트럼의 가부장

---

10 "반찬을 만들고 이것이 안 되거든요. 밥은 할 수 있어요. 밥은 해가지고 (출근한) 아기 엄마가 끓여놓은 국을 데운다던가, 국이 안 되면 김치하고 고추장 비벼먹자, 이것은 가능한데 밑반찬이 없으면 아무것도 못하는 거예요. 그냥 자장면 먹으러 가고. 일이 이렇게 되는 것이 어쩔 수 없는 한계예요." —한영석

성은 우리 사회 진보운동이 갖는 가부장성의 연장선에 있기도 하다. 성차별 적이고 성별화된 80년대 학생운동(권인숙, 2005), 남성 중심적인 노동운동 (조순경, 2005), 가부장적인 사회운동(조순경 외, 1995; 전희경, 2001) 등 남 성 중심적인 운동권 문화와 남성 활동가들의 가부장성에 대해서는 그동안 여성주의자들에 의해 끊임없이 문제 제기되어 왔다. 여성들의 활동이 중심 이 되는 한밭레츠에서 남성들은 비교적 덜 가부장적이라고 이야기되고 있 다. 하지만 가부장적인 학생운동 혹은 사회운동에서 활동하다 대안운동으 로 그 영역을 넓힌 경우가 많으므로 그러한 운동권 문화와 분위기로부터 자 유롭지 않다는 것은 면접과 참여관찰을 통해 확인할 수 있었다.

3. 성별분업 해체 가능성의 조건들

성별분업을 변화시킬 힘과 한계

여성주의 한편에서 주부 중심의 공동체 활동에 주목하는 것은 성별분업 의 한계 속에 활동이 시작되지만 그 과정에서 변화 가능성이 있기 때문이 다. 즉 여성들은 활동과정 속에 주체적 역량을 강화하며, 여성들이 주로 수 행해왔던 노동이 가치화, 재평가되면서 공동체로 확장되고 이는 결과적으 로 성별분업에 균열을 내며, 공동체와 사회를 변화시키는 동력이 될 것으로 기대된다. 한밭레츠의 경우 앞에서 살펴본 것처럼 주부 중심의 활동이 개인 과 공동체에 긍정적인 변화의 힘으로 작용하고 있는 것은 사실이다. 하지만 동시에 거래와 활동에 있어 남성들이 점점 줄어들고 있고 이러한 성별분리 는 지난 10년간의 활동과정을 통해 볼 때 앞으로도 지속될 가능성이 있다. 그렇다면 한밭레츠 여성들의 활동은 궁극적으로 지역화폐 공동체의 성별분 업을 해체시킬 수 있을 것인가?

지역화폐와 여성주의−한밭레츠의 경험에서 길을 찾다

사실 가부장제와 화폐 중심의 자본주의 체제 등이 공모돼 만들어낸 사회 구조의 문제이기도 한 성별분업은 개인이나 한 공동체의 변화만으로는 해결되기에는 한계가 있다. 현재 한밭레츠 자원 활동의 주축인 전업주부가 되는 맥락이 바로 그런 사회구조적 한계를 여실히 보여주는 지점이다. 더욱이 신자유주의 세계화 속에 여성의 일과 노동이 더욱 주변화되거나 분리되는 현실 속에서 개인과 공동체의 변화만으로 거대한 흐름을 바꿔나가며 궁극적으로 성별분업을 해체할 수 있을지에 대해 한편에서는 비관적인 전망이 있는 것도 사실이다.

역사적으로 보듯이 우리 사회와 공동체의 변화는 쉽지 않고 매우 느리게 감지되기도 한다. 그 변화가 사람들의 관계 속에서 일상생활과 연결될 때는 더욱 그렇다. 특히 자본주의 시장의 역사보다 훨씬 더 오래된 우리 사회의 가부장제와 성별성은 그만큼 변화되기 어려울 뿐만 아니라 변화의 질과 속도 또한 측정하기 힘들다. 따라서 3년이란 기간 동안에 살펴본 한밭레츠 지역화폐운동 10년 동안의 변화내용과 속도를 통해 공동체 내 성별분업의 고착화 혹은 해체 가능성을 판단하기는 쉽지 않으며, 한계가 있는 것도 사실이다. 그럼에도 불구하고 제한적이지만 지역화폐 공동체 한밭레츠의 성별분업 해체 가능성에 대해 분석내용을 토대로 살펴보고자 한다.

한밭레츠의 여성 중심 활동은 우리 사회 성별분업 담론과 작동 메커니즘 속에 녹아 있는 성별에 기반을 둔 편견과 차별을 일정 부분 개선하는 효과가 있다. 즉 지역화폐 거래와 다양한 공동체 활동을 통해 여성들이 주로 담당해왔던 가사, 육아, 보살핌 활동과 노동을 가시화하고 재평가함으로써 공적 영역에서 활동하는 남성들의 그것에 비해 가치가 낮다는 편견과 성차별의 인식을 바꿔나가게 된다. 이러한 인식의 변화는 참여자 여성은 물론 남성들과 공동체 전체로 확장돼가며 성별분업에 균열을 내는 힘으로 작용할 수 있다. 또한 가정 내에 머물던 참여자 여성들이 상호 호혜적으로 연결되는 관계성을 기반으로 관계적 주체가 돼 공동체에서 활발하게 활동함으로써 성별분업에 전제돼 있는 공사구분의 이분법을 해체하고, 남성 중심적인 공동체 문화를 바꾸거나 개선하게 된다. 이 역시 참여자 여성들로부터 시작된 변화가 남성과 공동체 전체에 영향을 미치게 되며, 성별분업에 균열을 내는 동력이 될 수 있다. 이러한 성별분업 균열의 힘은 연속적 혹은 겹쳐서 경험되기도 하고, 관계망 안에서 다발적으로 발생되기도 한다.

하지만 그러한 변화의 동력은 한밭레츠 지역화폐 호혜시장에서 가사와 보살핌 등 여성노동이 재평가될 때 기존 시장의 가치기준이 일정 부분 참고가 되고 있는 현실과 참여자 성별에 관계없이 갖고 있는 살림과 보살핌이 여성의 영역이며, 일이라는 뿌리 깊은 성역할고정관념에 부딪혀 한계가 생긴다. 이러한 한계 역시 앞서 살펴본 성별분업 균열의 긍정적 힘이 작용돼 서서히 변화되거나 장기적으로는 해체되는 과정일 수도 있다. 그런데 분명한 것은 여성노동을 재평가할 때 기존 시장의 가치기준을 넘어서고자 하는 성찰과 성역할고정관념에 대한 문제 인식 및 이를 바꾸기 위한 구체적인 노력 등이 없다면 현재 한밭레츠 지역화폐 거래와 활동에서 나타나는 성별분리를 줄이거나 해체하기가 그만큼 어렵거나 늦어질 것으로 보인다. 또한 덜 가부장적인 남성으로 공동체 내에서 위치되지만 실제로는 상당수 참여자 남성들이 진보적인 사회운동에서 나타나는 것과 비슷한 맥락의 가부장성을 보이는 것을 볼 때 더욱 그러하다.

성별분업을 해체하기 위해서는

나로부터 출발하는 일상의 작은 거래와 변화가 다른 사람과 연결되고, 공동체와 지역 연결망으로 확장되며, 결국 기존 사회에 균열을 가져올 수 있다는 일종의 운동의 나비효과를 기대하는 대안운동 현장 한밭레츠의 활동 과정에서 성별분업 나아가 성별성을 줄이거나 해체하기 위해서는 다음과 같은 조건들이 필요할 것으로 보인다. 첫째, 한밭레츠 공동체에서 상호 호혜적으로 연결되는 관계성을 기반으로 관계적 주체가 되어가는 참여자 여성들의 거래와 활동에 대해 의미 부여하며, 성별분업 혹은 성별성에 균열을 내는 긍정적 변화의 힘을 더욱 강화·확장해가야 한다. 특히 여성의 활동과 노동에 대한 편견을 줄이고 차별을 개선하며 공사 구분을 넘나들거나 해체하면서 남성 중심적인 공동체 문화를 바꿔나가는 여성들의 거래와 활동이 변화의 중요한 거점이 될 수 있다. 그러한 변화의 힘이 공동체 내의 관계망은 물론 다른 지역 공동체와의 연결망으로 확장될 때 성별분업 혹은 성별성 해체를 위한 균열의 힘은 그만큼 커질 것이다.

둘째, 한밭레츠 공동체에서 활동하면서 변화과정을 경험하고 있는 일부 남성과 어르신 그리고 참여자 자녀들의 거래와 활동에 의미부여하며, 성별분업 혹은 성별성에 대한 그들의 변화의 힘을 더욱 강화·확장해가야 한다. 한밭레츠는 참여자 남성들의 거래와 활동이 대체로 줄어들고 있는 것은 사실이지만 일부는 거래와 활동에 있어 매우 활발한 편이다. 그만큼 변화가능성이 잠재돼 있다고 볼 수 있다. 일부 어르신의 경우도 마찬가지이다. 참여자의 자녀들 중에는 어려서부터 지역화폐 거래와 활동에 익숙해지면서 우리 사회에서 기대되는 여성과 남성에 대한 성역할 구분이 약해지고, 성평등하게 성장해가는 아이들이 있다. 이들의 존재는 공동체에서 성별성을 줄이거나 해체하는 데 자원이 되며, 변화의 거점으로 작용할 수 있다.

셋째, 한밭레츠 참여자들이 여성과 남성에 관계없이 갖고 있는 성역할고정관념을 해체하기 위한 의식적인 일련의 활동들이 필요하다. 살림과 보살핌이 여성의 영역이고 여성들이 주로 한다는 성역할고정관념에 대한 문제

인식부터 시작해서 일상의 거래와 활동을 통해서 어떻게 바꿔나갈 것인지를 구체적, 지속적으로 고민해야 할 것이다. 여기서 생각해봐야 할 것은 이를 위해 어떻게 접근할 것인가 하는 방법론의 문제로 참여자들의 경험과 성향을 토대로 효과적인 접근방법을 모색할 필요가 있다. 특히 이슈 중심이 아니라 일상의 변화에 주목하는 생활운동이기 때문에 더욱 그러하다. 한밭레츠 참여자 여성 중에는 앞서 살펴보았듯이 여성운동 혹은 여성주의에 대해 거부감을 갖고 있는 경우가 많은데, 이는 운동방식에 대한 반감이 작용한 측면이 있다. 또한 이들은 의식화 교육 프로그램보다는 일상의 관계 맺음 속에서 거래와 활동에 직접 참여하면서 변화를 경험하는 경향성이 크다. 따라서 예컨대 성 인식에 대한 교육보다는 지역의 여성운동단체인 대전여민회와 연계된 어린이도서관 짜장과의 연결된 활동들을 통해 변화될 가능성이 있다. 교육 프로그램을 진행한다면 마음공부, 영성, 자녀교육 등 참여자 여성들이 관심이 많은 분야와 연결하는 것이 보다 효과적일 것으로 보인다. 반면 거래와 활동을 직접 시작하는 것보다 교육에 더 익숙한 참여자 남성들의 경우는 성역할고정관념 등의 변화를 위한 의식화교육이 선행되는 것이 오히려 효과적일 수 있다.

넷째, 비교적 덜 가부장적이라고 말해지며, 그러한 측면이 일정 부분 있는 것도 사실이지만 그렇다 하더라도 진보적 사회운동의 가부장적 맥락아래 여전히 놓여 있는 참여자 남성들의 가부장성을 줄이거나 해체하기 위한 의식적인 노력이 필요하다. 사실 이는 앞서 성별분업 혹은 성별성을 해체하기 위한 조건들로 제시된 첫째, 둘째, 셋째의 조건들과 연동되는 것이기도 하다. 즉 앞의 조건들이 실천되면 그 영향을 받아 참여자 남성들의 가부장성이 줄어들 가능성이 있다. 또한 다른 단체나 공동체와 비교해서 지역화폐운동은 생활운동으로서 거래와 활동에 적극 참여할수록 남성의 변화 가능성이 높기 때문에 참여자 남성들의 거래와 활동 활성화를 위한 전략이 필요하다. 아울러 가사와 육아의 보조자가 아니라 가정에서부터 책임성을 함께 나누는 인식변화와 실천이 중요할 것이다.

제5부

'망하지 않은' 한밭레츠의 실험

농부 회원의 포도를 딴 후 씻고 있는 한밭레츠 어린이들

성역할의 구분 없이 평등하게 자라고 있는 아이들이 한밭레츠 참여자들의 꿈처럼
지역화폐 활동가가 되고 공동체의 주체로 살아갈 수 있다면 성별성 해체의 시공간은
그만큼 넓어질 것이다.

제10장
새로운 길을 만들어가는 여성과 남성

지금까지 살펴본 것처럼 한밭레츠는 성별적 측면에서 성역할고정관념이 생각보다 견고하고 남성들의 가부장성도 존재한다. 또한 구성원들의 층위가 다양한 만큼 차이와 갈등의 요소를 안고 있어 한계도 있고, 앞으로 풀어가야 할 숙제도 많은 게 사실이다. 참여자들의 표현처럼 한밭레츠는 외부에 알려진 것과 같이 성공한 사례라고 할 수는 없지만 망하지 않고 지속되는 것이 지역화폐운동에 있어 한밭레츠가 갖는 의미일 수도 있다.[1]

실제로 우리는 IMF 이후 수십 개에 달하던 국내 지역화폐 공동체들이 대부분 사라져간 경험을 했다. 레츠 시스템의 창시자로 알려진 캐나다의 마이클 린튼은 국제세미나[2]에서 심은숙을 만났을 때 한밭레츠의 거래와 활동이 활발한 데 대해 크게 놀라워하며, 위기를 맞았던 자신의 경험을 바탕으로 지역화폐운동이 지속되기 쉽지 않다고 말한 바 있다.[3] 우리 사회에서 자

---

1 김성훈(2013), 「성공하지 못했지만 망하지 않은 비결, 한밭레츠 이야기」, 『원도심 좋은 이웃』 제2호.

2 2005년 5월 28일 일본 세토시에서 열린 '지역통화 세미나'에서 한밭레츠의 사례가 발표되었다.

3 "외국에서는 한밭레츠가 굉장한 곳인 줄 안다"는 손연주의 말처럼 한밭레츠를 직접 방문하거나 네트워크를 통해 연대하고 있는 외국의 지역화폐 활동가들은 한밭레츠의 거래와 활동에 대해 매우 높이 평가하는 경우가 많다.

본주의 시장 너머를 상상하며 지역화폐를 매개로 대안을 모색하는 공동체 운동이 현실적으로 얼마나 지속되기 힘든가를 알 수 있는 지점이다. 참여자들의 표현대로 한밭레츠의 가장 큰 미덕은 아직까지 망하지 않고 버티고 있는 존재 그 자체일 수도 있다. 이처럼 망하지 않은 지역화폐 공동체에서 성역할고정관념 등 변화돼야 할 부분이 있지만 동시에 변화 가능성의 큰 힘을 보여주는 한밭레츠 참여자 여성들과 일부 남성들은 성별성을 줄이기 위한 필요충분조건으로 작용하면서 새로운 길을 만들어가고 있다.

새로운 여성

여성운동 혹은 여성주의 한편에서는 개인적 차원에서 공동체나 지역사회로 활동의 영역을 넓히고 역량을 확장하면서 공사를 넘나들거나 해체하는 여성들의 활동에 대해 의미 부여하고, 여러 가지 방식으로 설명해왔다. 사회주부(이경숙, 1997)[4], 모성의 사회적 확장(이경아, 2000), 사회자본(김종미, 2004)[5], 살림가치의 확장(이현희, 2004), 살림여성주의(김정희, 2005; 우춘희, 2010), 보살핌의 사회화(정신희, 2009) 등 주부를 포함한 여성들의 활동

---

4 사회주부란 "고정관념과 이기주의 테두리에서 벗어나 당당한 사회구성원으로 더불어 살아가는 주부"를 일컫는 말이다(이경숙, 1997; 김종미, 2004: 61에서 재인용). 즉 주부라는 문제가 비단 가정이라는 사적 영역의 문제가 아닌 공사영역이 만나는 접합 지점이라는 사실을 공적으로 천명한 것이며, 전업주부와 사회주부의 만남은 주부의 위치를 사회영역으로 확장시킴과 동시에 두 영역 간의 상호 연계성을 확인시키는 지점을 확보해내고 있다(김종미, 2004: 61). 1990년대 후반부터 전개되기 시작한 사회주부 담론은 여성단체인 한국여성민우회가 지역여성운동의 주체를 전업주부와 취업주부를 포괄하는 확대된 주체로 개념화하면서 본격화되었다.

5 김종미(2004)는 지역여성운동에 참여하는 중산층 주부들은 생태여성주의 가치를 공유하는 네트워크라는 점에서 그 자체로써 사회규범과 네트워크 차원의 사회자본을 구성한다고 본다.

이 다양하게 재조명되었다. 최근 들어서는 살림이나 보살핌의 사회화로 논의가 전개되는 측면이 있다.

주부를 포함한 한밭레츠 여성들의 공동체 거래와 활동을 보면 살림과 보살핌의 지역사회 확장이 포함돼 있다. 활동의 가치와 내용 면에서 살림과 보살핌의 공동체적 확장이 이루어지고 있기 때문에 그러한 논의의 연장선에서 한밭레츠 여성들의 행위성을 설명해도 크게 무리는 없을 것이다. 하지만 이 책에서는 지역화폐를 매개로 호혜시장과 공동체 재구성을 실험하고 있는 참여자 여성들의 공동체 활동에 대해 어느 하나의 틀로 규정하는 것을 경계한다. 특히 살림과 보살핌이 여성의 일이라는 성역할고정관념을 견고하게 갖고 있는 참여자들이 많기 때문에 더욱 그렇다.

물론 살림이나 보살핌 사회화에 관한 여성주의 논의는 전통적인 성역할고정관념의 해체를 전제로 한다. 예컨대 살림여성주의에서 살림은 가정에서 해방되어 마을로 지역사회로 국가 경영으로 퍼져 공공화되는 것을 지향하며, 여남이 함께 공유하는 것으로 설명된다(김정희, 2005). 그런데 현실적으로 지역화폐 공동체 참여자들이 갖고 있는 뿌리 깊은 성역할고정관념은 재구성되는 살림의 해방적 의미에도 불구하고 제한적으로 이해되고 있다. 이는 한밭레츠뿐만 아니라 면접 중에 만난 A, B, C 공동체의 활동가들에게서도 일부 확인되었다.[6] 이러한 현실은 공동체나 지역사회에서 살림이나 보살핌의 사회화 혹은 다른 이름의 운동을 전개할 때 성역할고정관념의 해체 작업이 동시에 이루어져야 그 운동이 갖는 해방성을 더 효과적으로 살릴 수 있음을 시사하는 것이기도 하다.

---

6 배수진, 성미라, 현승미 등은 자신들이 활동하는 공동체의 지역화폐 거래품목, 거래량과 활동 프로그램 등을 설명할 때 살림은 여성의 일이라는 맥락의 표현을 했다.

따라서 이 책에서는 한밭레츠 여성들의 지역화폐 거래와 활동에 대해 내용적으로는 살림과 보살핌 등의 사회화가 포함된 것으로 파악하지만 그 행위성을 어느 한 틀로 이름 짓기보다 지금까지처럼 그 특성에 대해 설명하는 방식으로 의미성을 살리고자 한다. 전통적인 가정 내 성별분업에서 벗어나 관계적 주체로서 공동체 활동에 적극 참여하며, 성별분업과 성별성 해체의 중요한 거점이 될 수 있는 한밭레츠 참여자 여성들은 다른 공동체 및 지역사회와 연결망을 이루면서 탈 자본주의적 호혜시장과 공동체 재구성을 지향하는 지역화폐운동의 가치와 내용을 사회화시켜 나가고 있다. 지역화폐운동을 실천하며 확장해 가는 참여자 여성들은 경험의 차이만큼 변화의 속도와 내용이 다양하게 나타난다. 그러한 차이에도 불구하고 참여자 여성들은 기존에 사회적으로 여성과 남성을 구분하는 성별의 의미를 넘어서거나 변화시킬 가능성이 있는 새로운 여성이라고 할 수 있다. 이는 지역화폐 거래와 활동에 적극 참여하고 있는 일부 참여자 남성의 경우도 마찬가지이다.

아줌마라 불리는 남성과 성역할구분 없이 자라는 아이

…사무실에서 울려 퍼지던 한밭레츠 아줌마들의 소음은 그들이 아주 건강하게 살아있다는 증거이며 서로 깊은 관계를 맺어가는 과정에서 울려 퍼지는 화음이기도 한 것이다… 7년의 시간을 한밭레츠와 의료생협을 통해 많은 아줌마를 만나다 보니 어느새 나는 남자들이 많이 모여 있는 자리가 불편하게 느껴지기도 한다. 왠지 거창하고 무거운 주제를 심각한 얼굴로 실수 없이 말하기 위해 조심하는 그런 자리가 낯설고 어색해서 내가 있을 자리가 아닌 것 같은 생각이 든다…[7]

---

7 김성훈(2009), 「아줌마와 공동체」 중에서.

한밭레츠 참여자 여성들과 지역화폐 거래와 활동으로 만나다 보니 남자들이 많이 모이는 공동체의 토론 분위기와 활동들이 어느새 불편해지기 시작했다고 고백하는 남성들이 늘고 있다. 70대인 오규성은 남자 어르신들만 모인 곳은 서로 자기 위신 세우고 체면 차리느라 바쁘며 재미가 없다고 말했다. 아줌마로 불리기도 하는 비혼 남성 김현성은 이제는 그 호칭이 너무 당연하게 생각돼서 그러려니 한다고 했다. 사회적 일자리 두루잔치에서 활동한 남성 G는 여자들과 함께 수다를 즐기면서 음식 만드는 일을 했다. 물론 비교적 덜 가부장적으로 말해지지만 남성 중심적인 우리 사회문화의 세례를 받으며 살아온 그들 역시 가부장성의 관습으로부터 자유로운 것은 아니다. 하지만 그들은 우리 사회에서 기대되는 전통적인 남성과는 차이가 있다. 기존의 성별을 변화시킬 가능성이 잠재돼 있다고 볼 수 있다.

또한 무엇보다 한밭레츠에서 고무적인 것은 기존 성별을 변화시킬 가능성이 있는 여성과 남성의 자녀들이 성장하고 있는 것이다. 어렸을 때부터 엄마, 아빠와 함께 지역화폐로 거래를 하며, 일상을 나누는 생활에 익숙해진 아이들일수록 여성과 남성의 일을 특별히 구분하지 않는다. 축구하고 로봇 놀이하는 여자 아이, 바느질하고 요리하는 남자 아이 모습이 자연스러워 보인다. 여성과 남성의 영역에 대한 경계가 별로 없다. 이 같이 성역할의 구분없이 평등하게 자라고 있는 일부 아이들이 참여자들의 꿈처럼 지역화폐 활동가가 되고 공동체의 주체로 살아갈 수 있다면 성별성 해체의 시공간은 그만큼 넓어질 것이다. 아울러 망하지 않은 탈자본적 호혜시장과 공동체 재구성의 실험은 계속될 수 있을 것이다.

제11장

한밭레츠의 현재와 미래

음식, 바느질, 차, 명상, 여행, 육아 등 모든 일상의 일들이 배우고, 나누고,
사랑하는 소재가 되어 특별함으로 살아난다. 레츠에서는…[1]

논의를 정리하며

자본주의 시장은 돈만 있으면 뭐든지 할 수 있다는 믿음과 환상을 심어준
다. 돈을 벌기 위해 사람들이 수단 방법 가리지 않고 경쟁하면서 시장은 성
장해왔지만 공동체성은 자취를 잃어가고 있다. 신자유주의 세계화의 물결
속에 1대 99 사회란 말이 상징적으로 보여주듯이 갈수록 양극화가 심해지
고 있다. 한국뿐만 아니라 전 세계적으로 경제위기가 가속화되고 있다. 그
만큼 경제적 소수자들은 살기 힘들어졌다.

한편에서는 더 이상 이대로는 안 된다는 위기의식 속에 자본주의 시장 너
머를 상상하는 대안의 바람이 일고 있다. 한국사회에서 대안에 대한 언급은
1990년대 중반이후 사회, 교육, 노동 등 여러 분야에 걸쳐 서서히 증가했다.
보살핌과 나눔, 환경과 생태, 지역과 공동체성 등이 대안의 주제어가 되어
왔다.

대안운동의 하나로 시장의 기초가 되는 교환과 돈, 즉 시장화폐 교환체계

---

1 2013년 2월 4일, 바○, 지역화폐 관련한 한마디 중에서.

에 도전하며 공동체성과 일상의 실천을 지향하는 지역화폐운동이 펼쳐지고 있다. 국내에서는 1996년 『녹색평론』을 통해 처음 소개되었다. 이후 1998년 IMF 체제를 맞아 기존 시장경제 시스템에 대한 위기의식이 크게 작용하여 지역화폐운동이 확산되었다.

이러한 흐름 속에 이 책은 시장 너머를 상상하는 지역화폐의 실천과정에서 성별의 문제가 어떻게 작동하는지 알아보고자 했다. 대안경제 가능성과 공동체 재구성이라는 지역화폐의 대안성이 여성주의와 어떻게 만나는지 살펴보고자 했다. 실천현장에서 활동하는 여성들의 긍정적인 힘과 성별성이 어떻게 작동하며 상호 연관이 되지는 알아보고자 했다. 지역화폐운동 나아가 대안운동의 과정이 성별성을 해체하는 해방적 시공간이 되기 위해서는 어떠한 조건이 필요한지 살펴보고자 했다.

이 책의 사례인 한밭레츠는 국내에서 가장 오래되고 활발한 거래와 활동이 이루어지는 지역화폐 공동체로 다양한 층위의 여성/남성이 공존하고 있다. 또한 레츠를 거점으로 의료생협, 대안학교, 생산자 모임 등 여러 영역으로 활동을 확장해나가고 있어 성별을 포함하여 여성주의 맥락에서 지역화폐운동을 파악하는 데 유용할 것으로 기대되었다. 한밭레츠 참여자들의 성별 특성과 한 해 만 건이 넘는 거래의 성별경향성을 파악하기 위해 자료를 수집 분석했다. 거래상황과 활동내용을 면밀히 들여다보기 위해 심층면접과 참여관찰을 병행했다. 즉 양적과 질적 방법 등 다각적인 분석방법을 시도했다. 그 결과는 다음과 같다.

첫째, 한밭레츠는 국내 지역화폐운동과 환경운동 등 대전의 새로운 지역운동 흐름 속에 2000년 2월 창립되었으며, 세 층위가 함께 섞여 있는 가운데 갈수록 여성들의 활동이 중심이 되는 공동체가 되어 가고 있다. 세 층위에는 사회운동 경험이 있는 몇몇 남성이 주축이 된 초창기 그룹, 민들레

지역화폐와 여성주의–한밭레츠의 경험에서 길을 찾다

의료생협이 만들어지고 영구임대와 중산층 아파트가 있는 법동에 등록소를 마련하면서 유입된 지역 주민, 거래와 활동에 주도적으로 참여하고 있는 전업주부를 비롯한 여성 등이 포함되어 있다. 그런데 거래량, 활동과 프로그램 참여율, 의사결정구조 등을 고려해볼 때 한밭레츠는 여성들이 중심이 되는 지역화폐 공동체가 되어가고 있다. 그 이유로는 먼저 한밭레츠 참여자 남성들은 대체로 경제위기와 같은 사회적 이슈 등을 중심으로 접근하는 경우가 많은 반면 여성들은 지속적인 일상의 생활운동으로 활동하는 경우가 많기 때문인 것으로 보인다. 한밭레츠 연도별 회원가입추이를 보면 이를 바로 알 수 있다. IMF 경제위기 이후인 1999에서 2001년까지는 여성과 남성이 비슷한 가입 비율을 보이다가 2002년부터는 여성들이 훨씬 많아졌다. 2008년 금융위기 이후에 남성 참여자들이 다시 늘어나기 시작했다. 또한 2003년 등록소 실무자 공백기가 생겨 위기를 맞이했을 때 전업주부를 비롯한 여성들이 자원 활동가로 나서 이를 극복할 수 있었다. 그 이후에는 핵심 활동가와 리더그룹이 주로 여성들이 되었으며 여성이 주체적으로 활동하는 공동체가 되었다.

둘째, 한밭레츠 참여자와 거래의 성별 현황을 살펴보면 여성과 남성의 차이가 뚜렷하게 나타나고 있다. 참여자의 성별은 여성 65.7%, 남성 32.6%로 여성이 2배 이상 많았다. 연령을 보면 40대(47.9%), 30대(31.5%)가 주축을 이루고 있다. 그중에서도 40대와 30대 여성이 가장 많고, 20대 남성은 1명으로 가장 적은 분포를 보였다. 성별 직업 분포를 보면 여성은 주부, NGO 활동가, 교사 공무원, 전문직 강사, 간호사 돌보미 순이었다. 남성은 NGO 활동가, 전문직 강사, 회사원, 농업의 순으로 뚜렷한 성별 차이를 보이고 있다.

한밭레츠의 교환 거래는 매년 증가하여 2010년에는 총 14,342건으로 창립 첫 해인 2000년에 비해 50배, 지역화폐 두루 거래액은 126,643,180두루로 약 37배 증가했다. 특히 민들레의료생협과 약국의 지역화폐 적용이 거래 활성화를 이루는 데 기여했다. 농산물, 재활용품, 자원 활동 등의 거래가 갈수록 늘어나고 있다. 거래의 성별현황을 살펴보면 거래참여율에서 여성은 69.1%, 남성은 22.5%로 여성이 훨씬 많았다. 거래량에서 여성은 두루를 쓴 구매(소비, 65.4%)가 두루를 번 판매(생산, 노동 서비스, 24.8%)에 비해 많았다. 남성은 두루를 쓴 것과 번 것이 비슷한 양상을 보였다. 총 거래량은 여성(45.1%)이 남성(9.1%)보다 약 5배 정도가 많았다. 이러한 거래 참여의 차이는 활동 참여의 차이와도 비슷한 맥락으로 볼 수 있다. 비시장 거래에서 두루를 번 것은 여성이 남성보다 8.5배 정도 많았다. 특히 재화 부분에서 재활용품은 여성(1,007건)이 남성(17건)보다 60배 가량 많았다. 서비스 교육 부분에서도 10배 이상의 차이를 보였다. 이를 통해서 여성은 전체적으로는 두루를 쓴 구매가 두루를 번 판매에 비해서는 훨씬 많지만 비시장 재화와 서비스영역에서는 두루를 버는 판매, 즉 노동과 서비스에 적극적으로 참여하고 있다는 것을 알 수 있다.

셋째, 한밭레츠 지역화폐는 일상의 삶으로 인식되며 돈 없이도 필요와 재미로 시작하고 이웃과 관계에 대한 가치를 재인식하게 하며, 서로의 상황을 고려하고 필요에 의해 가치가 형성되는 경우가 많았다. 교환 거래의 과정에서 비시장영역이 가치화되고, 탈자본주의적 호혜시장이 실험되며 여성노동이 재평가되고 있다. 가정과 지역 공동체의 일/노동, 생산성 중심의 시장으로부터 소외된 일/노동, 보살핌영역 등이 지역화폐로 가치화되었다. 그 과정에서 주로 여성들이 수행해왔던 가사, 보살핌노동이 가시화되고 의미화되었다. 특히 관련된 여성노동은 가시화과정에서 시장상품화와는 다르게 호혜적이며, 소외되지 않고 자율성이 확보될 가능성이 크다. 보상에 대한

지역화폐와 여성주의-한밭레츠의 경험에서 길을 찾다

기대는 크지 않지만 보살핌과 마음을 쓰고 나누는 일들에 대한 대가를 지역화폐로 표현하는 것은 당연하게 여기고 있었다. 또한 여성노동이 재평가될 때 가치체계와 방식 면에서 기존 시장과는 다르게 작동하지만 가치의 수량 면에서는 시장가격이 참고가 되기도 한다. 이는 1,000두루=1,000원이라는 지역화폐 가치 수량화 시스템과 관련이 있으며, 현실 속의 참여자들이 기존의 시장체계와 통념으로부터 자유롭지 못하기 때문인 것으로 보인다.

이러한 가치화과정 분석을 통해 지역화폐 교환 거래가 기존 화폐의 성별성을 해체할 수 있을지를 검토했다. 시장화폐는 여성을 화폐 밖으로 밀어내 배제시키기도 하지만 동시에 화폐로 환산할 수 있는 것들은 가능한 한 상품화를 통해 화폐망 안으로 유입시킨다. 유입된 후에는 시장 안에서 임금 격차 등 여성과 남성을 분리하고 차별한다. 이처럼 화폐의 성별성이 다중적으로 나타나고 있다. 시장화폐의 모순을 넘어서고자 하는 지역화폐는 먼저 가정과 공동체 그리고 보살핌의 공간에서 저평가되던 여성의 일과 노동을 가치화시키며, 가시화한다는 면에서 화폐가 가지는 여성 배제의 차별성을 해체할 가능성이 있다. 또한 가능한 한 지역화폐로 거래하려고 하지만 이윤을 추구하지 않기 때문에 상품화과정에서 나타나는 성별성도 어느 정도 극복이 가능하다. 하지만 거래와 활동의 가치화과정에서 여성과 남성이 구분되는 등 분리적 측면에서는 한계가 있는 것으로 나타났다. 이러한 한계적 측면에는 성역할고정관념과 성별분업이 영향을 미치고 있었다.

넷째, 한밭레츠 여성들은 지역화폐 활동과 교환 거래의 과정에서 개인과 공동체의 관계망을 인식하며 주체가 되거나 그러한 과정 속에 있는 경우가 많았다. 다시 말해 상호 호혜적으로 연결되는 수평적인 관계와 관계성을 기반으로 한 주체, 즉 관계적 주체가 되거나 되어가는 과정 속에 있는 여성이 많다. 참여자 여성들이 이 같은 관계적 주체에 이르는 과정은 먼저 개인적

인 관계망에 머물며 존재감이 없던 여성이 공동체의 관계망 안에서 주체가
되며 역량을 확장해가는 경우가 있다. 개별화된 독립적 주체를 지향하던 여
성이 관계망을 인식하며 관계적 주체가 되어가는 경우, 이미 관계적 주체로
서 살고 있거나 그러한 과정 속에 있는 여성이 공동체의 상호 지지망 안에
서 지지를 받으며 이를 강화해가는 경우 등 크게 세 가지 흐름으로 보이고
있었다.

한밭레츠 여성들은 리더십을 발휘함에 있어 여성주의라는 말을 사용하지
않고, 이를 의식하거나 의도하지는 않는다. 하지만 활동과정에서 참여자 여
성의 경험을 중시하고, 비교적 수평적이며 민주적인 공동체 문화가 형성되
며, 양적인 성과나 평가보다는 질과 사람 및 공동체성을 우선시한다. 이를
고려해볼 때 여성주의가 추구하는 가치와 상호 작용할 수 있는 연결 지점들
이 있다. 또한 공동체 활동에 동화돼가며 스스로가 거점이 돼서 가족들은
물론 공동체 외부 지역운동 현장과 연결망을 이루어 지역화폐운동의 가치
와 실천역량을 차츰 확장해가는 여성이 상당수 있다. 참여자 여성들은 한밭
레츠 내부에서 외부로, 외부에서 내부로의 넘나듦을 통해 다른 공동체나 지
역운동과 연결망을 이루며 가치를 실현해간다.

이처럼 한밭레츠 여성들은 지역화폐 공동체의 확장에 크게 기여하고 있
다. 반면 남성들의 거래와 활동은 점점 줄어들고 있어 공동체 내 성별분리
가 뚜렷하게 나타나고 있다. 이는 지난 10년간 진행과정을 볼 때 고착화될
가능성이 있다. 여성과 남성의 역할이 구분되고 분리된다는 성역할고정관
념은 성차별의 인식 속에 사회문화적으로 구성돼온 것이다. 우리 사회 저변
에 깔려 있는 성역할고정관념에는 육아, 가사 등 사회적으로 여성에게 기대
되는 역할과 일이 남성보다 열등하다는 차별이 전제되어 있다. 그런데 한밭
레츠의 경우는 거래와 활동과정을 통해 그동안 여성들이 주로 수행해왔던

지역화폐와 여성주의–한밭레츠의 경험에서 길을 찾다

일과 노동이 가시화되고 재평가되면서 편견을 줄이고 성차별을 개선하는 등 의미 있는 변화들이 진행되고 있다. 이러한 인식변화는 참여자 남성들과 공동체로 확장돼 성별분업에 균열을 내는 힘으로 작용할 수 있다.

하지만 이러한 긍정성에도 불구하고 참여자 성별에 관계없이 살림과 보살핌이 여성의 일이라는 성역할고정관념이 견고하게 자리 잡고 있다. 이는 거래와 활동에 영향을 미쳐 공동체 내 성별분업을 줄이거나 해체하는 데 한계가 되고 있다. 또한 덜 가부장적이라 일컬어짐에도 불구하고 참여자 남성들이 갖는 가부장성은 성별분업 지속에 영향을 줄 수 있다. 남성들의 가부장적 차이의 스펙트럼은 다양하게 나타나고 있었다. 예컨대 밖에서는 성평등을 말하지만 집안에서는 성별성을 드러내는 남성, 여성은 생계, 양육을 책임지면서 활동하는데 남편은 대안운동에만 전념하는 경우가 있다. 가부장적이라고 인정하는 발언을 하지만 진지한 성찰로 이어지지 않아서 결과적으로 자신의 가부장성을 포장하게 되는 남성들이 있다. 비교적 덜 가부장적이다는 말로 공동체 전체 남성을 평가하지만 그 속에 묻히게 되는 가부장적 맥락이 있다. 가사노동과 육아를 하지만 도와주는 보조자의 위치에 머무는 남성도 있다.

다섯째, 한밭레츠의 활동과정에서 성별분업 나아가 성별성을 줄이거나 해체하기 위해서는 다음과 같은 조건들이 필요할 것으로 보인다. 먼저 상호호혜적으로 연결되는 관계성을 기반으로 공동체의 주체가 돼가는 참여자 여성들의 거래와 활동에 대해 의미 부여하며, 성별분업 혹은 성별성에 균열을 내는 긍정적 변화의 힘을 더욱 강화 확장해가야 한다. 이는 변화과정을 경험하고 있는 일부 남성과 어르신 그리고 참여자 자녀들의 경우에도 마찬가지이다.

또한 참여자들이 성별에 관계없이 갖고 있는 살림과 보살핌이 여성의 영역이고 여성이 주로 한다는 성역할고정관념에 대한 문제 인식부터 시작해서 일상의 거래와 활동을 통해서 어떻게 바꿔나갈 것인지를 구체적, 지속적으로 고민해야 한다. 아울러 비교적 덜 가부장적이라고 말해지며 그러한 측면이 일정 부분 있지만, 그렇다 하더라도 진보적 사회운동의 가부장적인 맥락 아래 여전히 놓여 있는 참여자 남성들의 가부장성을 줄이거나 해체하기 위한 의식적인 노력이 요구된다. 남성들의 거래와 활동 참여 활성화를 위한 전략이 필요하다. 가사와 육아의 보조자가 아니라 가정에서부터 책임성을 함께 나누는 실천이 병행돼야 할 것이다.

특히 한밭레츠 참여자 여성들은 성역할 고정관념 등 변화되어야 할 구성원이지만 동시에 지역화폐운동의 성별성을 줄이거나 해체하기 위한 중요한 거점이 되고 있다. 전통적인 가정 내 성별분업에서 벗어나 관계적 주체로서 공동체 활동에 적극 참여하며, 다른 공동체 및 지역사회와 연결망을 이루면서 탈자본주의적 호혜시장과 공동체 재구성을 지향하는 지역화폐운동의 가치와 내용을 사회화시켜 나가고 있다. 지역화폐운동을 실천하며 확장해가는 참여자 여성들은 경험의 차이만큼 다양한 변화의 차이를 가지고 있지만 사회적으로 여성과 남성을 구분하는 기존 성별의 의미를 넘어서거나 변화시킬 가능성이 있다. 이는 지역화폐 거래와 활동에 적극 참여하고 있는 일부 참여자 남성과 성역할 구분 없이 평등하게 자라고 있는 일부 아이들도 마찬가지이다. 변화과정에 있는 이들은 지역화폐운동 나아가 대안운동에서 성별성 해체의 시공간을 만들어 가는 자원이 될 수 있다. 이들은 한밭레츠의 비전과 전망을 세우며 미래를 열어갈 것이다.

한밭레츠의 활동을 면접, 참여관찰하고 회원으로 함께하는 과정 속에 확인한 사실이 있다. 현장의 여성들이 여성주의라는 말을 사용하지 않고, 의도하지는 않을지라도 활동과정에서 여성주의가 추구하는 가치와 만나고, 상호작용할 수 있는 연결 지점들을 분명 가지고 있다는 것이다. 이는 단지 활동의 주체가 여성이어서가 아니다. 활동방식과 실천과정 속에서 기존의 남성 중심적인 자본주의 시장의 가치와는 다른 차별성과 차이를 만들고 있기 때문이다.

이것이 바로 여성주의가 지역화폐를 비롯한 대안운동 현장에 주목해야 하는 이유이기도 하다. 대안을 추구하는 여성들과 만나는 것은 여성주의 논의의 지평을 넓히는 것이다. 또한 시장 너머에 대한 여성주의적 상상으로 새로운 길을 만드는 하나의 시도가 될 수 있을 것이다.

국내문헌

김상환(2003), 「화폐, 언어, 무의식」, 『철학사상』 별책 1권 4호, 철학연구소.

강수돌(2002), 「이윤과 권력을 동시에 넘는 실험: LETS운동」, 『문화과학』 32호(겨울호).

_____(2009a), 『살림의 경제학』, 인물과사상사.

_____, 하이데, 홀거(2009b), 『자본을 넘어, 노동을 넘어』, 이후.

강환세(2005), 「지역통화운동에 관한 사례연구: 사회감사접근법을 중심으로」, 경남대학교 사회복지학과 석사학위논문.

경향신문 특별취재팀(2010), 『세계금융위기 이후 – 신자유주의를 딛고 다른 사회를 상상하다』, 한스미디어.

고병권(2005), 「서유럽에서 근대적 화폐구성체의 성립에 관한 연구」, 서울대학교 사회학과 박사학위논문.

고미숙(2010), 『돈의 달인 호모 코뮤니타스』, 그린비.

구도완(2009), 『마을에서 세상을 바꾸는 사람들: 생태적 대안운동을 찾아서』, 창비.

권인숙(2005), 『대한민국은 군대다: 여성학적 시각에서 본 평화, 군사주의, 남성성』, 청년사.

권인천(2001), 「지역화폐운동 참여의 결정요인 분석을 위한 서설적 연구」, 서울대학교 사회복지학과 석사학위논문.

권혁범(1998), 「'시장/경제' 숭배시대의 민족주의와 세계화 – 어려운 선택을 생각하며」, 『녹색평론』 40호(5~6월).

_____(2001), 「근대와 탈근대 – 충돌과 접점」, 『녹색평론』 56호(1~2월).

권희선(2006), 「지역통화운동이 갖는 경제교육적 함의에 관한 연구」, 성공회대학교 교육대학원 석사학위논문.

김경희(2010), 「돌봄노동의 가격은 어떻게 결정되는가?」, 『일의 가격은 어떻게 결정되는가』, 한울아카데미.

_____(2001), 「지역통화운동이 지역사회 공동체의식 강화에 미치는 영향에 관한 연구」, 『한국사회복지학』 45호.

김명록(2008), 「서브프라임(Subprime) 금융위기 원인에 대한 소고」, 『진보평론』 Vol. ‒ No. 38.

김선건(2002), 「대전문화의 성격과 문화운동」, 『사회과학연구』 13호.

김성훈(2002), 「한밭레츠, 그 다양한 실험을 위하여」, 『한밭레츠 실험 3년 평가워크샵 자료집』, 한밭레츠.

_____(2004), 「이웃은 답은 알고 있다」, 한밭레츠 홈페이지 자료실.

_____(2009), 「아줌마와 공동체」, 사하품앗이 소식지.

_____(2010), 「호혜시장은 이미 부활하고 있다」, 한밭레츠 홈페이지 자료실.

_____(2011), 「한국 지역통화운동 단체현황」, 한밭레츠 홈페이지 자료실.

_____(2013), 「성공하지는 못했지만 망하지 않은 비결 한밭레츠 이야기」, 『원도심 좋은 이웃』 제2호.

김소희(2008), 「작은도서관운동의 마을만들기 성격에 관한 연구」, 성공회대학교 석사학위논문.

김영남(2012), 「풀뿌리여성운동을 통해 본 여성주의 시민성의 확장에 관한 연구‒대전 여민회 활동을 중심으로」, 성공회대학교 실천여성학 석사학위논문.

김유미(2009), 「사회적 기업을 통해본 대안적 일자리의 조건에 관한 연구: A, B기관의 사례비교를 중심으로」, 이화여자대학교 여성학과 석사학위논문.

김은실(2002), 「한국 근대화 프로젝트 문화논리와 성별정치학」, 한국여성연구원 엮음, 『동아시아의 근대성과 성의 정치학』, 푸른사상.

김종철(1998), 「보살핌의 경제를 위하여」, 『녹색평론』 41호(7~8월).

김정희(2002), 「한국여성운동의 성별 관계와 지구화 논점들」, 『지구화와 여성시민권』, 이화여자대학교 출판부.

_____(2005), 「살림여성주의에 대한 사유」, 『여성, 녹색세상을 말하다 : 여성환경연대 무크지 창간준비호』, 여성환경연대(편), 여성환경연대.

_____(2007), 「초록 리더십의 개념과 가능성」, 『지구화 시대의 현장여성주의』, 이화여자
　　대학교 출판부.

김종미(2004), 「중산층 주부의 여성주의 정치학과 사회자본 창출에 관한 연구: 서울소
　　재 M여성단체 D지회 사례를 중심으로」, 이화여자대학교 여성학과 박사학위
　　논문.

김혜경(1985), 「가사노동 이론에 관한 연구: 여성해방론에서의 접근을 중심으로」, 이화
　　여자대학교 여성학과 석사학위논문.

김　현(2009), 「열림과 넘나듦의 교량적 사회자본이 사회에 미치는 긍정성 연구: 안성
　　의료생협을 중심으로」, 한양대학교 NGO학과 석사학위논문.

김형기 엮음(2007), 『대안적 발전모델 — 신자유주의를 넘어서』, 한울아카데미.

김형용(2000), 「한국 지역통화운동의 성격과 참여자의 공동체의식에 관한 연구」, 연세
　　대학교 사회복지학과 석사학위논문.

김호기(1999), 『한국의 현대성과 사회변동』, 나남.

녹색사회연구소 외(2004), 『'성미산 생태마을 만들기' 2004 활동보고서』, 녹색사회연구소.

노승희(2000), 「여성주의 '살림'의 경제학 초안: 페미니스트 방식으로 삶을 경영하자」,
　　『여/성 이론』 제3호, 도서출판 여이연.

노옥재(1997), 「주부 자원 활동에 대한 여성학적 연구 — 사회복지분야를 중심으로」, 이
　　화여자대학교 여성학과 석사학위논문.

대전참여연대(2005), 『아름다운 대전을 위한 시민의 힘』, 대전참여자치연대.

류동민(2003), 「잉여가치론의 재구성을 위한 연구노트」, 『경제학공동학술대회발표 논
　　문집』.

_____· 최한주(2003), 「지역통화운동 활성화방안에 관한 연구: 한밭레츠의 사례를 중
　　심으로』, 『경제발전연구』 9(1).

류은화(2000), 「국내 지역통화운동의 실태 및 효과에 관한 연구: 인천연대 '나눔'을 중
　　심으로」, 계명대학교 사회복지학과 석사학위논문.

민양운(2012), 「나의 힐링캠프, 원도심레츠 월요협력두루지기의 세계」, 『원도심 좋은이
　　웃』 제2호.

모심과살림연구소(2009), 『지역살림운동의 길을 찾아서』, 모심살림연구소.

문순홍 편저(2001), 『한국의 여성환경운동 — 그 역사, 주체 그리고 운동유형들』, 아르케.

박노동 편(2009), 『대전여성통계』, 대전발전연구원.

박용남(2001), 「한밭레츠 – 나눔과 보살핌의 공동체실험」, 『녹색평론』 60호(9~10월).

_____(2005), 「대안운동으로서의 한밭레츠의 전망」, 『세계공동체 화폐 학술 심포지엄』, 한밭레츠 5주년 자료집.

_____(2009), 「사랑의 경제와 지역화폐운동」, 『행복한 두루마을』, 지역품앗이 한밭레츠 10주년 자료집.

박홍주(2009), 「이주여성 가사노동자의 경험을 통해 본 돌봄노동의 의미구성과 변화」, 이화여자대학교 여성학과 박사학위논문.

서은덕(2012), 「원도심에 레츠가 더해지니…」, 『원도심 좋은이웃』 창간호.

신용복 · 조희연(2006), 『민주화 · 세계화 '이후' 한국 민주주의의 대안 체제 모형을 찾아서』, 함께읽는책.

여성환경연대 편(2001), 『여성이 새로 짜는 세상: 21세기의 여성과 환경』, 여성환경연대.

우춘희(2010), 「살림여성주의로 본 먹거리 노동에 관한 연구」, 이화여자대학교 여성학과 석사학위논문.

윤수종(2007), 「대안운동의 현황과 방향」, 『사회이론』 32호, 한국사회이론학회.

유승민(2006), 「맑스 화폐이론의 재검토: 일반적 등가물로서 화폐의 의미를 중심으로」, 연세대학교 경제학과 석사학위논문.

윤여일(2004), 「국민국가 형성과 화폐의 영토화 – 영국의 국민경제권과 영토적 화폐 창출을 중심으로」, 서울대학교 사회학과 석사학위논문.

원용찬 (2001), 「화폐의 심볼리즘」, 『한국경영경제연구』 1(1).

윤혜린 외(2007), 『여성주의 리더십 새로운 길찾기』, 이화여자대학교 출판부.

이경아(2000), 「모성의 사회적 확장에 관한 탐색적 연구」, 이화여자대학교 여성학과 석사학위논문.

이근행(2005), 「한국의 공동체운동의 형성과 과정에 관한 연구」, 성공회대학교 시민사회단체학과 석사학위논문.

이동옥(2009), 「노년기 여성의 보살핌 경험과 가치에 관한 연구」, 이화여자대학교 여성학과 박사학위논문.

이병천 · 홍윤기 · 김호기 편(2007), 『다시 대한민국을 묻는다: 역사와 좌표』, 한울.

이숙례 (1999), 「지역화폐」, 『도시문제』 34(371).

이영숙(2002), 「한국 여성환경운동의 성별 관계와 지구화 논점들」, 『지구화와 여성시민권』, 이화여자대학교 출판부.

이윤경(2003), 「보살핌 윤리가 갖는 의미에 관한 연구」, 이화여자대학교 여성학과 석사학위논문.

이은희(2008), 「후기 근대 지역공동체의 성찰적 동학」, 이화여자대학교 사회학과 박사학위논문.

이준원(2000), 「공동체주의에 관한 여성주의적 연구: '공동체'와 '자아' 개념을 중심으로」, 이화여자대학교 여성학과 석사학위논문.

이진경(2004), 『자본을 넘어선 자본』, 그린비.

이채언(2000), 「화폐가치 및 화폐제도에 관한 가치론적 접근」, 『경제분석』 6(2).

_____(2000), 「상호부양의 교환체제, "레츠"시스템에 관한 이론 및 경험의 연구」, 『경제발전연구』 6(2).

이창우(2000), 「지역품앗이운동 소개」, 『제2건국을 위한 지역품앗이운동 설명회 자료집』.

_____(2004) 「지역통화 실험은 계속된다」, 『녹색평론』 75호.

이현희(2004), 「여성주의 정치학으로서 생협운동의 가능성에 관한 연구」, 이화여자대학교 여성학과 석사학위논문.

전우경(1997), 「생태여성주의에 관한 일연구: 가부장적 이원론과 대안에 관한 비판을 중심으로」, 이화여자대학교 여성학과 석사학위논문.

정신희(2009), 「보살핌 공간의 사회적 확장에 관한 연구: N어린이도서관 여성 활동가들의 경험을 중심으로」, 이화여자대학교 여성학과 석사학위논문.

전희경(2001), 「사회운동의 가부장성과 여성주의 정체성의 형성」, 연세대학교 사회학과 석사학위논문.

_____(2008), 『오빠는 필요없다』, 이매진.

정영애(2011), 「'전업주부' 범주의 사회적 의미와 여성주의 가족 담론의 방향」, 『신가족주의사회, 전업주부를 말한다』, 한국여성민우회.

조순경·김혜숙(1995), 「민족민주운동과 가부장제」, 『교육부 광복 50주년 기념 학술논문집』 제18권 여성편.

_____(2003), 「신자유주의와 유교적 가부장제」, 한국여성연구원 엮음, 『한국의 근대성과 가부장제의 변형』, 이화여자대학교 출판부.

지역화폐와 여성주의-한밭레츠의 경험에서 길을 찾다

_____(2005), 「민주노총 여성정책에 대한 평가」, 『민주노총 10주년 여성정책토론회 자료집』(미간행).

조한혜정(2006), 「토건국가에서 돌봄사회로」, 『가족에서 학교로 학교에서 마을로』, 또하나의문화.

_____(2007), 『다시 마을이다』, 또하나의문화.

조 형 엮음(2005), 『여성주의 가치와 모성리더십』, 이화여자대학교 출판부.

천경희(2006), 「공동체화폐운동에 참여하는 소비자의 경험과 소비자주의적 함의 연구」, 서울대학교 소비자학과 박사학위논문.

_____(2009), 「행복한 세상을 만드는 돈」, 『행복한 두루마을』(지역품앗이 한밭레츠 10주년 자료집).

최희경(1992), 「페미니스트 인식론 연구-객관성 개념을 중심으로」, 이화여자대학교 여성학과 석사학위논문.

한국불교환경연구원(1998), 『인가의 얼굴을 가진 경제, 지역화폐운동의 가능성과 과제』, 한국불교환경연구원.

한국청년연합회, 시민의신문사(2004), 『도시 속 희망공동체 11곳』, 시금치.

허라금(2006), 「돌봄의 사회화」, 『가족에서 학교로 학교에서 마을로』, 또하나의문화.

허성우(1994), 「1980년대 후반 여성노동자 조직활동가의 여성해방의식 연구-대전지역을 중심으로」, 이화여자대학교 여성학과 석사학위논문.

홍성태(2002), 『대한민국 위험사회』, 당대.

홍태희(2004), 「여성주의 경제학의 시각과 대안 경제학으로서의 가능성」, 한국여성경제학회(편), 『여성경제연구』 1(1).

히로타 야스유키(2009), 「중남미의 연대경제-다른 경제가 태어나고 있다」, 『행복한 두루마을』(지역품앗이 한밭레츠 10주년 자료집).

번역문헌

가라타니 고진(1999), 『마르크스 그 가능성의 중심』, 김경원(역), 이산(柄谷行人 , マルクスその 可能性の中心, 1978).

_____(2003), 「NAM에 대하여」, 『녹색평론』 68(1-2).

_____, 박유하 대담 (2002), 「NAM과 지역통화」, 『녹색평론』 65(7−8).

그레이버, 데이비드(2009). 『가치이론에 대한 인류학적 접근−교환의 가치, 사회의 재
　　　　구성』, 서정은(역), 그린비(Graeber, David, *Toward An Anthropological Theory Of*
　　　　Value: The False Coin Of Our Own Dreams, Palgrave Macmillan, 2001).

기든스, 안소니(2000), 『질주하는 세계』, 박찬욱(역), 생각의나무(Giddens, Anthony,
　　　　Runaway World, Profile Books Ltd, 1999).

_____, 안소니, 백, 울리히, 래쉬, 스콧(1998), 『성찰적 근대화』, 임현진 외(역), 한울
　　　　(Beck, Ulrich, Anthony Giddens & Scott Lash, Reflexive Modernization: Politics,
　　　　Tradition and Aesthetics in the Modern Social Order, Stanford University Press, 1994).

노르베리−호지, 「방향의 전환−전지구적 의존에서 지역적 상호의존으로」, 『녹색평
　　　　론』 47(7−8).

니시베 마코토(2000), 『지역통화 LETS : 화폐, 신용을 뛰어넘는 미디어』, 류동민(역)(西
　　　　部忠, 可能なるコミュニズム, 太田出版).

_____(2002) 지역통화 LETS에 대하여, 『녹색평론』 65(7−8).

도드, 니겔(2002), 『돈의 사회학』, 이택면(역), 일산사(Dodd, Nigel, *The Sociology of Money:*
　　　　Economics, Reason and Contemporary Society, New York: Continuum, 1994).

러너, 거다(2004), 『가부장제의 창조』, 강세영(역), 당대(Lerner, Gerda, *The creation of*
　　　　Patriarchy, Oxford University Press, 1986).

리에테르, 베르나르(1998), 「탐욕과 희소성을 넘어서」, 『녹색평론』 40(5−6).

리테어, 버나드(2004), 『돈 그 영혼과 진실−돈의 본질과 역사를 찾아서』, 강남규(역), 참
　　　　솔(Lietaer, Bernard A., *Mysterium geld: Emotionale Bedeutung und Wirkungsweise eines*
　　　　Tabus, Riemann, 2000).

리프킨, 제레미(2001), 『소유의 종말』, 이희재(역), 민음사(Rifkin, Jeremy, *The Age of*
　　　　Access, J. P. Tarcher/Putnam, 2000).

마르크스, 칼(2007), 『정치경제학 비판을 위하여』, 김호균(역), 중원문화(Marx, Karl, *Zur*
　　　　Kritik der Politischen Ökonomie, Dietz Verlag, 1958).

모튼, 스티븐(2005), 『스피박 넘기』, 이운경(역), 앨피(Morton, Stephen, *Gayatri*
　　　　Chakravorty Spivak, Stephen Morten, 2003).

미즈, 마리아, 시바, 반다나(2000), 『에코페미니즘』, 손덕수·이난아(역) 창작과비평사

지역화폐와 여성주의−한밭레츠의 경험에서 길을 찾다

(Mies, Maria, Shiva, Vandana, *Ecofeminism*, Kali for Women, 1993).

벡, 울리히(2006), 『위험사회』, 홍성태(역), 새물결(Beck, Ulrich, *Risikogesellschaft*, Suhrkamp, 1986).

_____(1999), 『아름답고 새로운 노동세계』, 홍윤기(역), 생각의나무(Beck, Ulrich, *Schöne Neue Arbeitswelt*, Suhrkamp Verlag, 1999)

보드리야르, 장(1992), 『기호의 정치경제학 비판』, 이규현(역), 문학과지성사(Baudrillard, Jean, *Pour une critique de l'économie politique du signe*, Gallimard, 1972).

브란트, 바바라(1996), 「공동체의 돈 만들기운동」, 『녹색평론』 27(3－4).

브루이에, 캐럴(1998), 「경제에 대한 여성주의 시각」, 『녹색평론』 41(7－8).

세이팡, 길, 윌리암스, 콜린(1998), 「레츠－상호부양의 교환체계」, 『녹색평론』 40(5－6).

아베 요시히로, 이즈미 루이(2003), 『누구나 알 수 있는 지역통화 입문－미래를 여는 희망의 돈』, 전정근(역), 아르케(あべよしひろ, 泉留維, だれでもわかる地域 通貨入門: 未来をひらく希望のお金, Hokuto shuppan, 2000).

아파두라이, 아르준(2004), 『고삐 풀린 현대성』, 차원현 외(역), 현실문화연구(Appadurai, Arjun, *Modernity at Large: Cultural Dimensions of Globalization*, U of Minnesota Press, 1996).

엘슨, 다니엘 외(1998), 『발전주의 비판에서 신자유주의 비판으로 : 페미니즘의 시각』, 김숙경 외(역), 공감.

우에노 치즈코(1994), 『가부장제와 자본주의』, 이승희(역), 녹두(上野千鶴子, 家父長制 と資本制－マルクス主義フェミニズムの地平, Iwanami shoten, 1990).

월비, 실비아(1996), 『가부장제이론』, 이화여자대학교 출판부(Walby, Sylvia, *Theorizing Patriarchy*, Basil Blackwell, 1990).

이리가라이, 뤼스(2000), 『하나이지 않은 성』, 이은민(역), 동문선(Irigaray, Luce, *Ce sexe qui n'en est pas un*, Paris: Minuit, 1977).

일리치, 이반(2005), 『그림자 노동』, 박홍규(역), 미토(Illich, Ivan D, *Shadow work*, M. Boyars, 1981).

자레스키 엘리(1983), 『자본주의와 가족제도』, 김정희(역), 한마당(Zaretsky, Eli, *Capitalism, the Family and Personal Life*, Harper & Row, 1976).

재거, 앨리슨, 영, 아이리스(2005), 『여성주의 철학』, 한국여성철학회(역), 서광사(Jaggar,

Alison M. Young, Iris Marion, *A Companion to Feminist Philosophy*, Wiley, 2000).

짐멜, 게오르그(1983), 『돈의철학』, 안준섭 외(역), 한길사(Simmel, Georg, *Philosophie des Geldes*, Leipzig: Duncker & Humblot, 1900).

젤라이저, 비비아나((2009), 『친밀성의 거래』, 숙명여자대학교 아시아여성연구소 (역), 에코리브르(Zelizer, Viviana A. Rotman, *The Purchase of Intimacy*, Princeton University Press, 2009).

칸, 애드가(2004), 『이제 쓸모없는 사람은 없다: 타임달러와 코프로덕션』, 구미요한센 터(역), 아르케(Cahn, Edgar S., *No More Throw-Away People: The Co-Production Imperative*, Essential Books, 2000).

크롤, 조너선(2003), 『레츠-인간의 얼굴을 한 돈의 세계』, 박용남(역), 이후(Croall, Jonathan, *Lets Act Locally: The Growth of Local Exchange Trading Systems*, Calouste Gulbenkian Foundation, 1997).

펠스키, 리타(1998), 『근대성과 페미니즘』, 김영찬 외(역), 거름(Felski, Rita, *The Gender of Modernity*, Cambrige, Mass: Harvard University Press, 1995).

포티어, 자나(1998), 「지역통화-공동체를 살리는 기술」, 『녹색평론』 40(5-6).

포피노, 올리버(1993), 『세계의 공동체 마을들 : 새로운 삶의 양식을 실천하는 공동체 열여덟 곳을 찾아서』, 이천우(역), 정신세계사(Popenoe, Oliver, Popenoe, Cris, *Seeds of Tomorrow*, Harper & Row, 1984).

폴브레, 낸시(2007), 『보이지 않는 가슴』, 윤자영(역), 또하나의문화(Folbre, Nancy, *The Invisible Heart: Economics and Family Value*, New York: New Press, 2002).

폴라니, 칼(1994), 『초기제국에 있어서의 교역과 시장』, 이종욱(역), 민음사(Polanyi, Karl, Conrad Arensberg, and Harry Pearson, eds, *Trade and Market in the Early Empires: Economies in History and Theory*, Glencoe, Ill: Free Press, 1957).

_____(1997), 『거대한 변환: 우리 시대의 정치적 경제적 기원』, 박현수(역), 민음사 (Polanyi, Karl, *The Great Transformation*, Beacon Press, 1957).

_____(1998), 『사람의 살림살이 II-교역, 화폐 및 시장의 출현』, 풀빛(Polanyi, Karl, *The livelihood of man*, Academic Press, 1977).

_____(2002), 『전세계적 자본주의인가 지역적 계획경제인가』, 홍기빈(역), 책세상(Polanyi, Karl, "Our Obsolete Market Mentality: Civilization Must Find a New Thought

지역화폐와 여성주의-한밭레츠의 경험에서 길을 찾다

Pattern", *Commentary*, vol.3, no. 2, 1947).

하비, 데이비드(2009), 『신자유주의』, 최병두(역), 한울(Harvey, David, *A Brief History of Neoliberalism*, Oxford University Press, 2005).

하이데, 홀거(2000), 『노동사회에서 벗어나기』, 강수돌 외(역), 박종철출판사.

헨더슨, 헤이즐(2008), 『그린이코노미: 지속가능한 경제를 위한 13가지 실천』, 정현상 (역), 이후(Henderson Hazel, *Ethical Markets: Growing the Green Economy*, Chelsea Green Publishing, 2006).

혹실드, 알리(2000), 「보살핌 사슬과 감정의 잉여가치」, 『기로에선 자본주의』, 박찬욱 외(역), 생각의 나무(Hochschild, Arlie Russell, "Global care chains and emotional surplus value", *On the edge—Living with Global Capitalism*, Vintage, 2000).

_____(2001), 『돈 잘버는 여자, 밥잘하는 여자』, 백영미(역), 아침이슬(Hochschild, Arlie Russell, *The Second Shift: Working Families and the Revolution at Home*, Viking Penguin, 1989).

_____(2009), 『감정노동—노동은 우리의 감정을 어떻게 상품으로 만드는가』, 이 가람(역), 이매진(Hochschild, Arlie Russell, *The Managed Heart: Commercalization of Human Feeling*, Berkeley: University of California, 1983).

외국문헌

Blau, Francine D, Ferber, Marianne A, Winkler, Anne E(2006), *The Economics of Women, Men, and Work*, Upper Saddle River, NJ: Pearson/Prentice Hall.

Brant, Barbara(1995), *Whole Life Economy: Revaluing Daily Life*, Philadelphia: New Society Publisher.

Dauncey, Guy(1988), *After the Crash: the Emergence of the Rainbow Economy*, Basingstoke: Green Print.

Hartmann, Heidi(2005), *Women, Work, and Poverty: Women Centered Research for Policy Change*, New York: Haworth Political Press.

Hochschild, Arlie Russell(2003), *The Commercialization of Intimate Life: Notes from Home and Work*, Berkeley: University of California Press.

Jacobsen, Joyce P.(2007), *The Economics of Gender*, Malden, MA: Blackwell Pub.

Mies, Maria(1986), *Partriarchy and Accumulation on a World Scale: Women in the International Division of Labour*, London: Zed.

_____, Bennholdt-Thomsen, Veronika, Werlhof, Claudia von(1988), *Women: The Last Colony*, London: Zed.

Pacione, Michael.(1997), "Local Exchange Trading Systems as a Response to the Globalisation of Capitalism", *Urban studies*, Vol. 34, No. 8.

Pepper, David(1993), *Eco-Socialism: from deep Ecology to Social Justice*, London: Routledge.

자료집 및 기타

민들레의료생협(2008~2010), 정기총회 자료집.

원도심레츠(2012), 『원도심좋은이웃』 창간호.

_____(2012), 『원도심좋은이웃』 제2호.

충북참여자치연대(2010), 「차별과 배제의 공간으로 낙인찍히는 영구임대아파트 수급자화 정책 중단 요구」, 2010년 8월 12일 보도자료.

한밭레츠(2002), 『한밭레츠, 그 다양한 실험을 위하여』, 한밭레츠 실험 3년 평가워크샵 자료집.

_____(2005), 『세계공동체 화폐 학술 심포지엄』, 한밭레츠 5주년 자료집.

_____(2001~2013), 정기총회 자료집.

_____(2001~2011), 『좋은 이웃』, 한밭레츠 소식지 계간.

_____(2009), 『행복한 두루마을』, 지역품앗이 한밭레츠 10주년 자료집.

신문기사

「[세상읽기] 양극화를 둘러싼 오해와 진실」, 『한겨레신문』, 2009년 6월 25일.

「여성 비정규직 노동자 등 터진다」, 『여성신문』, 2009년 7월 3일.

「좀 더 불편하면 지구가 살아난다」, 『일다』, 2009년 3월 30일.

「품앗이 화폐, '한밭레츠' 첫선」, 『대전일보』, 1999년 10월 21일.
우석훈, 「[아! 한국사회] 다섯 개의 몸으로 땅을 모시다」, 『한겨레신문』, 2009년 3월 18일.

참고사이트

과천품앗이 http://cafe.daum.net/poomasi

니시베 마코토의 웹사이트 http://cc.econ.hokudai.ac.jp.

대전녹색연합 http://www.greendaejeon.org

대전여민회 홈페이지 http://www.tjwomen.or.kr

대전환경운동연합 http://www.tjkfem.or.kr

민들레의료생협 http://www.mindlle.org

중촌 마을 어린이도서관 짜장 http://cafe.naver.com/jjajang.cafe

한밭레츠 http://www.tjlets.or.kr

한국교육학술정보원 http://www.riss.kr

풀뿌리사람들 http://pool.or.kr

한밭레츠 거래 비교
(2002, 2008)

〈표 1〉 두루 사용총량 비교 (2002, 2008)

(단위 : 두루, %)

두루 사용 총액	~ 100,000	~ 200,000	~ 300,000	~ 400,000	~ 500,000	~ 1,000,000	~ 2,000,000	2,000,000 초과
2002 총207계정 (100)	143 (69.1)	22 (10.6)	12 (5.8)	10 (4.8)	1 (0.5)	8 (3.8)	8 (3.8)	3 (1.5)
2008 총324계정 (100)	174 (53.7)	33 (10.2)	20 (6.2)	19 (5.8)	17 (5.2)	21 (6.5)	21 (6.5)	19 (5.9)

〈표 2〉 성별 두루 사용총량 (2008)

(단위 : 두루)

두루 사용 총액	~ 100,000	~ 200,000	~ 300,000	~ 400,000	~ 500,000	~ 1,000,000	~ 2,000,000	2,000,000 초과	계
여	121	25	14	13	13	18	14	6	224
남	46	3	6	4	4	3	3	4	73

(부부계정 15, 가맹점 12는 제외함)

〈표 3〉 상위그룹 거래 비교 (2002, 2008)

년도	상위그룹	거래건수 (A)	전체거래건수(B)	비율 (A/B)	비고
2002	19명(9.2%)	1,140	1,486	76.7%	
2008	30명(9.2%)	7,919	10,569	74.9%	

주 : 상위그룹의 거래량을 두루를 번 것(+) 기준으로 살펴보면 2002년도에는 500,000두루 이상이 19명이었으며, 1,140건으로 전체 거래의 9.2%를 차지하고 있다. 2008년에는 500,000두루 이상이 61명이며, 2,000,000두루 이상도 19명이나 되는데, 2002년도와 비교하기 위해서 상위 9.2% 즉 30명(1,223,200두루 이상)을 중심으로 거래를 비교해 보았다.

〈표 4〉 상위그룹 두루총액 성별 비교 (2008)

(단위 : 두루)

	두루 쓴 것 (1명 평균)	두루 번 것(1명 평균)	비 고
여 성 (13명)	1,765 건 (135.8건)	980건 (75.4건)	
	15,930,900 (1,225,454)	16,488,100(1,268,315)	
남 성 (5명)	293 건 (58.6건)	151건 (30.2건)	
	7,520,060(1,504,012)	3,576,000(715,200)	

(부부계정 6, 가맹점 6은 제외함)

〈표 5〉 100% 두루 거래 비교 (2002, 2008)

	거래량(건)	비율(%,두루거래량/전체)
2002년	942	63.4
2008년	6,179	58.5
	4,848 (회비, 급여 제외)	45.9

<표 6> 100% 두루 거래 유형별 비교 (2002, 2008)

	년도	시장 거래	비시장 거래
		〈유형 Ⅰ〉	〈유형 Ⅱ〉
재화	2002	24건 (2.5%) / 782,750두루(5.9%)	208건(22.1%) 2,682,080두루(20.1%)
	2008	5건 (0.1%) / 80,000두루(0.2%)	1,316건(28.1%) / 8,293,250두루 (21.4%)
	년 도	〈유형 Ⅲ〉	〈유형Ⅳ〉
서비스	2002	597건 (63.4%) / 6,487,800두루(48.6%)	113건 (12.0%) / 3,394,200두루(25.4%)
	2008	1,871건 (40.0%) / 6,778,050두루 (17.5%)	1,488건 (31.8%) / 23,538,500두루(60.9%)

(2008년 100% 두루로 표시된 6,179건 중에서 회비 1,130건, 급여 201건, 후원금 168건은 유형별 분류해서 제외함)

<표 7> 100%두루 거래 중 유형 Ⅱ와 Ⅳ의 거래 내역 (2008)

	품 목	거래건수	두루거래액	거래 내역
재화 (유형Ⅱ)	농산물	27	214,000	된장, 고춧가루, 감자, 고구마, 깨, 나물 야채, 밤, 인삼, 흑임자, 참기름, 현미 등
	대여	90	334,700	책, 김장장소, 공부모임, 그릇, 스크린 옷, 가방, 제빵기, 캠코더 등
	먹거리	31	196,000	반찬, 쨈, 피클, 깻잎김치, 부라우니, 쿠키 초콜릿, 가래떡, 호박 말린 것 등
	재활용품	1,141	5,430,550	옷, 가방, 계란팩, 책, 4월만찬, 6월만찬 장난감, 학용품, 컵, 포도주병, 카메라 전자랜지, 지갑, 전화기 등

지역화폐와 여성주의–한밭레츠의 경험에서 길을 찾다

	제작물품	27	2,118,000	천연수세미, 천연화장품, 나무받침대 서예작품, 열쇠고리, 컵 등
서비스 (유형 Ⅳ)	교육	353	3,070,000	마음공부, 다례, 건강교실, 두루공동체마을, 두부만들기, 먹거리모임, 모시발품앗이 사찰음식, 손뜨개, 애니어그램, 장담그기 떡, 편강, 자외선 차단제 등
	자원 활동	895	14,273,500	협력두루지기, 운영위 · 이사회 · 위원회 등 회의 참석, 만찬 · 송년회 자원 활동, 건강 소모임 참석, 건강체크팀, 소식지발송, 수련회참석, 각종 행사진행 · 지원, 행사참석, 대표활동비 등
	품	161	4,691,000	고구마캐기계절활동, 크리스마스파티음식, 차량동승, 배달, 카이로프락틱, 컴퓨터 조립 · AS, 주동시설하우스, 경험나눔, 아이돌봄, 정보제공, 청소, 옥상가꾸기, 음식만들기, 보일러수리, 안내판 제작, 여행함께가기 등
	기타	79	1,504,000	식대, 아름다운거래, 감사한 마음 윷놀이 등
기타	후원금	168건	16,331,160	운영위 불참, 등록소정기후원, 등록소와 의료생협 부정기 후원, 개인간후원, 삼색기금, 생일축하, 송년만찬 등

함께 나눈 한밭레츠 사람들

이 책은 면접과 참여관찰 그리고 회원 활동을 통해 만난 한밭레츠 참여자들과 함께 만든 합작품이다. 그들의 한마디를 싣는 것으로 이 책을 맺음하고자 한다.

지역화폐 참 좋다. 요즘 세상에 이런 데가 있을까? 지역화폐의 (−)계정은 빚이 아니라 다른 사람에게 (+)계정을 만들어 주었으니 베푼 것이다. 돌고 도는 것이 지역화폐의 활동이다. •맥가이버

—

한밭레츠에서 삶의 의미를 찾았고, 지금도 여전히 레츠 안에서 행복하다. •왜가리

—

한밭레츠의 이야기는 파라다이스가 아니라 진정 우리가 만들어 낼 수 있는 공동체 이야기이다. •옥강

—

레츠를 통해 제 삶이 변했다고 생각했지만 십년이 지난 지금 돌이켜보면 레츠에서 만난 사람들이 나를 천박한 자본주의의 괴물이 되지 않도록 지켜주었다는 생각이 드네요. •버들치

—

레츠를 사랑하시고 관심 가져 주시는 많은 분들에게 고마운 마음입니다. 함께

살아가는 삶에 마음 쓰시는 레츠인들의 꽃피는 관계를 소망해봅니다. 조화로운 일상의 지지자들… 레츠 사람들. •자두

—

좋은 이웃으로 한밭레츠와 인연이 되어 살고 있지요! 내가 좋아하는 일도 이곳에서 시작되었구요. 다정한 이웃이 그리울 땐 언제든 함께 할 수 있어 행복하구요. 공동체가 조금 더 제2의 인생을 살아가는 여성들에게 긍정의 힘이 되어 서로의 삶에 작은 숲이 되었으면 합니다~ •봉숭아

—

한밭레츠 덕분에 대전에서 재미있게 잘 지낸 것 같아요. 아주 어렸을 때부터 엄마와 한밭레츠에서 활동을 해서, 한밭레츠분들이 가장 오래된 이웃이에요. 한밭레츠가 오래오래 가서 더 많은 이웃들이 생겨나면 좋겠어요~ •노을

—

지역화폐로 꾸는 꿈!! 어느 나라는 세금도 지역화폐로 낸다고 합니다. 여러 사람들의 품의 교환으로 우리의 생활은 많이 윤택해졌어요~ 지역화폐 활동은 꼭 확대되어야 합니다. 지역화폐 간 교환 시스템도 갖추면 좋겠구요. 언젠가는 우리도 지역화폐로 세금을 낼 수 있기를 꿈꿔봅니다. •동양미인

—

지역화폐운동은 저희처럼 소규모 복합영농을 하는 농사꾼들에겐 더없이 고마운 일입니다.

사람과 사람 사이의 따스함을 느끼는 사회도 가능하다고 믿게 해주는, 실낱같은 희망을 줍니다. 내가 할 수 있는 일, 내가 만들거나 주고 싶은 것들의 가치가 경제적 가치를 떠나 인간적이고 자연적인 가치를 갖게 되는 것은 더 큰 행복입니다. •길동이네

세계금융위기 상황에서 이자 없는 지역화폐는 중요한 의미를 가지고 있고, 돈 없는 서민과 가난한 이들 그리고 불안정노동 종사자들은 한번쯤 관심을 가지고 지켜봐야 할 가치가 있습니다. 이자 없는 지역화폐는 부자는 만들 수 있어도 절대 가난한 자는 만들지 않는다는 사실을…. **•외인**

사람과 사람 사이의 빈 공간을 연결하는 구름다리 같은 역할을 기대합니다. 두루두루^^ **•조각구름**

한밭레츠 13년을 잘 정리해줘서 고마워요. 총 한밭레츠 역사 중 가장 역동적이었던 2012년이 빠진 게 아쉽네요. 한밭레츠 사업단인 원도심레츠에서의 협력 두루지기로 활동한 결과 (-)두루 여왕 자리에서 2013년 1월 현재 반쪽으로 홀쭉해진 저에게 레츠는 힐링센터에요. **•샛별**

지역화폐에 대해 알게 될 좋은 기회가 될 것 같습니다. 일반사람들도 이해하기 쉬운 책이 되길 바라며… **•현희**

지역화폐 활동을 하시는 분들에게 좋은 자료가 될 수 있는 책이 나오게 돼 기쁩니다. **•모래무지**

지역화폐를 공부하는 사람들이 있어 지역화폐 활동이 더 확산되는 데 도움이 되겠죠? 더 많은 지역화폐 공동체를 꿈꾸며. ^^ **•나무**

특히 여성의 시각에서 지역화폐운동을 정리한 점은 한밭레츠의 활동과 현실

을 스스로 들여다보는 계기가 되었습니다. 앞으로도 이런 연구들이 많이 나오길 기대합니다. •해바라기

—

이론만이 아닌 행동과 실천으로 지역화폐를 공부하며 이런 좋은 책이 나오게 돼서 기쁩니다. •자작

—

실천하는 마음씨의 글, 그 또한 자유를 얻으리라 기대해봅니다!! •아리

■※░ 찾아보기